中外故事书系 名称故事丛书

世界 **国名** 故事

姜守明 主编

刘启鹏 副主编

齐鲁书社

图书在版编目（ＣＩＰ）数据

世界国名故事 / 姜守明主编 . -- 济南：齐鲁书社，
2019.10
（中外故事书系 . 名称故事丛书）
ISBN 978-7-5333-4129-9

Ⅰ . ①世… Ⅱ . ①姜… Ⅲ . ①世界—概况—通俗读物
Ⅳ . ①K91-49

中国版本图书馆 CIP 数据核字（2019）第 120464 号

世界国名故事

SHIJIE GUOMING GUSHI

姜守明　主编

主管单位	山东出版传媒股份有限公司
出版发行	齐鲁书社
社　　址	济南市英雄山路 189 号
邮　　编	250002
网　　址	www.qlss.com.cn
电子邮箱	qilupress@126.com
营销中心	（0531）82098521　82098519
印　　刷	山东临沂新华印刷物流集团有限责任公司
开　　本	710mm×1000mm　1/16
印　　张	21.25
字　　数	300 千
版　　次	2019 年 10 月第 1 版
印　　次	2019 年 10 月第 1 次印刷
印　　数	1-3000
标准书号	ISBN 978-7-5333-4129-9
定　　价	48.00 元

序 言

人类来于自然界，从属于自然界。人类文明自产生之日起，其发展过程即呈现出复杂性、多元性的趋势，多姿多彩的自然环境和各具特色的社会环境构成了人类赖以生存的客观世界。既然人类从属于自然界，是自然界的重要部分，那么必然受到生物多样性规律的支配，因而在此基础上形成了各文明之间的差异性。人类文明的差异性，主要表现为文化发展的多元性，这种特征体现在各个民族、各个国家的历史进程中，而且反映在各个国家的称号或名字上。

人类是物质世界和精神世界的创造者。人有人名，国有国号。我们的名字通常是由父母及其他长辈赋予。而所谓的"国号"或"国名"，即指国家的称号或名字。简单来看，国号或国名似乎只是一个名称而已。其实不然，因为在每一个国号或国名之中，无不蕴含着丰富的文化因子。国名既承载着各国的历史、传统等文化信息，也传递着生活在其中的人们所创造出来的文明信息。一般说来，古人的命名仪式较为庄重，而今天给新生儿命名的过程要简单得多。相比之下，国家的命名则有所不同，尤其从古代延续下来的那些历史悠久的国家，它们的名称由来、起源往往带有随意性、偶然性的特点。此外，有相当一部分延续至今的国名，它们的命名似乎缺少古人命名的那种郑重其事，多与一些民间传说或趣闻故事相联系。

进入文明时代以后，国家作为一种政治实体，是推动社会进步的重

要力量，各个阶级、各个阶层和各种利益集团均在其中扮演着自己的角色。随着历史的变迁和政权的更迭，那些取得了统治权力的政治集团，通常会对原来的国名加以变更，使之更符合自己的愿望。所以，与相对稳定的人名不同的是，国号或国名实际上经常处于变动之中。

就拥有古老文明的中国而论，自2000多年前的汉代起，中原王朝常被人们称为"中国"。但是，从未有任何一个封建王朝把"中国"作为自己的国名，而是以汉、晋、隋、唐、宋、元、明、清等作为正式国号。虽然我们说不清古代中国究竟留下了多少国号，但可以肯定的是，作为国名简称的"中国"二字，直到"中华民国"建立时才正式出现。今天的中华人民共和国，依然把"中国"作为自己的简称。

目前，全世界共有190多个独立的国家，它们都有自己的名字，使之与其他国家区别开来。作为国家在对外交往中正式使用的称号，国名的作用与意义，远超出人们的一般理解。其实，不仅各国名称的由来千奇百怪，其含义也是形形色色的。这里择其要者列举如下：

第一，与地理方位有关的国名。如日本，因其位于东半球，作为国名的含义为"日出之国""太阳升起的地方"；奥地利最早是查理大帝在多瑙河谷地区建立的东部边区，因而在德语中意即"东方王国"；东帝汶位于努沙登加拉群岛最东边，而印尼语"帝汶"就是"东方"之意；不丹国名出自梵文，意为"西藏的边陲"；也门是"右边"的意思，即站在麦加，面向东方，也门即在其右；摩洛哥国名源于阿拉伯语"马格里布"的转音，意为"遥远的西方""日落之乡"。此外，南非、中非、中国更是以方位确定国名的典型。

第二，与大海相联系的国名。印度尼西亚国名由希腊文"水"（indos）和"岛"（nesos）两个字组成，意思是"海岛之国"；葡萄牙国名来源于它的第二大城市波尔图，意即"温暖的港湾"；阿尔及利亚国名在阿拉伯语中有"群岛"的意思，指被沙漠包围的绿洲；新西兰国名来源于荷兰语，可以解释为"新的海中陆地"；科特迪瓦国名来自法语，是对"象牙海岸"的译音;在阿拉伯语中,巴林国名的含义为"两个海";伯利兹国名源于法语词汇,意为"灯塔""航标";巴哈马国名的西班牙语意为"浅滩";马尔代夫国名的梵文含义是"岛屿";塞浦路斯的希腊语意为"产铜之岛"。

第三,源于河流、湖泊、山川、太阳等自然因素的国名。如伊拉克位于水网密布的两河流域,阿拉伯语形象地称其为"血管";印度国名来源于孕育着南亚次大陆文明的印度河,在梵文中意为"江河""海洋"。其他以河流命名的国家还有刚果(布)、刚果(金)、尼日利亚、塞内加尔、尼日尔、冈比亚、赞比亚、加蓬、约旦、巴拉圭、乌拉圭等。而国名起源于湖泊名的国家则有坦桑尼亚、乍得、马拉维等。立陶宛国名来自民族名,意思是"多雨水的国家"。洪都拉斯国名的西班牙语意为"深水""无底深渊",科摩罗的阿拉伯语意为"月亮",朝鲜国名取"朝日鲜明"之义,智利国名在印加语中指"寒冷的地方",埃塞俄比亚在古希腊语中指"被太阳晒黑的人聚居的地方",阿塞拜疆在阿拉伯语中解释为"火的国家"。

第四,来源于境内动植物名称的国名。巴西国名来自葡萄牙语,因境内盛产特有的名贵木材——红木而得名;秘鲁国名源于印第安语,意为"粮仓""玉米秆";西班牙国名来自腓尼基语,意为"野兔国";新加坡的国名与首都名相同,语义为"狮子岛";索马里国名源于索马里语,意为"奶牛或山羊的乳汁";巴拿马国名来自印第安语,意思是"鱼乡""渔村";喀麦隆国名源于葡萄牙语,意为"大龙虾";意大利国名源于希腊语,意指"牧羊场"或"小牛生长的乐园"。还有,肯尼亚在班图语中意为"鸵鸟",马里在曼丁哥语中意为"河马",塞拉利昂在葡萄牙语中意为"狮子山",文莱国名在马来语中意指"芒果"。

第五,源于城市名、省名、州名、洲名的国名。科威特是一名四用,即国名、首都名、省名、省会名,意为"小城堡"。卢森堡、摩纳哥等国名均与首都同名,前者在古德语中指"山丘小城堡",后者起源于古

3

希腊人殖民地，原意是"僧侣"。希腊国名源于伊庇鲁斯的希腊州，以后成为整个希腊世界的通称；荷兰国名来自低地国家的荷兰省，日耳曼语意为"森林之地"；瑞士国名来自施维茨州名，在古高德语中意指"焚烧"；美国国名起源于美洲，它的全称是 The United States of America（USA），有时简称为 United States（US），其中 America 为一词两译，即"亚美利加"指整个美洲，而"美利坚"仅指北美地区的美国；澳大利亚国名的拉丁文原意为"未知的南方大陆"，后来成为"澳洲"的通称。

第六，与民族名、家族名、人名或神名等有关的国名。所罗门群岛名称源于《旧约全书》记载的所罗门王；阿富汗因国内主要民族而得名，其古波斯语意为"山上人"；波兰国名源于民族名，指"波兰人居住的地方"；罗马尼亚国名来自罗马尼亚族，意即"从罗马来的人的国家"；巴勒斯坦国名源于古代海上民族，希腊语称为"腓力斯人丁之地"；德国名称来自古德语，意指"人民的国家"；越族（京族）在越南占主导地位，越南国名含义即"南方的越人国家"；沙特阿拉伯因统治家族沙特而得名，"沙特"意为"幸福"；哥伦比亚国名来自发现"新大陆"的航海家克里斯托弗·哥伦布；毛里求斯国名来自莫里斯王子；菲律宾国名来自西班牙王储菲利普，这是以外国人名作为国名的唯一一个亚洲国家。在希伯来语中，以色列的含义是"与神角力的人"；在拉丁语中，梵蒂冈意为"先知之地"。

第七，寓意为自由、勇敢等意义的国名。法国国名源于日耳曼人的法兰克部落，意为"自由人"；土耳其国名源于突厥，在突厥语中意为"勇敢的""强有力的"；比利时国名来源于贝尔盖人，在凯尔特语中意为"勇敢""尚武"；蒙古既是国家名称也是民族名称，其含义是"勇敢""朴素"；哈萨克斯坦在突厥语中指"哈萨克的国家"或"自由之民生活的地方"；厄立特里亚国名由希腊文演变而来，意为"红色"，但其古称"耶迪里·杰额兹"含有"自由人之地"的意思。

第八，误会中而来的国名。西方殖民者登陆之初，几内亚土著人以为是魔鬼来临，就大声叫喊起来："几内亚！几内亚！"西方人便把几内亚误用为当地的称呼。马达加斯加国名是因葡萄牙人的错误所致，他们把它误为摩加迪沙王国。还有错误的拼音和读法导致的国名，如加拿大国名的含义是"村落""棚屋"，是因法国探险家雅克·卡蒂尔的误会所致。

总而言之，国名来源与含义极为丰富，也相当复杂，但又非常有趣。透过国名或国号的变动表象，我们可以追寻各国政治文明演进的历史轨迹，加深对全球化和多元文化背景下文明差异的认识。趣味无穷的国名知识，既可以激发我们探索各个民族、各个国家文明史的兴趣，又可以拓展我们的知识视野，增强我们的理解力，从而客观对待其他民族的文化传统，推动我国的改革开放事业。如果广大读者能从本书中有所收获，那将是我们的最大欣慰。

本书由姜守明教授主编，下列人员参加了具体的编写工作：姜守明（南京师范大学）、周婕（中国传媒大学南广学院）、刘启鹏（哈尔滨学院）、张烁（南京师范大学）、贾雯（连云港师范高等专科学校）、刘婕（南京师范大学）、曾金海（南京师范大学）、杨玲（南京大学）、徐梦瑶（南京大学）、还星（南京大学）、吕桂霞（聊城大学）、张宁（南京晓庄学院）、巫婴非（南京市莫愁中等专业学校）。全书由主编负责统稿，由副主编刘启鹏负责图片的搜集、整理。

由于时间与知识所限，书中难免有不足之处，恳请广大读者批评指正。

姜守明

2019年3月6日于金陵月光书斋

目　录

以东方公主命名的大陆：欧洲

没有严寒的地方：非洲

南方大洋中的陆地：大洋洲

最幸运的"新大陆"：美洲

太阳升起的地方：亚洲

亚洲是亚细亚洲（Asia）的简称。它东濒太平洋，南临印度洋，北濒北冰洋，西达大西洋的属海地中海和黑海。

亚细亚洲的名称由来已久，相传它是由古代闪族（闪米特族）语系的腓尼基人命名的。公元前 2000 年左右，腓尼基人在地中海东岸（今叙利亚一带）兴起，并建立起许多强大的城邦国家。他们不但具有精湛的航海技术，活跃于整个地中海，甚至能穿越直布罗陀海峡驶入茫茫的大西洋，还创造了最早的字母文字——腓尼基字母，为世界许多民族的文字发展做出了重要贡献。

在频繁的海上活动中，腓尼基人把"太阳升起的地方"称为亚细亚，即把爱琴海以东的陆地一律称为 Asu（也有人认为此词来源于亚述语言），意即"东方日出处"；而把爱琴海以西的地方泛称为 Ereb，意为"西方日落处"。Asia 是从腓尼基语 Asu 演化而来，加上一个表示地域后缀的尾巴，就成了 Asian，音译为"亚细亚"，就是指"太阳升起的地方"。

当初，腓尼基人并没有"洲"的概念，也不会给洲命名。而且，他们使用这些由他们的基本词衍生出来的地名，也是笼统的、泛指的。但是到公元前 1 世纪，Asia 已成为罗马帝国一个行省的名称了。公元 4 世纪初，人们便把乌拉尔山作为欧亚两洲的界限。中世纪时期，"亚细亚"才逐渐扩大指所有东方的土地。从意大利传教士利玛窦（1552—1610）著《坤舆万国全图》开始，"亚细亚"一词第一次在汉语中出现。后来，意大利传教士艾儒略（1582—1649）在《职方外纪》卷一中提道："亚细亚者，天下一大州也。"不过，正史中提及亚细亚以《明史·意大里亚传》为最早，以后便沿用下来。

亚洲地势起伏，高低悬殊，呈现出多姿多彩的特点，既有世界最高峰（珠穆朗玛峰海拔 8844.43 米），又有全球最低地（死海位于海平面以下 395 米），还有世界上最深的淡水湖（贝加尔湖中部最深处约 1620 米）。从自然资源的角度看，亚洲的煤储量约占世界储量的 60%，石油和天然气储量也占世界已知储量的 60% 以上，可以说资源极为丰富。作为世界第一大洲，亚洲跨越的经纬度十分广阔，涵盖东西 11 小时的时差。亚洲的总面积包括岛屿在内，达到 4400 万平方公里，约占地球陆地总面积的 29.4%，比四个欧洲还要大。在人文地理方面，亚洲可以分为北亚（俄罗斯亚洲部分的西伯利亚地区）、东亚（中国、朝鲜、韩国、蒙古和日本）、南亚（斯里兰卡、马尔代夫、巴基斯坦、印度、孟加拉国、尼泊尔和不丹）、东南亚（越南、老挝、柬埔寨、缅甸、泰国、马来西亚、新加坡、印度尼西亚、菲律宾、文莱、东帝汶等国家和地区）、西亚（阿富汗、伊朗、土耳其、叙利亚、黎巴嫩、巴勒斯坦、以色列、约旦、伊拉克、科威特、沙特阿拉伯、也门、阿曼、阿拉伯联合酋长国、卡塔尔、巴林、阿塞拜疆、亚美尼亚和格鲁吉亚）和中亚（土库曼斯坦、乌兹别克斯坦、吉尔吉斯斯坦、塔吉克斯坦和哈萨克斯坦）几个不同部分。

亚洲拥有素称发达的农业和手工业以及许多科学发明、创造，对人类社会发展做出了伟大贡献。它拥有 40 多亿人口，占全球人口总数的一半以上，其中大部分是黄皮肤、黑头发、黑眼睛的黄种人。它不仅成为世界三大宗教（佛教、基督教和伊斯兰教）的发祥地，而且承载了世界上最古老的文明传统，西亚的两河（幼发拉底河和底格里斯河）流域文明、南亚的两河（印度河和恒河）流域文明以及东亚的两河（黄河和长江）流域文明都是在这里滋生、成长的。它们经过长期的发展，逐渐形成了西亚的伊斯兰文明圈、南亚的佛教文明圈和东亚的儒学文明圈。这些文明在传播与交汇的过程中，彼此间发生着剧烈的碰撞与融合。在西亚地区，古巴比伦帝国、亚述帝国、新巴比伦帝国相继称雄，不久波

斯帝国又称霸于中亚和西亚，甚至南亚。然而，文明源于西亚的希腊人和罗马人后来居上，他们一方面横扫中亚和西亚，影响着东方文明的发展方向，另一方面又接受了东方的宗教，反过来影响了其自身文明的演进，并留给亚洲一份重要的历史遗产——拜占庭帝国。而拜占庭所保留的古典文化的因子，又促进了西方文艺复兴的发生。

在亚洲这块古老的大陆上，阿拉伯、突厥、蒙古等游牧民族相继进行了最广阔的流动、迁徙与征服。从 7 世纪起，阿拉伯人不仅把伊斯兰教播布于亚洲多地，还传到了亚洲以外的旧大陆（非洲和欧洲）。中亚地区的突厥人和蒙古人则继承、推进了伊斯兰文明，尤其蒙古人几乎席卷整个亚洲，还踏上了欧洲的土地。随着大航海与大发现时代的到来，欧洲强国推行对外殖民扩张，他们把侵略的矛头从美洲（新大陆）和非洲逐渐转移到亚洲。到 19 世纪末，北亚落入沙皇俄国的囊中，印度成为英国的殖民地，中国和奥斯曼土耳其则为列强控制，而亚洲其他的地方也不能幸免。至今，那段沉重的历史还影响着亚洲人。

第二次世界大战后，伴随着民族意识和民族国家的产生，亚洲诸民族纷纷赢得独立。除了几个国家仍处于动荡之中，绝大多数国家在政治、经济与文化等方面都取得了可喜的进步。今天，亚细亚洲正以无比巨大的发展潜力吸引着世界的目光。

日出之国：日本

　　日本（Japan）是日本国的简称，位于亚洲的东北部，太平洋的西岸，西隔东海、黄海、朝鲜海峡、日本海与中国、朝鲜、韩国和俄罗斯相望。领土由北海道、本州、四国、九州4个大岛和6800多个小岛组成，面积约为37.8万平方公里，人口约12650万（2018年），首都东京（Tokyo）。日本列岛原是亚洲大陆的东部边缘，由于地壳变动，海平面升高，在距今大约一万年前，最终与大陆分离。它的西面同中国大陆最近处相隔

富士山　美丽的富士山是日本的最高山峰，也是日本的象征。

400多海里，南端同中国台湾相隔100多海里，西北部同朝鲜半岛相隔120海里。

Japan的原意是漆器，这也是西方对日本的称呼，就像把中国称为China（瓷器）一样。日本人则喜欢日语发音，使用英文Nippon或Nihon来称呼自己的国家，意为"日出之国""太阳升起的地方"。"日本"二字作为国名之前，日本以大和朝廷称呼国家，称为"大和国"。后经大化革新，日本建立起以天皇制为核心的律令制国家体制，其国名正式确定为"日本国"。这一称号迄今已经使用了1300多年。关于日本国名由来，还有多种传说，有的说起源于河流，也有的说源于火山，还有的说与日本和歌的枕词有关。

很早以前，日本就与古代的朝鲜和中国有了交往。古代中国人认为日本是太阳升起的地方，"其土多扶桑木"，故常以"扶桑"来表示，如《淮南子》中就有"日出于旸谷，浴于咸池，拂于扶桑"的语句。日本最初的文明实际上源于中国文明，中国古代典籍中很早就有了关于日本的记载。战国时代，中国最早称日本为"倭"，如古地理书《山海经·海内北经》说："盖国在钜燕南，倭北。倭属燕。"说明当时中国人仅知道日本的地理方位。东汉班固撰写的《汉书·地理志》才明白地记载："乐浪海中有倭人，分为百余国。"另据范晔《后汉书·东夷传》记载，东汉光武帝中元二年（57），"倭奴国奉贡朝贺，使人自称大夫，倭国之极南界也。光武赐以印绶"。曹魏时期，倭国主动派遣使者与洛阳通好。魏明帝景初二年（238），倭国女王卑弥呼派遣两名使者到洛阳，向魏国献男女生口（奴隶）和日本产班布（布匹）。明帝诏封卑弥呼为"亲魏倭王"，赐以金印、紫绶，还赏赐了很多物品。

自中国西晋时期陈寿在《三国志》中为倭立传以来，《宋书》《南齐书》《梁书》《南史》《北史》《隋书》一直称之为"倭"，皆为其列传。至唐代，中国始称"倭"为"日本"。《旧唐书·东夷传》中将"倭"与"日本"分列并叙，还对改称日本做了说明："以其国在日边，故以日本为名。"关于这一点，《隋书·倭国传》中也有记载：607年倭国派遣小野妹子使隋，国书上写着："日出处天子致书日没处天子无恙。"表明即由过去自称倭王改称"日出处天子"，体现了国名向"日本"演变的事实。因而，《新唐书·东夷传》则单叙"日本"，不再有"倭"的名目，而且，日本使者自言："国近日所出，以为名。"另外，东夷、海东、东洋、东瀛等称呼散见于中国典籍之中。

在海路交通落后的古代，日本处于一种相对隔绝的状态，所以日本社会的发展一直比较缓慢，其文化发展更是如此。日本现存最早的刻字是五六世纪刻在腰刀和镜子上的文字，现存最早的历史典籍是奈良时代学者太安万吕奉敕编纂成书的文学作品《古事记》（712年）和舍人亲王为总裁、用编年体例撰写的《日本书纪》（720年）。虽然《古事记》中出现了一些国名，如大八洲国、倭国、苇原中国、丰苇原瑞穗国等，但由于此书来源于神话传说和民间故事并不可靠。

根据考古发现，公元1—2世纪日本国家初具雏形，"邪马台"国是日本列岛上最早的国家，它控制着北九州和关东地方。约3世纪末，本州中部以大和平原（今奈良平原）为中心的畿内地区兴起了大和国，并在四世纪、五世纪之交基本上统一了日本。由于它位于大和地区，常以"大和"为其代称，大和民族由此而来。有学者认为大和与邪马台为同一国，也有人说，日语中的"大和"原意是"多山之地"和"山峡"，这是根据日本群岛的地形特点来称呼的。今天，大和民族占日本总人口的99%以上，多信奉神道教，其余为阿伊努人、朝鲜人、华人等。

随着大和国政权的巩固，日本派往中国的使节愈来愈多，他们深受中国文化的浸润，并促进了古代中日关系的发展。646年，日本仿效中国隋唐制度进行大化革新，吸收了很多中国文化的成分——汉字、政府组织、国家制度、建筑和艺术的风格、哲学和宗教的体系等。这样，日本确立了以天皇为绝对权威的中央集权国家体制。由于天皇国家不能再以地方的大和为国名，于是根据中文语句"日之所出"，把国名定为日本，

东大寺金堂　世界上最大的木造佛殿，位于日本历史文化名城奈良东大寺内。

后来《日本书纪》直接用了"日本"这一国名。

从这时候起，日本历经奈良时代、平安时代，到12世纪末进入军事封建国家状态。在随后相继出现的镰仓幕府、室町幕府和德川幕府统治时期，以武士阶层为支柱的幕府将军是日本的实际统治者，有其名而无其实的天皇则是日本国家的精神领袖。19世纪中叶，日本民族矛盾和社会矛盾激化，英、美、俄等国家迫使日本开国，具有改革思想的地方实力派在"尊王攘夷""富国强兵"的口号下发起"倒幕运动"。

明治维新后，日本经济发展迅速，并逐步走上对外侵略扩张的军国主义道路，1894年发动甲午战争，1904年挑起日俄战争，1910年侵吞朝鲜半岛。1931年，日本再次发动侵华战争，并把侵略的范围扩大到南亚、东南亚，甚至美国，直到1945年战败投降。战后初期，美国以盟军名义独占日本，并对日本实行民主化改革。1947年5月日本实施新宪法，由绝对天皇制国家变为以天皇为国家象征的议会内阁制国家，并对政治、经济、社会、教育等进行了全面的改革，从此走上了一条以经济建设为重心的发展道路。日本经济在战后得到快速恢复和高速增长，到 20 世纪 60 年代末日本已跃居为仅次于美国的世界第二大经济强国。

"上帝之鞭"：蒙古

蒙古国（Mongolia）位于亚洲中部的内陆，北与俄罗斯为邻，东、南、西三面与中国交界，面积约为 156.7 万平方公里，人口约 318 万（2018 年），首都乌兰巴托（Ulaanbaatar）。

蒙古既是其国家名称，也是民族名称。蒙古国是一个年轻的国家，而蒙古族却是一个古老的民族。关于蒙古名称的起源，众说纷纭。有的说源于山名，是"银"的意思；有的说源自居住在蒙古高原一部落的分支，意为"孱弱"和"淳朴"；又有的说是因成吉思汗"剿定诸国，故曰蒙，取居中驭外之义，故曰古"；还有的认为意即"永恒的河"，或为"长生（或永恒）的部族"之意；也有人认为有"勇悍无畏"的含义，等等。

不管"蒙古"一词的含义是什么，它的同音异译名称在中国唐代已经出现，见于《旧唐书》，这也是关于蒙古族名的最早记载。《旧唐书·北狄传》在叙述室韦时写道："其河源出突厥东北界俱轮泊，屈曲东流，经西室韦界，又东经大室韦界，又东经蒙兀室韦之北。"根据波斯史学家拉施特著作《史集》所载，蒙古的最初读音是"Munku"，同蒙兀音一致。可见，唐朝时蒙古是我国北方民族室韦诸部落中的一个，即为室韦人的一支，居住在今额尔古纳河的上游。这个部落在《新唐书》中称为"蒙瓦"，南宋时则有"蒙古"之称，而《辽史》中称其为"萌古"，金人称之为"蒙兀"，或称"萌骨"；此外，散见于宋、辽、金时的汉籍文献中的名称，还有"朦骨""蒙古里""萌古斯""萌古子""盲骨子"等几十种，它们都是"蒙古"的同名异译。直接以"蒙古"一词称之始于无名氏《炀王江上录》，这是女真人对蒙古人的称呼。

甘登寺　蒙古最大的藏传佛教寺院，始建于 1838 年。

　　唐朝末年，蒙兀所属的室韦诸部落之一的塔塔儿部逐渐强大起来，并形成以塔塔儿部为核心的部落联盟。由于中原人称"塔塔儿"为"鞑靼"，所以这些室韦部落也自称"鞑靼"。这一名称往往与蒙古等同，南宋"边吏因以蒙鞑称之"，显然来源于"蒙兀"与"鞑靼"的结合。随着蒙兀部强大并统一室韦诸部，1206 年各部落贵族在斡难河畔举行忽里台（大朝会），铁木真被奉为"大汗"，上尊号称"成吉思汗"，建立大蒙古国。至忽必烈建立元朝时，"鞑靼"一词遂由"蒙古"取而代之，蒙古也由部落名称变为民族称呼。

　　统一的蒙古谱写了亚洲绝大部分地区以及中东欧历史的新篇章。成吉思汗和他的子孙多次西征，凭借强势迅猛的骑兵和不断的征服，改变了世界上这块最大大陆的格局。在 13 世纪上半叶的几十年时间里，被称为"上帝之鞭"的蒙古人的铁蹄扫荡了欧亚大陆的大部分地区，甚至踏上了非洲的土地，建立了历史上最庞大的帝国。虽然这个帝国不久即分崩离析，但其余响至今犹在。

13 世纪 60 年代以后，蒙古帝国分化为金帐汗国（也称钦察汗国，东起额尔齐斯河，西到斡罗思，南起巴尔喀什湖、里海、黑海，北到北极圈附近）、伊儿汗国（东起阿姆河，西迄小亚细亚，北接金帐汗国，南至印度洋）、窝阔台汗国（以塔尔巴哈台为中心的阿尔泰山地区）、察合台汗国（阿姆河以东的中亚西亚、谢米列契和今天的新疆天山南北）和入主中原的元帝国。但是，元朝皇帝名义上仍然是蒙古大汗的继承者。一般而论，占人口极少数的民族统治有两种命运，一种是被当地民族同化，另一种是其政权被推翻，而蒙古人并未能摆脱这样的命运。14 世纪，四大汗国皆被当地的民族文化同化，入主中原的忽必烈后裔又回到了其先民游牧的蒙古高原。

回到草原的蒙古各部，除了达延汗时期，长期因内讧而陷于割据状态，最终分裂成漠南蒙古、漠北蒙古和漠西蒙古，并与明朝形成北南对峙局面。1636 年，漠南蒙古 49 旗王公尊奉清太宗皇太极为可汗，皇太极旋即设立了蒙古承政（俗称蒙古衙门），负责处理蒙古事务。1638 年，漠北蒙古与清朝建立臣属关系，清太宗又把蒙古承政改为理藩院。到 17 世纪 90 年代噶尔丹被击败时，清王朝已经征服了整个蒙古。从区划上看，清朝把整个蒙古分为外藩蒙古和内属蒙古两部分，外藩蒙古又分为外札萨克蒙古和内札萨克蒙古，约相当于后来常说的外蒙古和内蒙古，皆受理藩院管辖。

19 世纪，晚清遭遇了前所未有的内外交困政局。在西方列强武力进攻和威慑面前，清朝屡挫屡退，而急欲东扩的沙俄也在北疆趁火打劫，并相继占领外兴安岭、黑龙江下游地区以及巴尔喀什湖以东地区，甚至把外蒙古划为自己的势力范围。从最初的哥萨克骑兵，到露骨实施侵略的戈洛文、穆拉约维夫，再到实施兼并蒙藏汉之全部东方的巴德玛耶夫商业公司，沙俄侵略晚清之内、外蒙古可谓不择手段，它怂恿、策动蒙古王公分裂，并向它投靠。1911 年，外蒙古僧侣上层和贵族王公请求沙俄支持保护，俄军进驻库伦（今乌兰巴托）。当年 12 月 1 日，库伦

活佛哲布尊丹巴宣布外蒙古"独立"，建立"大蒙古国"政府。随即，沙俄又向南进军，意欲占领内蒙古，但被击败。1915年6月，"大蒙古国"宣布取消"独立"，改称"自治"。1921年7月，在苏联红军的帮助下，苏赫巴托尔和乔巴山领导蒙古人民义勇军进占库伦，宣布建立"君主立宪"的人民革命政府。1924年，"蒙古人民共和国"正式宣布成立。1945年2月，英、美、苏三国首脑签订《雅尔塔协定》，规定"外蒙古（蒙古人民共和国）的现状须予维持"，并以此作为苏联红军参加对日作战的条件之一。1946年1月5日，当时的中华民国政府承认蒙古人民共和国独立。但在苏联霸权主义者的控制下，独立后的蒙古无论政治、经济还是军事、外交，都成为苏联的附庸，甚至还放弃自己的文字，转而用以俄文字母为基础的拼音文字。苏联解体以后，1992年2月改名称为"蒙古国"。

山水同源：朝鲜和韩国

朝鲜是朝鲜民主主义人民共和国（Democratic People's Republic of Korea）的简称，韩国则是大韩民国（Republic of Korea）的简称。朝鲜和韩国位于亚洲东北部，东临日本海，西濒黄海，南隔对马海峡与日本相望，北隔鸭绿江、图们江与中国为邻，其地理范围包括朝鲜半岛和3300多个大小岛屿，共同的面积约为22.3万平方公里。朝鲜现有人口2515.5万（2015年），首都是平壤（Pyongyang）；韩国现有人口5146.6万（2017年），首都是首尔（Seoul）①。

---

① 首尔历史悠久，古时因位于汉江之北，得名"汉阳"。14世纪末，朝鲜王朝定都后改称"汉城"，日本殖民统治期间改称"京城"。1945年朝鲜半岛光复后，更名为朝鲜语固有词，罗马字母标记为Seoul，语意为"首都"。2005年1月19日，汉城市长李明博在记者招待会上宣布，把汉城的中文名改为"首尔"。

朝鲜半岛原来同属一个民族，使用同一种语言，只是由于历史原因，分裂为今天的两个国家。其实，无论是朝鲜还是韩国，其英文都是对朝鲜古称"高丽"一词的音译。况且，今天国际社会常以地理位置的关系来称呼它们，即北朝鲜（North Korea）和南朝鲜（South Korea）。

朝鲜民族服装　韩服是韩国的传统服装，优雅且有品位。近代被洋服替代。现今人们多在节日和有特殊意义的日子里穿。

"朝鲜"是"朝日鲜明"之意，即"朝日鲜明之国""清晨之国"或"晨曦清亮之国"。"早晨的太阳光芒万道多鲜艳，我们的国家因此起名叫朝鲜。"这是《朝鲜之歌》开头语，简明生动地描绘了朝鲜国名的由来。朝鲜的《东国舆地胜览》一书也说："国在东方，先受朝日之光辉，故名朝鲜。"

朝鲜和韩国的历史变迁如同其名称沿革一样，实际上是比较复杂的。与日本相比，朝鲜半岛的文明史要早一些。根据《朝鲜通史》记载，大约公元前5至前4世纪，朝鲜半岛北部一带兴起了一个国家，习惯上称之为古朝鲜。中国秦汉之际，北方居民不断向朝鲜半岛迁徙。西汉惠帝元年（前194），移居朝鲜的燕人卫满推翻古朝鲜政权，自立为王，统治今平壤一带。元封三年（前108），汉武帝灭掉卫氏政权，"遂定朝鲜为真番、临屯、乐浪、玄菟四郡"。公元前后，在半岛南部居住着马韩、辰韩、弁韩三个部落。此时朝鲜半岛逐渐进入国家阶段，有人说韩国国名即起源于此。

公元1世纪初，高句丽（公元前37—公元668年）、百济（公元前18—公元660年）和新罗（公元前57—公元935年）三个国家在半岛上逐渐形成鼎足之势，于是开始了长达六百年之久的"三国时代"。

高句丽位于半岛北部鸭绿江两岸，西汉末年王莽向高句丽征兵讨伐匈奴人。427年，高句丽长寿王把都城从国内城（今吉林集安）迁到平壤。百济位于半岛西南部，它的都城初为汉城，后来迁至熊津（今公州），538年又迁都泗沘（忠清南道的扶余郡），并改国号为"南扶余"。

新罗在半岛东南部，它在高句丽与隋唐激烈交战之时，却派僧侣到中国了解汉文化，特别是通过佛教教义、建筑和中国的典籍学习中国文化，从而在文化领域中积聚起国力。6世纪中叶，新罗联系唐朝先后灭亡了百济、高句丽，668年占领了全部朝鲜半岛。由于唐朝军队并没有放弃对原来百济和高句丽的领土要求，直至735年才承认大同江以南的领土属于新罗。于是，新罗成为拥有朝鲜半岛大部领土的统一国家。8世纪中叶，鼎盛时期的新罗政治实行中央集权制，经济与文化方面加强与唐朝的联系，因而深受中国儒家文化的影响，一时非常强盛。

9世纪以后新罗王朝趋于衰落，地方封建集团乘机扩张势力范围。900年，原新罗将军甄萱占领原百济地域后，自立为王，国号"百济"，史称后百济。897年，新罗宪安王庶子弓裔脱离以北原为据点的农民起义军梁吉部队而独立，901年称王，定国号为"高句丽"，904年改国号为"摩震"。918年，弓裔部将王建杀弓裔而称王，定都松岳（今开城），改国号"高丽"（Korea），意思是"高山丽水"。随着新罗、百济的归顺和降服，朝鲜半岛终被高丽王朝统一。高丽人崇尚佛教，于是把佛教定为"国教"。强盛时期，高丽打退了辽（契丹）、金（女真）的军队。但在1231年蒙古第二代大汗窝阔台（元太宗）派军侵入后，高丽沦为蒙古的附庸国长达一个世纪之久。

1392年，高丽大将李成桂取代高丽政权，自立为王，迁都汉城，将国号定为"朝鲜"。李氏朝鲜的国土大体上相当于今天朝鲜和韩国的总和，北方以鸭绿江和图们江同中国为界。该王朝把儒家学说作为朝鲜的指导思想，以抵消在高丽时代占统治地位的佛教影响。第四代国王世宗统治时期，朝鲜的文化与艺术空前繁荣，成三问、郑麟趾、申叔舟、崔恒、朴彭年、姜希颜等学者经过多年的深入研究，终于在 1443 年创制了由 28 个字母组成的朝鲜语字母"训民正音"。

16 世纪末，朝鲜遭到日本的多次军事进攻，19 世纪中叶又不得不面对西方列强的殖民扩张。1894 年中日甲午战争爆发后，朝鲜摆脱了与中国长达 500 年的宗藩关系，宣布独立。在列强争夺朝鲜过程中，逐渐形成了日俄争霸的局面。1897 年 8 月，朝鲜王朝利用日俄暂时的对峙状态，宣布建元"光武"，10 月高宗称帝，同时废止国号"朝鲜"，改称"大韩帝国"。也有人说韩国国名即由此而来。1904 年日俄战争爆发，最终以俄国战败和日本战胜而告终，而实施中立政策的"大韩帝国"于 1905 年承认日本对朝鲜半岛的控制。1910 年日本胁迫大韩帝国签订《日韩合并条约》，废大韩帝国，改称朝鲜，并设朝鲜总督府，朝鲜半岛从此沦为日本的殖民地。

1945 年二战结束，被日本殖民 35 年之久的朝鲜半岛本应该实现独立，然而国际政治无情地使之走向分裂。"三八线"最初是美苏两军接受日军投降，建立沟通南北的临时政府，实施托管的暂时分界线，可是由于美苏的分歧和对峙，它却成为朝鲜民族南北对立的分裂线。1948 年 8 月 15 日，大韩民国在三八线以南宣告成立。1948 年 9 月 9 日，朝鲜民主主义人民共和国在三八线以北宣告成立。1950 年朝鲜战争爆发后，朝鲜和韩国不仅互不承认，加深了分裂，而且造成了巨大的生命和财产损失。20 世纪 90 年代以来，朝鲜和韩国关系取得了突破性发展，2000 年举行了双方首脑会谈。今天，发展南北关系和实现半岛统一，已成为东北亚地区一种不可阻挡的历史趋势。

就朝鲜半岛这两个国家的发展状况来看，本来朝鲜战争后，朝鲜的经济一直领先于韩国，20 世纪 60 年代还出现了高速增长的势头。但是，由于朝鲜的自我封闭限制了发展，而半岛核危机则进一步束缚了其走向现代国家的脚步。现在，朝鲜的综合实力比较落后，经济上比较困难，粮食短缺。虽然它也在尝试改革与开放，但因受制于国内、国际的不利

板门店朝鲜战争停战协定签字大厅　板门店位于朝鲜半岛中西部，北纬 38° 线以南 5 公里处。1953 年 7 月 27 日，朝鲜战争停战协定在此签署。

环境，其发展压力比较大。

相比之下，由于韩国自 1962 年起开始采取外向型的经济发展战略，到 1980 年，其经济实力已经超过了朝鲜，并挤进了"亚洲四小龙"之中。尤其是 1988 年汉城奥运会的成功举办，使韩国的经济发展引起了世界的关注。到 1996 年，韩国人均国民收入已经超过一万美元。在 1997 年亚洲金融危机的冲击下，韩国高负债的经济模式受到了严重冲击，企业纷纷倒闭。但是，严寒似乎已经过去，韩国的经济获得了稳步增长。到 2017 年，韩国人均国民收入已达 2.92 万美元。

大海中的岛屿：印度尼西亚

印度尼西亚是印度尼西亚共和国（Republic of Indonesia）的简称，也可以简称为印尼。它位于亚洲东南部，地跨赤道。北与马来西亚、文

莱相连，西北隔马六甲海峡与马来西亚、
新加坡为邻；东与巴布亚新几内亚相连；
东北隔苏拉威西海、巴拉巴克海峡与菲律
宾群岛相望；东南与澳大利亚相望。印尼
由太平洋和印度洋之间 17508 个大小岛屿
组成，只有约 6000 个有人居住，主要岛
屿有爪哇岛、苏门答腊岛、伊里安查亚岛、
加里曼丹岛和苏拉威西岛。印尼的首都是

印度尼西亚国徽。

雅加达（Jakarta），可能源于梵语 jaya-kerta，意为"光荣城堡"或"胜
利之地"。

　　印尼不仅是世界上最大的群岛国家，也是东南亚地区土地面积最大
的国家。陆地面积约为 191 万平方公里，领海面积约是陆地面积的 4 倍。
根据 2017 年统计资料，印尼总人口达到 2.64 亿，为世界第四人口大国。
全国共有数百个民族，其中爪哇族人口占 45%，巽他族占 14%，马都
拉族和马来族各占 7.5%，其他占 26%。官方语言为印度尼西亚语，民
族语言和方言多达 300 种。约 87% 的居民信奉伊斯兰教，是世界上穆
斯林人口最多的国家。信奉基督教和天主教的人口分别占 6.1% 和 3.6%，
其余则信奉印度教、佛教和原始拜物教等。

　　印度尼西亚自称 Nusantara，爪哇语意为"岛屿帝国""列岛"。约
1850 年，英国人厄尔把东印度群岛或马来群岛上的居民称为"印度尼西
亚人"或"马来亚尼西亚人"，其中"尼西亚"是人类学家按人种分类
的民族地理学用语，但未能流行。1884 年德国人类学家巴斯蒂安（Adolf
Bastian）撰写《印度尼西亚人》一书，他最早把 Indonesia 当作一个地理
概念使用，此后 Indonesia 一词逐渐成为固定地名。这是由希腊文 Indos（水）
和 nesos（群岛）两个词组合而成的，意为"海国""岛国"或"水中岛
国"。据印度古籍记载，印度尼西亚群岛称"努珊塔拉"或"德威安塔拉"，
意为大洲之间的岛屿。在印尼史诗《纳卡拉格尔达卡玛》中，爪哇以外

普兰巴南寺　印度尼西亚最大、最完美的印度教庙宇。

的岛屿则被称为"努珊塔拉"，意为"彼岸之地"，因此有人译为"其他岛屿"。很明显，这些名称都是依据印度尼西亚的地理特点得来的。20世纪20年代，一批留学荷兰的印尼学生正式倡议以印度尼西亚作为他们的国名，并将自己所建立的民族主义组织命名为"印度尼西亚协会"。1928年印度尼西亚青年代表大会决议："印度尼西亚是一个国家，一个民族。"从此，印度尼西亚就开始作为国名使用了。

公元前2世纪后半期，印尼出现的最早国家称"叶调"。公元3—7世纪，印尼地区建立了一些分散的王国。7世纪中叶，室利佛逝从众多小王国中脱颖而出，它是以苏门答腊岛巨港为中心建立起来的，8世纪末发展成为东南亚海上强国。11世纪，马打兰王国在爪哇岛东部迅速崛起。13世纪末新柯沙里王国不但征服爪哇全境，而且把势力扩张到了苏门答腊岛东部和马来半岛南部。1293年蒙古军队从爪哇撤退后，麻喏巴歇王国建立。这是印尼历史上最强大的帝国，几乎统治了整个印度尼西亚和马来半岛南部，也是当时东南亚最强大的国家。伊斯兰教从麻喏巴歇王国初期由印度传入印尼，15世纪出现了许多信奉伊斯兰教的王国。明朝时期，中国航海家郑和下西洋，前后拜访 30 多个国家，在南洋的苏门答腊岛、邦加岛、爪哇岛等地留下了许多遗迹。其中，三宝垄是印尼的第三大港，也是中爪哇省省会。据称，该地即因郑和船队在此停泊、逗留而得名。16 世纪初，西方势力侵入南洋。1511 年葡萄牙人占领马六甲海峡，之后，又侵占了印尼，1522 年西班牙人闯入摩鹿加群岛。1596 年荷兰人入侵这些岛屿，把它们称为"荷属东印度"，并于 1602 年成立"东印度公司"。1824 年英国和荷兰签订条约，以马六甲海峡为界，北面为英国控制，南面属荷兰势力范围。1942 年日本军队侵占印尼。1945 年 8 月民族运动领袖苏加诺、哈达签署《独立宣言》。1950 年 8 月 15 日，苏加诺正式宣布成立印度尼西亚共和国。

黄金之国：马来西亚

马来西亚（Malaysia）位居东南亚各国中心点，地处太平洋和印度洋之间，全境被南中国海分成两个部分，"西马"和"东马"互不连接，总面积约 33 万平方公里，首都是吉隆坡。西马来西亚位于马来半岛南部，北与泰国接壤，西濒马六甲海峡，东临南中国海；东马来西亚为沙捞越地区和沙巴地区的合称，位于加里曼丹岛北部。在 3240 万（2018 年）人口中，马来人占 69.1%，华裔占 23%，印度裔占 6.9%，其他种族占 1.0%。马来语为国语，通用英语，也广泛使用华语。所谓马来人，根据宪法定义，是遵循马来风俗习惯与文化的穆斯林。除了国教伊斯兰教，还信奉佛教、印度教、基督教等。

马来西亚意为"马来人之国"，得名于居住在马来地区和加里曼丹地区的马来人。还有一种说法，马来西亚人自称为"土地之子"（Bumiputra），其国名来自梵文 malaya（山地），原是印度尼西亚西北部苏门答腊的一处地名，后来随着当地人民的迁移而带入马来半岛。据考证，"马来亚"

这个名词为南印度的泰米尔语言 malai，就是"山"的意思。另外，马来西亚国名或与马六甲（Malacca）有联系，马六甲是西方人涉足马来半岛所获得的第一个立足点。"马六甲"这个名字可能源于梵语词，由 maha（大的）与 lanka（岛）两个词组合而成。自古以来，来往于中国、印度及其他更遥远国度的商船穿航马六甲海峡（Strait of Malacca），使马来半岛崛起成为东南亚主要的贸易中心。在马来语中，"马来"意即"黄金"。在古希腊地理学家托勒密绘制的地图上，马来半岛被标注为"黄金半岛"。正因为这个原因，马来西亚便有了"黄金之国"的美称。

公元初期，随着羯荼、狼牙修等古国的建立，印度教和佛教开始影响西马。西马接近海上交通线的地区逐步兴起港口，以出口樟脑、檀香、金和锡而著名。2—5世纪，狼牙修被兴起于湄公河下游的扶南国征服，直到6世纪扶南国衰落以后再度强盛起来，并与印度、中国有经济和文化往来。4世纪中叶，大量印度人进入马来半岛。东马约在6—7世纪出现了一个以巨港为中心的室利佛逝国，这个佛教王国不但独霸一方，而且通过贸易交往和征服的手段，在苏门答腊岛、马来半岛、婆罗洲西部传播着马来文化。15世纪初，以马六甲为中心的满剌加王国统一了马来半岛大部分，并发展成当时东南亚的国际贸易中心。1511年葡萄牙入侵马六甲，之后荷兰与英国相继以马六甲为殖民中心，并控制马六甲海峡。1826年，英国设立了海峡殖民地，包括槟榔屿、新加坡及马六甲三地。1896年英国将控制马来半岛西海岸的四个土邦霹雳、雪兰莪、森美兰、彭亨联合为一个整体，称为"马来联邦"（非马来亚联邦），首府设在吉隆坡。1909年和1914年，藩属于暹罗的四个土邦吉兰丹、吉打、玻璃市、丁加奴和柔佛王国分别落入英国的手里，组成"马来属

马来西亚国徽。

双子塔　吉隆坡的地标性建筑，为世界上最高的双子楼。

邦"。第二次世界大战期间，日本占领马来亚、沙捞越、沙巴，将马来亚更名为马来。战后英国恢复殖民统治。1948 年，英国将其组成马来亚联合邦，1957 年 8 月 31 日，马来亚联合邦宣布独立，实现了在英联邦内的独立。然而，沙捞越、沙巴和新加坡仍是英国的殖民地。1963 年 9 月 16 日，新加坡、沙捞越、沙巴均以州的名义，同马来西亚联合邦合并，正式组成新的统一的联盟，称"马来西亚联邦"。1965 年，新加坡独立。20 世纪 90 年代，马来西亚作为一个多元化经济体，其发展突飞猛进，跨入了"亚洲四小虎"国家行列。

南方越人之国：越南

越南是越南社会主义共和国（The Socialist Republic of Viet Nam）的简称，位于中南半岛东部，北与中国接壤，西与老挝、柬埔寨交界，

东面和南面临南海。国土呈S形狭长状，南北长1650公里，东西最宽600公里，最窄处仅50公里，面积近33万平方公里，首都河内（Ha Noi）。全国共有9270万人（2016年），包括54个民族，其中越族（京族）占总人口的86%，还有岱依族、芒族、侬族、傣族、赫蒙（苗）族、瑶族、占族、高棉族等。官方语言为越南语。佛教为主要宗教。

越南是一个具有悠久历史的国家，在东南亚国家中受中国文化的影响最深。越南民族的祖先，是分布于中国东南部"百越"的支系，即生活在红河中下游一带的瓯越人和雒越人，公元前4世纪逐步形成"瓯雒"部落联盟。传说越南最早自称"文郎"，这很可能是生活在今红河三角洲富寿地区的部族名称。公元前257年改称"瓯貉"，亦称"瓯雒"。越南是由"瓯越"和"雒越"两个部落合并而成，国名含义是"南方越人之国"。

古时越南人居住在今越南北部，秦汉时即属中国版图。公元前214年，

下龙湾　越南海防市吉婆岛以东、下龙市以南的一片海湾。这里山岛林立，姿态万千，是越南著名的旅游胜地。

秦始皇派兵平定岭南，在该地区设置象郡，管辖越南北部。公元前204年，南海郡尉赵佗建立政权称"南越国"，领有越南北部。公元前111年，汉武帝灭南越国，并在越南北部和中部设立交趾（河内）、九真（清化）、日南（义安、河静）三郡。自此开始，越南处于中国封建王朝的直接管辖之下，直至宋朝以前都是中国的郡县。这一千多年就是越南史上的"郡县时代"。622年，唐朝设立了交州都护府，679年改称安南都护府。都护府是唐朝管辖周围各个附属国（"域外"地区）的机关，"安南"名称就起源于此。自757年起，越南直属岭南节度使管辖。9世纪下半叶，唐朝单独设立节度使，行使中央政府对越南地区的直接管辖权。

唐末地方割据势力兴起，968年丁部领趁机建立王朝，国号"大瞿越"，自称"大胜明皇帝"，定都华闾（今越南宁平省境内）。越南几经改朝换代，先后经历了丁朝、前黎朝、李朝、陈朝等封建王朝。丁朝是越南建国后的第一个封建王朝，越南由此脱离中国封建王朝的统治，但仍与中国保持着藩属关系，即越南为藩属国，中国为宗主国。据此，越南国王继位须经过中国封建王朝的册封，同时，越南需定期向中国进贡，中国则对越南的统治秩序负有帮助与维护的责任。

之后，越南国名屡有变更。1803年，当时阮朝国王阮福映请以"南越"为号。嘉庆皇帝认为"南越"包括范围太大，乃以"该国先有越裳旧地，后有安南全壤，天朝褒赐国封，著用'越南'二字"。越南之名遂沿用下来。直到沦为法国殖民地之前，阮朝与中国清王朝一直保持着藩属关系。1885年，清政府代表李鸿章与法国公使巴特纳在天津签订《中法和约》[①]，正式承认越南是法国的保护国，结束了越南与中国的藩属关系。

---

① 《中法和约》又称《中法新约》，即《中法会订越南条约》，主要内容如下：第一，清政府承认法国对越南的保护权；第二，中越陆路交界开放贸易，中国边界内开辟两个通商口岸，一在保胜以上（云南边界），一在谅山以北（广西境内），允许法国商人在此居住并设领事；第三，降低中国云南、广西同越南边界的进出口税率；第四，以后中国如修筑铁路，"自向法国业此之人商办"。

胡志明故居　位于河内巴亭广场旁的主席府内。胡志明生前长期在这里办公和居住。

法国占领越南后，全面推行"分而治之"的殖民政策，将越南分割为南圻（交趾支那）、中圻（安南）、北圻（东京）三个部分。1887年又将这三个地区与柬埔寨合成"法属印度支那联邦"，设置总督进行控制。

二战爆发后，日本借法国战败之机，解除驻越法军武装，并建立了亲日政府。但日本控制越南的时间很短，随着战败很快就结束了。1945年"八月革命"后，名存实亡的越南阮朝宣告终结。9月2日，胡志明宣布越南独立，越南民主共和国成立。然而，不久法国又卷土重来，越南再次进入了抗法战争时期。1954年5月，越南军民在中国支持下取得了"奠边府战役"的胜利，越南北方获得独立，但是南方仍为法军控制。同年，《日内瓦协议》把越南沿北纬17度分割成北越和南越。1955年美国取代法国在越南的地位，支持南越建立越南共和国。1965年，美海军陆战队在越南中部岘港登陆，随后不断增兵南越，同时扩大对北越的海空袭击，长达八年之久的越南战争正式爆发。1973年1月，越美在巴黎签订和平协定，越南战争结束，美国开始从越南撤军。1976

年 7 月 2 日，越南正式宣布南北方实现统一，并将国名定为"越南社会主义共和国"。1978 年越南出兵侵略柬埔寨，越柬战争爆发。第二年，越南又与中国爆发了战争。直到 1989 年，越南与柬埔寨和中国的战争才彻底结束。

1986 年，越南开始经济改革，名为"革新开放"，计划逐步废除庞大的官僚体制，致力于经济建设。2000 年以来，越南继续坚持改革政策，积极采取措施，遏制了亚洲金融危机以来经济连续下滑的状况。近年来，越南在政治、经济和外交上都取得了明显的成效，国内和国际环境都有较大改善。

占族人的住地：柬埔寨

柬埔寨是柬埔寨王国（The Kingdom of Cambodia）的简称，位于中南半岛南部，北部与老挝为邻，西及西北部与泰国相连，东和东南部与越南接壤，西南濒泰国湾，面积 18.1 万平方公里，人口 1576 万（2016 年），首都金边（Phnom Penh）。全国有 20 多个民族，其中除了主体民族高棉族，还有占族、普农族、老族、泰族和斯丁族等少数民族。通用语言为高棉语。国教为佛教，有 80% 以上的居民信奉佛教，而占族多信奉伊斯兰教，少数城市居民信奉天主教。历史上柬埔寨与中国关系密切，汉代称其国为"扶南"，意为"山地之王"，隋代称"真腊"，唐代称"吉篾"，宋代称"真腊"，元代称"甘孛智"，明代万历时始称"柬埔寨"。

柬埔寨别称"高棉"（Khmer）。关于柬埔寨国名的起源，有两种不同的说法。其一，相传高棉族始祖为神话英雄或建国元勋 Kumpu，高棉人便把自己的国家叫"卡姆布其亚"（Kumpuchea），其中 chea 意为"子孙"。其二，有一座古代王朝的城垣掩映在东南亚丛林里，据说是 2000 多年前由一位从印度来的甘布亲王和娜亚女王共同建立的。"甘布"

和"娜亚"结合在一起，形成了"甘布亚"，英国人读成 cambodia，而法国人则读作 cambodge。

柬埔寨有文字记载的历史，始于公元 1 世纪下半叶扶南建国，历经了扶南、真腊、吴哥等几个王朝。3 世纪时，扶南发展成为一个强盛国家，5 世纪末 6 世纪初开始衰落，7 世纪为北方兴起的真腊所兼并。真腊王国是柬埔寨古代历史上继扶南之后的第二个王国。8 世纪初，该王国分裂为陆真腊和水真腊。9 世纪初，阇耶跋摩二世（Jayavarman II）统一柬埔寨，建立吴哥（Angkor，源于梵语 Nagara，意为"都市"）王朝。由于吴哥王朝是高棉族人所建，吴哥王朝又称高棉王国。吴哥王朝统治着中南半岛南端及越南和孟加拉湾之间的大片土地，势力范围远远超过了今天的柬埔寨，并创造了举世闻名的吴哥文明。9—15 世纪，都城吴哥是柬埔寨民族的精神中心和宗教中心，但是 1431 年遭到了泰族军队的空前洗劫。19 世纪 60 年代，被遗忘了几百年的古都吴哥重新为世人所认识。

1432 年，吴哥王朝把都城由吴哥迁至金边，改名为金边王朝，但王室血统未变，几代国王都努力恢复过去的荣耀，最终也未能抵挡得住暹罗人（泰国的主体民族）的进攻。1594 年都城金边陷落，柬埔寨从此进入衰落和被肢解时期。柬埔寨领土不仅为暹罗所占，国王的加封也要得到暹罗的同意。后来，越南也开始侵略柬埔寨，并于 1813 年取得对柬埔寨的控制权。1834 年越南打败暹罗后，彻底兼并柬埔寨，将其划入自己的版图。原属于柬埔寨的湄公河三角洲地区，正是在这一时期成了今日越南的南部。

被越南排挤出去之后，暹罗并不甘心，在此后十多年间与越南展开对柬埔寨的争夺，双方处于胶着状态。由于两国损失均巨大，加之迫于西方殖民主义者的外患威胁，1845 年暹罗与越南签订了和约，同意柬埔寨重建国号，柬埔寨获得了形式上的独立。双方不仅共同为柬埔寨新国王加冕，而且划分了自己的势力范围，柬埔寨西部为暹罗管辖，东部

吴哥窟　建于公元12世纪。曾是柬埔寨古代高棉王朝的都城，后被遗弃，直到1861年被重新发现。它是世界上最大的宗教建筑。

为越南管辖，柬埔寨则承认两国的宗主权，实际上沦为它们的附属国。

经过多年战争的蹂躏，柬埔寨人既想摆脱越南和暹罗的控制，又想和平建设自己的国家。但是当1863年法国殖民者控制越南后，虽然柬埔寨摆脱了与越南和暹罗的藩属关系，却又成为法国的保护国。1887年，柬埔寨正式成为法国的殖民地，并入法属印度支那联邦，成为其中的一个保护领。法国人采取间接统治方式，保留了柬埔寨的君主制。1940年日本占领柬埔寨。第二次世界大战结束后，法国重新控制了柬埔寨。但是，战后民族独立运动的浪潮无法阻挡，1953年11月9日柬埔寨正式独立，定国名为柬埔寨王国，由西哈努克亲王执政。

由于柬埔寨王国在越南战争中秉持中立偏左政策，1970年3月18日，美国指使朗诺、施里玛达之流发动政变，推翻西哈努克领导的王国政府，建立高棉共和国。4月，美国和南越军队入侵柬埔寨南部。大敌当前，西哈努克亲王摒弃前嫌，在北京宣布与柬埔寨共产党（简称红色高棉）

结成抗美救国统一战线，并成立以宾努亲王为首相的柬埔寨王国民族团结政府。1975 年 4 月，红色高棉推翻了朗诺军人政权。第二年 1 月改国名为"民主柬埔寨"，同时宣布废除君主立宪制。1978 年越南军队侵占柬埔寨，成立了越南扶持下的柬埔寨人民共和国。越柬战争爆发后，西哈努克不得不再次流亡。1982 年 7 月，他与宋双、乔森潘三派组成民主柬埔寨联合政府。1989 年，越柬战争随着越南宣布从柬埔寨撤军而结束。在国际社会的共同努力下，1991 年 10 月柬埔寨四方签署和平协定，实现和解，并通过大选组成了柬埔寨王国联合政府。1993 年 9 月 24 日，柬埔寨新宪法获得通过，将国号定为柬埔寨王国，恢复君主立宪制，西哈努克重新登上王位，柬埔寨从此进入和平与发展的新时期。1998 年红色高棉向政府投诚，柬埔寨人期盼的和平真正到来了。2004 年 10 月 29 日，西哈努克之子诺罗敦·西哈莫尼登基成为柬埔寨新国王。

万象之邦：老挝

老挝是老挝人民民主共和国（The Lao People's Democratic Republic）的简称，位于中南半岛北部，东邻越南，西接缅甸、泰国，南临柬埔寨，北达中国，面积 23.68 万平方公里，首都万象（Vientiane）。这是一个境内多山的内陆小国，80% 以上的国土为山地和高原，有"印度支那屋脊"之称。

老挝是东南亚地区中仅有的两个社会主义国家之一（另一个是越南），也是世界上最不发达的国家之一。全国共有 680 万人（2017 年），包括 50 个民族，可以划分为三大部族，即老挝族（也译为老龙族，主要是老族、泰族，约占全国人口的 60%）、老听族（主要是卡族、普囡族）和老松族（主要是苗族、瑶族）。因老挝族又称寮族，老挝也称"寮国"或"万象之邦"。其实，老挝或寮在老挝语中都指"人"或"人类"，只是中文翻译不同，并无意义区别。

从公元初到 14 世纪中叶，在今日老挝境内曾先后出现过三个重要的国家，即科达蒙①、文单②和澜沧③，其中科达蒙一度为扶南（今柬埔寨以及越南南部、泰国东南部等）、真腊（今柬埔寨北部和老挝南部）的属国。1353 年，法昂国王（1316—1373）在琅勃拉邦（川铜）统一今老挝全境，建立澜沧王国，并远征泰国北部、东北部，期间还曾进军越南及统治缅甸，形成了老挝历史上第一个统一的多民族国家。法昂将小乘佛教④引入，使之在老挝传播开来，它后来成了老挝的国教。16 至 17 世纪，澜沧王国是当时东南亚最繁荣的国家之一，其经济与文化空前发达，佛教达到全盛状态。

18 世纪初叶澜沧王国解体，分裂成为琅勃拉邦、万象和占巴塞三个王国。1778 年暹罗把万象置于自己的军事占领之下。同时，暹罗强迫琅勃拉邦王国接受其宗主权，并派兵攻占了占巴塞王国。从此，万象、琅勃拉邦和占巴塞成了暹罗的属地，由暹罗东北行政区管辖。其他小王国也很快被征服。老挝受暹罗统治持续了一个多世纪，直到西方殖民主义者入侵才结束。

自 19 世纪 60 年代以后，法国殖民主义者先后占领了越南、柬埔寨。1893 年，法国将老挝纳入法属印度支那联邦，变成自己的属国，由隶属于殖民地总督的法国最高专员进行管理。在最高专员之下，老挝分为上寮和下寮，各设一名法国专员管治。1940 年老挝被日军占领。1945 年 8 月老挝人民举行武装起义，同年 10 月 12 日，老挝宣布独立，成立

---

① 此名为老挝人所称，很可能是中国史籍中的堂明或道明。
② 或称陆真腊，是以今柬埔寨北部为中心发展起来的真腊国分裂后形成的国家，控制今泰国、老挝、柬埔寨接壤一带。
③ 中国史书上称为南掌，老挝语中意为"百万象"。
④ 公元最初两个世纪，佛教出现大乘、小乘两大教派，"乘"原意为车子、交通工具，引申为"渡""运载""道路"。小乘佛教坚信释迦牟尼的遗教，注重伦理教诲，不拜偶像，提倡自我超度（超脱人生轮回之苦），主要流行于印度南部、斯里兰卡、缅甸、泰国、柬埔寨、老挝等地。

老挝古都琅勃拉邦　老挝佛教中心，寺庙佛塔林立。

了"伊沙拉"（老挝语意为"自由"）政府。1946 年法国卷土重来，恢复对老挝的殖民统治，伊沙拉政府解体，老挝独立运动遭受失败。1950 年伊沙拉阵线重建，老挝成立了以苏发努冯亲王为总理的抗战政府。1953 年 10 月，法国与老挝王国政府签署协定，承认老挝是一个独立国家。第二年 7 月，法国被迫签署日内瓦协议，并从老挝撤军。但此后老挝内战不断，存在着亲美的右派王国政府、左派的爱国阵线及中立派等势力。随着越南战争的扩大，老挝的内战也愈演愈烈。美国在侵入越南、柬埔寨的同时，将军队开进了老挝。1962 年，美国被迫签订关于老挝问题的日内瓦协议，老挝成立以富马亲王（中立）为首相、苏发努冯亲王（左派）与富米（右派）为副首相的联合政府。1964 年美国策动亲美势力破坏联合政府，进攻解放区，老挝军民则在爱国阵线领导下进行了英勇的抗美救国战争。

1973 年，老挝各方签署了关于在老挝恢复和平和实现民族和睦的协定，并于第二年 4 月成立了以富马为首相的联合政府和以苏发努冯为主席的民族政治联合委员会。1975 年 12 月老挝首届全国人民代表大会在万象召开，宣布废除君主制，成立老挝人民民主共和国，由老挝人民革命党执政。建国后，老挝国内政治生活缺乏活力，经济上实行农业合作化、工业国有化的僵化体制，对外关系上过分依赖外援、缺乏独立自主的精神，造成社会生活呆滞封闭、经济发展缓慢、国家关系受制于人的困境。20 世纪 80 年代中期，老挝实行改革开放政策，经济上有了较快的发展。1991 年 8 月，老挝最高人民议会通过《老挝人民民主共和国宪法》，将老挝部长会议改名为政府，部长会议主席改名为总理，最高人民议会改名为国会。2016 年，老挝人民革命党第十次全国代表大会召开，对未来国家在政治、经济、文化教育、社会、外交等各方面都提出了发展要求。

黄袍佛国：泰国

泰国是泰王国（The Kingdom of Thailand）的简称，位于中南半岛中南部，东南临泰国湾，西南濒安达曼海，东南与柬埔寨毗连，东北与老挝交界，西北与缅甸为邻，南与马来西亚接壤，面积 51.3 万平方公里，人口 6903.8 万（2017 年），首都曼谷①（Bangkok）。在 30 多个民族中，泰族占总人口的 40%，还有老挝族（35%）、马来族（3.5%）、高棉族（2%）等。全国拥有寺庙 3 万多座，90% 以上的居民信仰佛教，所以泰国别称为"千佛之国""黄袍佛国"。此外，马来族信奉伊斯兰教，还有少数民众信奉基督教新教、天主教和印度教。

---

① 曼谷（Bangkok）为"佛庙之都"，它的正式名字简称是"共台甫"，意即"天使之城"。如果将其泰文全称转为拉丁文字，则长达142个字母，其意思为：天使之城，伟大的都市，玉佛的宿处，坚不可摧的城市，被赠予九块宝石的世界大都市，很多富裕的皇宫，住着权威的神，一座由因陀罗给予、毗湿奴建造的大都会。

泰国大皇宫　　大皇宫是泰王拉玛一世于 1782 年在曼谷定都后下旨建造的，后经历代皇帝修缮和扩建，得以有今天的规模。

泰国旧名"暹罗"（Siam），这个词可能来源于民族名称。泰族与缅甸的掸族同种，"暹"字就是由"掸"字转音而来的。泰国曾是中国的藩属国之一。据传，最早的泰国先民来自云南省西双版纳的傣族猎人，他们沿着云南的澜沧江而下，进入泰国的湄公河流域狩猎、捕鱼，由此定居在这块美丽的土地上。中国史书记载，14 世纪中叶，暹国和中部的罗斛国合并，称为"暹罗"。不过，根据柬埔寨的《昆色拿史话》一书，"暹罗"这个名称早在 6 世纪就出现了，它是用来称呼皮肤较黑部族的，在梵文中含有"棕色"之意。

6 世纪左右，孟人[①] 在昭披耶河下游建立堕罗钵底国，深受印度文化影响，其商业、佛教、文化都比较发达。9 世纪时，柬埔寨的高棉王国（吴哥王朝）在吴哥建立，10 世纪时征服了堕罗钵底国。11—12 世纪，高棉

---

① 孟人，亦称"得楞人""勃固人"，分布于中南半岛，以缅甸为主，泰国也有少量分布，属蒙古人种南亚类型，使用孟语，属南亚语系孟高棉语族，曾在昭披耶河下游建立堕罗钵底国，13 世纪时被泰人所灭。

王国统治了泰国大部分地区。12世纪初泰族人兴起，他们分别在北部的兰纳（Lanna）、拍耶（Phayao）和素可泰（Sukhothai）建立城镇。1238年，泰族人在素可泰（字义为"幸福的曙光"）建立了泰国历史上的第一个王朝，泰国历史进入黄金时代。该王朝还创造了统一的文字，为今日的泰文奠定了基础。1350年泰国南部的阿育塔雅王朝（大城王朝）兴起，并逐渐扩张到现在的老挝、缅甸、柬埔寨及马来西亚地区，成为中南半岛上的强国。1767年缅泰战争爆发后，泰国军队战败，缅甸军队侵入，占领并焚毁阿育塔雅城，屠杀该城居民，破坏泰国的文化与艺术珍品。但缅甸的统治没能维持多久，华裔郑信高举义旗，借助华侨和泰人，奋起反击，在击退缅甸人后自立为王，定都吞武里。1782年查库里创立曼谷王朝，并自称为拉玛一世，建都曼谷。这就是今日泰国的由来。

从16世纪起，泰国先后遭到葡萄牙、荷兰、英国和法国等西方殖民主义国家的入侵。1856年，泰王被迫与英国签约时，首次采用"暹罗"这个名称。虽然泰国与西方殖民主义国家签署了一系列不平等的通商条约，丧失了司法独立权及关税自主权，但并没有完全丧失其自主地位。1896年英、法签订条约，规定暹罗为英属缅甸和法属印度支那之间的缓冲国，因而泰国成为东南亚各国中唯一不曾沦为西方殖民地的国家。

泰皇拉玛七世时期，一次军事政变（1932年）结束了暹罗700余年的君主专制，并催生了泰国第一部宪法，自此暹罗成为一个君主立宪制国家。不久军人取得了政权。1939年6月24日，泰国人废"暹罗"名称，改为"泰王国"。第二战世界大战结束后，亲日的军人政权垮台，文人政府执政，国名复为"暹罗"。然而仅仅相隔四年，1948年军方再次发动政变，并于1949年5月11日再称"泰王国"。军人独裁政权虽几经更替，却一直持续到1973年的"十月革命"。当时军方首领逃亡国外，泰国王任命总理，文人政府大力推进泰国的经济改革，但效果甚微，很快在大选中落败，军方再次介入政治。这次有所不同的是，军人们采取了温和的统治政策，尽量维持与文人的和谐关系。1980年，

泰国民主纪念碑　位于曼谷市内，是为了纪念 1932 年 6 月 24 日推翻君主专制，创建君主立宪制而建立的。

泰国王任命军方支持的普里姆为首相。普里姆虽为军人出身，却致力于推动军人对泰王的绝对效忠，因而成为泰国民主化进程中的关键人物。1988 年大选，军人政权和平地转移到文人政府手中。20 世纪 90 年代，泰国军人再次发动政变，并镇压民主运动，但在人民的反抗声中被迫下台。此后，军方对政治的影响力骤然下降，文人政府的地位得以巩固，20 世纪 80 年代以来，泰国经济发展迅速，人民生活水平大幅提高，并步入东南亚较为富裕的国家行列。

狮子岛：新加坡

新加坡是新加坡共和国（Republic of Singapore）的简称，位于马来半岛的最南端，东临南中国海，西朝马六甲海峡，南隔新加坡海峡与印度尼西亚相望，北隔柔佛海峡与马来西亚为邻。它扼守着马六甲海峡入口处的航行要道，既是东南亚中心，又是亚、大洋、欧、非四大洲的海上交通枢纽，地理位置十分重要。原是马来西亚的一个港口，现为一个发达的现代化国家，其领土由一个本岛和大约 60 个小岛组成，面积为 722.5 平方公里，首都名与国名相同。在全国 564 万（2018 年）人口中，华人约占 75%，马来人占 14.1%，印度人占 7.4%，其余为巴基斯坦和斯里兰卡人。官方语言为马来语、英语、华语和泰米尔语。华人和斯里兰卡人多信佛教，马来人和巴基斯坦人信奉伊斯兰教，印度人信奉印度教。

7 世纪时，新加坡被称为"淡马锡"或"单马锡"，即马来名称的音译，意为海域；也有的说是湖泊的意思；还有的说来源于爪哇语，意思是锡。据说，新加坡主要的山脉武吉智马山曾产有少量的锡，而且在中国地理学史上最早的海洋图——《郑和航海图》中就把武吉智马山称作淡马锡。由淡马锡改为新加坡，大约是在 1150 年。据马来史籍记载，苏门答腊岛的室利佛逝王国王子乘船到达此岛，看见一只头黑、胸白、身红的怪兽，当地人告知为狮子。王子认为这是吉祥之物，决定在此建立一个城市，命名为梵文"僧伽补罗"，意为"狮子城"。在马来语中，"新加"是"狮子"、"坡"是"岛"的意思，新加坡即为狮子城。也有人认为，当时岛上的土著居民中有一个狮子族，狮子象征着强大有力。

7—12 世纪，中国古代文献《岛夷志略》《岛夷杂志》等称新加坡为"凌牙门"，得名于矗立在岌巴海峡入口处南边、形状极像龙牙的峭石。华侨称新加坡为"星岛""星洲"，比喻其岛小如星星，而"星"又与马来语名称 Singapore 的第一个音相同。13 世纪 70 年代，新加坡岛上出现了存在时间不长的僧伽补罗王朝，也称新加坡拉（Singapura）王朝。Singapura 一词为梵文，意思是"狮子城"。新加坡拉王朝一连传了五代，直到 1389 年五世王被杀才灭亡。1391 年新加坡被暹罗（今泰国）攻占，后又成为 15 世纪初兴起的马六甲王国属地。此时，新加坡繁盛不再，它只是一个小渔港和海盗出没的地方。16—19 世纪，新加坡成为柔佛

鱼尾狮像　是新加坡的标志和象征。坐落于新加坡河畔，由雕刻家林南先生和他的两个孩子于 1972 年共同雕塑完成。

王国[①] 的一部分。

　　伴随着欧洲殖民扩张的浪潮，英国人来到亚洲，他们在占领爪哇之后，发现新加坡地理条件优越，拥有天然良港。1819 年，他们和土著订立联盟条约，取得了一小部分土地。从此，新加坡很快发展成为英属东印度公司的贸易站，并被宣布为自由港，大批商人来到这里。这也是现代新加坡的开端。

　　1824 年，英国与柔佛王国苏丹订立条约，把新加坡主岛和附近的 54 个小岛都买了下来，新加坡正式沦为英国殖民地。此时，新加坡由英国东印度公司管理。随着大量的中国商人移入新加坡，新加坡华人社会形成。英国还与荷兰达成协议，英国获得马六甲的统治权。1826 年，英国将新加坡与马六甲以及槟榔屿等几块殖民地合并成海峡殖民地，1832 年

---

　　① 马来半岛封建王国，又称胡戍国。18世纪柔佛王国划入荷兰的势力范围。1914年，柔佛沦为英国殖民地，英国海峡殖民者总揽柔佛的行政、司法、财政之实权。

又将其组成海峡联盟，殖民政府移至新加坡，成为海峡殖民地的指挥中心。1867 年，新加坡成为英国的直辖殖民地，由伦敦直接统治。可以看出，英国人对新加坡是相当重视的。当苏伊士运河开通后，新加坡迅速成为连接欧洲和东亚之间的主要港口，这大大促进了新加坡的繁荣。

第二次世界大战爆发后，日本军队侵入东南亚地区。1941 年日军轰炸新加坡，不久，驻守在新加坡的英军投降，日本侵略军总司令把新加坡改名为"昭南岛"。1945 年日本无条件投降后，英国恢复对新加坡的控制权。1946 年英国结束对新加坡的军政统治，1948 年新加坡举行立法议会选举，1954 年成立有限度的自治政府。随着民族意识的日益增强，新加坡终于获得内部自治的权利。1959 年 6 月新加坡自治政府成立，李光耀担任首任总理，英国保留国防、外交、修改宪法、颁布紧急法令等权利。

由于历史上新加坡与马来亚的特殊联系和当时马来亚的特殊情况，1961 年新加坡举行境内公民投票，决定加入马来西亚联邦，成为其中的一个州。1963 年由马来亚、沙捞越和沙巴组成的马来西亚联邦正式成立。但因马来人与华人的利益矛盾，1965 年 8 月 9 日新加坡脱离马来西亚，成立新加坡共和国，并于同年加入英联邦。在李光耀总理的领导下，新加坡人利用本国特殊的地理条件，扬长避短，积极引进和运用外国的资金、技术和管理经验，走出了一条独特的经济发展的成功之路，成为"亚洲四小龙"之一。

菲利普王子之地：菲律宾

菲律宾是菲律宾共和国（Republic of the Philippines）的简称，位于亚洲东南部，东临太平洋，西濒南中国海，南和西南隔苏拉威西海、巴拉巴克海峡与印度尼西亚、马来西亚相望，北隔巴士海峡与中国台湾

遥遥相对。这是一个岛国，由 7107 个大小岛屿组成，主要岛屿有吕宋岛（第一大岛）、棉兰老岛（第二大岛）、米沙鄢群岛、巴拉湾群岛和苏禄群岛，所以被誉为"千岛之国"。

在不到 30 万平方公里的陆地上，2017 年菲律宾人口已经突破 1.049 亿，而联合国早在 1998 年发表的一份报告中，就已经把它列为世界上人口最稠密的国家之一。这是一个多民族国家，全国约有 90 个民族，其中马来族占总人口 85% 以上，主要包括他加禄人、伊洛戈人、邦班牙人、比萨亚人和比科尔人等；少数民族及外来后裔有华人、印尼人、阿拉伯人、印度人、西班牙人、美国人以及土著人。菲律宾共有 70 多种语言，国语是以他加禄语为基础的菲律宾语，英语为官方语言，因人口众多而成为世界第三大英语国家。由于长期受西班牙统治的影响，菲律宾约有 85% 的居民信奉天主教，是东南亚地区唯一的天主教国家，4.9% 的人信奉伊斯兰教，少数人信奉独立教和基督教新教，华人多信奉佛教，土著民多信奉原始宗教。

麦哲伦十字架　巨型木制十字架，位于宿务岛东边的马克丹岛上，1521 年由葡萄牙航海家麦哲伦竖立。这一年，菲律宾出现第一批天主教徒。

最早生活在菲律宾岛上的居民是内格里托人。公元前 3000 年左右，除了土著部落生活在菲律宾群岛，马来人分成几个部落渡海而来。菲律宾从未如东南亚其他地区那样有过统一的政权，仅在一些较为发达的地区建立过早期国家。公元 700 年，日本和中国的商人也曾来到这里，但很少有文化方面的交流。11—16 世纪，菲律宾群岛上出现和存在的主要国家有麻逸、苏禄、吕宋、合猫里、三屿、蒲端国等。苏禄国一度是东南亚的贸易中心之一，与周边的中国、柬埔寨、爪哇、苏门答腊等国家和地区均有贸易往来。随着伊斯兰教的传入，14世纪时苏禄和棉兰等地出现了封建苏丹政权，实行政教合一的政治制度。在中国古代典籍中，泛称菲律宾为吕宋①，所谓吕宋烟（雪茄烟）即来源于此。

1521年3月17日，葡萄牙航海家麦哲伦在环球航行中登陆比萨亚群岛中部的宿务岛时，正值天主教的"圣拉扎拉斯节"，即给此地命名为"圣拉扎拉斯群岛"。后因麦哲伦被杀，这个名称也被人们遗忘。1531年西班牙远征队在宿务岛登陆，并宣布对它的占领。1543年，西班牙舰队将军以西班牙王储即后来的国王菲利普二世（1527—1598）的名字，命名了莱特岛及附近岛屿，称之为Las Felipe（西班牙文），并称这片群岛为Philippines（英文），中文译称菲律宾，后来这个名字扩展到整个群岛。1898年成立菲律宾共和国，是菲律宾作为国名使用的开端。显然，这一国名带有浓厚的殖民统治色彩，它是以外国人名命名的唯——个亚洲国家。独立后，菲律宾人也认为应该换一个新国名，但是由于种种原因，更改国名的倡议和愿望始终未能实现。

1565年，西班牙海军将领黎牙实比（Miguel Lopez de Legaspi）率领远征军舰队自墨西哥出征菲律宾，1571年占领了位于吕宋岛西岸的美尼勒城，将其易名为马尼拉（Manila），并建立了持续三个世纪之久的殖民政府。1585年，西班牙殖民者又设立都护府，归新西班牙总督区（今墨西哥、中美洲、加勒比地区）遥领。最初，西班牙只控制了菲律宾群岛的中北部，直到19世纪上半叶才控制南部的苏禄岛和棉兰老岛。西班牙的殖民统治，从政治、社会、文化、宗教等方面改变了菲律宾本土民族的生活方式，也压制了以南部棉兰老岛为中心的伊斯兰教的对外传播，迫使大部分居民像西班牙美洲殖民地居民一样接受天主教。因此，

---

① 吕宋原意为木制器皿，形似臼。宋元以来，中国商船常到吕宋岛贸易，明代称之为吕宋。过去华侨去菲律宾多在此登陆，故以吕宋为菲律宾的通称。西班牙人统治时期，华侨又称西班牙为大吕宋，称菲律宾为小吕宋。

菲律宾是亚洲唯一的天主教国家。在这里，到处可见西班牙文化影响下的拉丁式建筑。由于西班牙殖民者主要来自美洲殖民地墨西哥，迄今为止，菲律宾文化中还保留着墨西哥文化的因子。

19世纪，菲律宾民族主义情绪高涨，1898年6月12日宣布独立，成立菲律宾共和国。同年8月，西班牙在美西战争中失败，根据战后签订的《巴黎和约》，菲律宾又沦为美国的殖民地。次年在美国人支持下，阿吉纳尔多出任菲律宾第一共和国首任总统。同时，美国声称对菲律宾全岛拥有主权。1901年美国在菲律宾建立文官政府，设立总督，后曾担任美国总统的威廉·霍华顿·塔夫脱（1857—1930）出任第一任总督。菲律宾共经历了16位总督，他们基本上都推行"菲律宾人的菲律宾"本土化政策。1935年11月，菲律宾自治政府成立。第二次世界大战爆发后，日本侵略军于1942年5月占领马尼拉，菲律宾又成为日本的附属地。二战结束后，美国重新控制菲律宾。随着反美运动的高涨，1946年7月4日菲律宾最终取得独立，国名定为菲律宾共和国。1962年，菲律宾政府宣布把独立日从7月4日改为6月12日，即菲律宾摆脱西班牙殖民统治的日子。

美国的殖民统治给菲律宾带来了西方的政治制度，建立了公共教育体制，使得菲律宾的教育水平大大提高，但也人为地造成菲律宾经济对美国的过度依赖。自独立以来，菲律宾进行了一系列的政治、经济改革，但由于政治派系林立，政局一直动荡不定。直到20世纪90年代，政府与三股反政府力量的和谈均取得进展后，菲律宾的动荡局面才得到有效控制，经济建设也得到恢复和发展。

印度河流域的国度：印度

印度是印度共和国（The Republic of India）的简称，位于亚洲南部的次大陆，北邻中国、尼泊尔和不丹，西北与巴基斯坦交界，东北和东部与缅甸和孟加拉国接壤，南濒印度洋，西部和东部分别濒临阿拉伯海和孟加拉湾，面积297.5万平方公里，首都新德里（New Delhi）。据统计，2017年印度人口已经达到13.39亿，是仅次于中国的世界第二人口大国。印度全国有10个大民族和许多小民族，印度斯坦族约占总人口的46.3%，泰鲁固族占8.6%，孟加拉族占7.7%，泰米尔族占7.4%。印地语与英语同为官方语言。有83%的居民是印度教徒，穆斯林占11%，基督教徒占3%，锡克教徒占2%，此外有佛教徒、犹太教徒、耆那教徒等。

印度别称"婆罗多"，其得名于现今巴基斯坦境内的印度河。印度最初指印度河流域，梵文以Sindhu（信度）一词表示"江河""海洋"，后来才逐渐包括恒河流域及整个南亚次大陆。由于古代伊朗人把字母s的发音读成了h音，就读成了Hindu，住在印度河流域的人也叫作Hindu，而这一地区称之为Hindustan。古希腊"历史之父"希罗多德在《历史》一书中将Hindu变为Indos，古罗马人则沿用了这个称呼。

在我国古代文献中，南亚次大陆被泛称为印度。《史记》和《汉书》都把印度称为"身毒"（读音yuándǔ，元笃），《续高僧传》（或称《唐高僧传》)称其为"贤豆"，《后汉书》《新唐书》《宋史》称之为"天竺"。今天，"印度"一词是唐代高僧玄奘首创，他在《大唐西域记》中说道："详夫天竺之称，异议纠纷，旧云身毒，或曰贤豆，今从正音，宜云印度。印度之人，随地称国，殊方异俗，遥举总名，语其所美，谓之印度。"清代《坤舆图说》称之为"印第亚"，显然是从英语India一词直译而来。

作为南亚次大陆最重要的国家，印度是世界四大文明古国之一。历史上的达罗毗荼人曾创造了最早的印度河流域文明，即"哈拉巴文化"（公元前2500—公元前1700年）。他们是深色皮肤的人，与浅色皮肤的雅利安人相区别。

当初，雅利安人由中亚向东西两个方向迁移，西迁的雅利安人成为今天大部欧洲人的祖先；向东去的雅利安人分为两支，一支定居于伊朗

高原一带，成了今天的波斯人，另一支继续向东南移动，来到南亚次大陆西北部，成为今天印度人的一部分。雅利安人在吠陀时期（公元前1500—公元前600年）进入恒河流域后，创造出了高度发达的次大陆古代文明。

印度雅利安人的上古历史，可以分为王政时代（氏族制度解体和国家形成时期）、列国时代（奴隶制城邦时期）、帝国时代（奴隶制帝国时期）和向封建制过渡时代几个不同阶段。公元前6世纪，次大陆进入列国时代，出现了十几个国家，佛教也随之兴起。难陀王朝时期（公元前364—公元前324年），强大的摩揭陀国逐渐统一次大陆北部即印度斯坦（Hindustan）。公元前326年，马其顿国王亚历山大大帝曾率军入侵印度河上游，但未能立足而西返。

阿育王（无忧王）时期（公元前273—公元前232年），孔雀王朝发展为一个庞大的帝国，其统治范围扩展到除了印度半岛最南端的整个南亚次大陆，即包括今天的印度、巴基斯坦和孟加拉国。其后，整个印

泰姬陵 17世纪，莫卧儿帝国沙杰罕皇帝为纪念爱妃蒙泰姬·玛哈尔而建造的陵寝。

度次大陆处于割据状态之中。其中，贵霜人（中国称呼为大月氏人）建立的贵霜帝国统治了次大陆西北部。不久，笈多王朝崛起于贵霜废墟，统治次大陆中部和西北部长达 120 年。此时，不仅文学艺术取得了辉煌的成就，印度教也同时兴起。

公元 7 世纪，戒日王统治结束之后，北印度统一局面不复存在，而中、南部印度河、恒河流域处于一片混乱之中。11 世纪时，来自西北方向的突厥人通过武力进入印度河流域，他们建立的德里苏丹国长期统治次大陆北部，北部的穆斯林不断向次大陆内陆地区推进，甚至到达了恒河下游一带。德里苏丹国的有效统治，使伊斯兰教在南亚扎下了根，这为后来巴基斯坦伊斯兰共和国的建立埋下了种子。1526 年莫卧儿帝国建立，16 世纪下半期帝国版图不断扩大，除了印度南部，还控制了今天的孟加拉、德干高原和印度西北部。在波斯人、阿富汗人和英国人的不断蚕食下，18 世纪时莫卧儿帝国走向衰落。1764 年，莫卧儿皇帝在布克萨尔战役中投降英国东印度公司，莫卧儿王朝沦为英国殖民者的附庸。

英国对印度的殖民统治，起步于 1600 年成立的东印度公司。1758 年英国军队击败法国军队后，开始独霸对印度的殖民统治。一百年后，英国不但占领印度全境，而且向周边扩展势力。印度成为英国在海外的最大殖民地和财富来源，印度人的仇英情绪不断上升，并爆发了著名的反英大起义。1858 年莫卧儿帝国灭亡后，英国政府在印度设置印度总督，正式对印度直接进行殖民统治，并从印度人的起义中吸取教训，从而采取了相对灵活的统治方式。

尽管如此，英国人的殖民统治还是唤起了印度人的民族意识。伴随着印度民族独立运动的兴起，1885 年 12 月 28 日，全印统一的民族主义政治组织印度国民大会党（简称国大党）在孟买宣告成立。在印度走向独立的过程中，国大党发挥了巨大的作用。1905 年英国宣布分割孟加拉，印度人民在国大党的领导下进行了艰苦卓绝的斗争。1906 年 12 月全印穆斯林联盟在达卡（今孟加拉国首都）成立后，也加入了这场民

族独立运动。1947 年 6 月英国提出印巴分治的"蒙巴顿方案"，将英属印度分为印度教徒的印度和伊斯兰教徒的巴基斯坦两个自治领。国大党和穆斯林联盟都宣布接受这个方案，于是英国在印度的殖民统治宣告结束。1947 年 8 月 15 日，印度成立自治领，1950 年 1 月 26 日成立共和国，但保留了英联邦成员国的性质。

印度建国初期，尼赫鲁政府采取了不结盟的外交政策。20 世纪 60 年代，印度在中印边境战争失利后，迅速转变战略，开始走向军事大国之路。从印巴战争，到干涉东巴基斯坦、马尔代夫、斯里兰卡，再到吞并锡金，这个印度洋上的霸主显示出了强大的军事实力。20 世纪 90 年代以来，印度对缓慢的经济发展进行反省，开始重视综合实力，尤其是经济实力的提升。现在，充满潜力的印度已经走上了一条经济与军事大国的崛起之路。

印度门　印度的标志性建筑，位于孟买城阿拉伯海滨，1911 年为纪念英国国王乔治五世和皇后玛丽访问印度而建。

神圣的土地：尼泊尔

尼泊尔是尼泊尔联邦民主共和国（Federal Democratic Republic of Nepal）的简称，位于喜马拉雅山脉中段南麓，属南亚内陆国家。它北临中国西藏，西、南、东三面与印度接壤，面积为 147181 平方公里。首都加德满都（Kathmandu）的意思是"边界地区"或"独木之寺"。全国人口约 2898 万（2016 年），包括拉伊、林布、苏努瓦尔、达芒、马嘉尔、古隆、谢尔巴、尼瓦尔、塔鲁等 30 多个部族。尼泊尔语为国语，86.2% 的居民信奉印度教，7.8% 信奉佛教，3.8% 信奉伊斯兰教，2.2% 信奉其他宗教。

高山王国尼泊尔，旧称廓尔喀（Gurkha），最早见于公元前 4 世纪古印度文献。其国名可能源于梵语 nipalaya，由 nipa（山麓、脚）和 alaya（住所、家园）二字合成，意思是喜马拉雅"山脚下的家园"；也可能源于藏语 niyampal，意为"神圣的土地"。在尼泊尔语里，"尼"指"山谷""中间"，"泊尔"指"国家""地方"，合意为"山谷之地"、（位于中国和印度）"中间的国家"。也有说法认为"尼"在藏语中指"家"，"泊尔"为"羊毛"的意思。因其盛产羊毛织品，所以尼泊尔又被称为"羊毛之家"。还有说法认为，藏语中"尼"是"房子"，"泊尔"是"木头"。另有说法，古代曾有一位名叫"尼"的圣人，扑灭了一场大火，防止了当地森林的毁灭，为纪念这位圣人对国家的"救护"，故名为"尼泊尔"，"救护"即"泊尔"之意。在中国文献典籍中，唐宋称尼泊尔为"泥婆罗"，元代称作"尼波罗"，明代和清初称作"尼八剌""廓尔喀"，清末改称尼泊尔，沿用至今。

从李查维王朝第 17 代国王（464—505）开始尼泊尔才有了连续的王朝纪年史。尼泊尔历史学家认为，在此之前的克拉底王朝时期（公元前 800—公元 300 年），佛教创立者乔达摩·悉达多（Gautama

虹雉 又名"九色鸟",为尼泊尔国鸟。

Siddhartha),即佛祖释迦牟尼,已经在尼泊尔南部的蓝毗尼诞生。蓝毗尼与首都加德满都相距360公里,今天,它作为佛教四大圣地之一,被联合国列为世界文化遗产。公元7世纪李查维王朝进入鼎盛时期,9世纪末尼泊尔陷入内乱。13世纪初,马拉王朝(1200—1768)兴起,它是尼泊尔历史上最繁荣的时期,让尼泊尔人永远深感骄傲的艺术品、佛塔、神庙、雕刻,大都建造于这一朝代。

18世纪中叶,廓尔喀人从尼泊尔中西部兴起建国。1768年,廓尔喀国王沙阿(Shah)率军攻占加德满都,建立沙阿王朝,此后逐渐控制了现今尼泊尔的中部和东部地区。沙阿王朝实现了尼泊尔的第一次完全统一,奠定了现在尼泊尔的版图。沙阿王朝统治时期,中国国势强盛,尼泊尔成为清朝的藩属。同一时期,英国在占领印度后,经常向北侵略锡金、不丹等小国。1814年英国以印度为基地,向尼泊尔宣战,尼泊尔因人数和武器装备上的劣势而失败。1816年,尼泊尔被迫把南部和西部平原的大片土地割让给了英属印度,现今尼泊尔的疆域基本确定下

尼泊尔帕坦老王宫建筑。

尼泊尔帕坦老王宫局部。

来。虽然尼泊尔并没有成为英国的殖民地，但事实上，它已成为英国的附庸国。1923 年，英国承认尼泊尔王国独立，1947 年撤出尼泊尔。

1951 年 2 月，尼泊尔结束拉纳家族长达 105 年的统治，实行君主立宪制。1962 年 12 月颁布宪法，规定尼泊尔为印度教君主国。1990 年 11 月，尼泊尔爆发大规模人民运动，比兰德拉国王被迫签署了一部民定宪法，宪法规定尼泊尔"是一个多民族、多语言、民主、独立、不可分割、拥有主权的印度教君主立宪制王国"。今天，尼泊尔是一个典型的农业国，也是世界上最不发达的国家之一。

山上人的国家：阿富汗

阿富汗是阿富汗伊斯兰共和国（The Islamic Republic of Afghanistan）的简称，位于亚洲中西部，北邻土库曼斯坦、乌兹别克斯坦、塔吉克斯坦，西接伊朗，南部和东部连巴基斯坦，东北部凸出的狭长地带与中国接壤，面积 64.75 万平方公里，首都喀布尔（Kabul）。全国人口约有 3680 万（2017 年），其中普什图族占 40%，塔吉克族占 25%，此外有乌兹别克族、哈扎拉族、土库曼族、俾路支族、努里斯坦族等少数民族。官方语言为普什图语和达里语，其他地方语言有乌兹别克语、俾路支语、土耳其语等。今天，阿富汗约有 99% 以上的居民信奉伊斯兰教，其中逊尼派约占 86%，什叶派约占 13%。

阿富汗是中亚地区的一个内陆国家。根据古波斯语解释，这个称谓的意思是"山上人居住的地方"，得名于传说中阿富汗人祖先 Afghana，加上 stan（国家），意即"山上人的国家"。而在中国古典文献中，这一地区被称为"吐火罗""大月氏""月支"等。

阿富汗民族形成于何时，目前还没有定论，但是有一点是清楚的：现今的南阿富汗和巴基斯坦是其形成的主要地区，那里讲伊朗语的古代

居民就是现代阿富汗人的先辈。16世纪以前，阿富汗人很少自称为"阿富汗"，他们经常用Pashution（普什图或帕赫东）来称呼不同的阿富汗部落。自公元前1000年北方雅利安人南迁开始，在以后的两千多年里，先后有塞种人（萨迦人）、波斯人、希腊人、匈奴人、鞑靼人、突厥人、阿拉伯人和蒙古人进入阿富汗，周边兴起的不同帝国也经常统辖这里。因与文化底蕴深厚的印度、伊朗、阿拉伯国家和中国接近，还因其位于丝绸之路的中转地，阿富汗深受多种文明、多种宗教的混合影响。

公元前6世纪，波斯帝国统治阿富汗，这一地区出现了较为发达的灌溉农业。公元前4世纪，希腊马其顿人征服该地区，亚历山大帝国分裂后，该地区成为塞琉古王朝的一部分。之后，次大陆的阿育王占领阿富汗南部，佛教随之而来，北部地区则出现了巴克特里亚王朝，中国称之为"大夏"。公元前2世纪中叶，大月氏人西迁至阿富汗。同时，源自汉朝的丝绸之路开始东西贯通。

公元1世纪建立的贵霜王朝很快把阿富汗纳入版图。由于佛教是该王朝的主要宗教，佛教在阿富汗也普及开来，还出现了著名的佛教圣地巴米扬。7世纪，阿拉伯帝国征服阿富汗，又带来了伊斯兰教。9世纪，阿富汗为萨曼王朝所控制。10世纪，突厥人控制整个阿富汗地区，建立了加兹尼王朝。后来，古里王朝赶走了突厥人。13世纪初蒙古军队征服中亚，阿富汗地区成为成吉思汗的孙子旭烈兀所建的伊儿汗国的一部分。1380年，蒙古人后裔建立的帖木儿帝国占领阿富汗。15世纪，以赫拉特为中心的阿富汗成为当时颇有影响的伊斯兰文化之都。帝国衰落后，帖木儿后人建立的莫卧儿帝国与伊朗的萨菲王朝争夺阿富汗地区。18世纪初，两个普什图部族分别建立了独立的阿富汗人国家，其中一个在马哈茂德领导下大举进攻波斯，占领其首都伊斯法罕，萨菲国王退位，马哈茂德成为波斯国王。1747年，普什图族阿卜达利部族中的萨多查伊氏族酋长艾哈迈德被推举为国王，建立阿富汗王国，定都坎大哈，阿富汗统一国家初步形成。因国王号称艾哈迈德沙·杜兰尼，所以又称

巴米扬石窟　现存最大的佛教石窟群，位于阿富汗兴都库什山中，共凿有大小石窟
750 个。2001 年塔利班组织摧毁了其中两尊世界最高的立式佛像。

其统治时期为杜兰尼王朝。

19 世纪，阿富汗成为英国和沙俄角逐的场所。1838 年英阿战争爆发，首都喀布尔一度被英军占领。19 世纪 70 年代，英俄对战略要地阿富汗的争夺再次导致战争。1878 年第二次英阿战争爆发，战后阿富汗不得不签订《甘达马克条约》，英国获得阿富汗外交控制权，阿富汗割让大片领土给英国并成为英国的附属国。1884 年英军撤离后，刚刚吞并中亚的沙俄又抢占阿富汗领地"彭迪"绿洲。1887 年英俄达成妥协，开始在阿富汗领土上划分势力范围，划定阿富汗西北部与俄国的分界线，即"李奇微线"；1893 年划定阿富汗与英属印度的边界，即"杜兰线"；1895 年，划定阿富汗与俄国在帕米尔的分界线。于是，欧洲两个侵略者就这样私自划定了现代阿富汗国家的疆界。

第一次世界大战结束后，阿富汗民族独立情绪高涨。1919 年 2 月，阿曼努拉成为埃米尔，要求英国解除对阿的所谓"保护"，宣布阿富汗在对内对外方面完全独立。5 月第三次英阿战争爆发，英军遭到阿富汗

纳迪尔·沙阿（Nadir Shah）国王墓　穆罕默德·纳迪尔·沙阿是阿富汗末代国王查希尔的父亲，1929年自立为王，1933年刺杀身亡，其陵墓在多年的战争中已经千疮百孔。

军民的英勇抵抗。8月双方签订《拉瓦尔品第条约》，英国承认阿富汗完全独立。

独立后，阿富汗由于外部势力的插手，政权更迭频繁，国名也改来变去。1955年，阿富汗王国和巴基斯坦因普什图族问题断交，导致它在经济上对苏联的严重依赖。1973年7月，在苏联的支持下，查希尔政权被推翻，君主专制政体被废除，阿富汗王国也更名为"阿富汗共和国"。几年后，执政的达乌德政府又被苏联援助下的人民民主党以武装政变形式推翻，亲苏政权得以建立，国名又改为"阿富汗民主共和国"。然而好景不长，1979年9月阿明发动政变，推翻了亲苏政权。同年12月，苏联基于当时的冷战形势，派兵直接入侵阿富汗，推翻阿明政权，扶植卡尔迈勒上台。1987年，阿富汗国名再改为"阿富汗共和国"。

苏军占领九年后，于1989年2月完全撤离，但是阿富汗并未赢来和平，战争期间形成的军事集团开始发生冲突。1992年，亲苏政权在苏联解体后因失去军事援助而下台，阿游击队领导人穆贾迪迪接管政权，将国名改为"阿富汗伊斯兰国"。但是由于阿富汗派别林立，游击队为争夺权力武装冲突不断。1994年10月，阿富汗伊斯兰学生运动组织"塔利班"（Taliban）初露头角，从希克马蒂亚尔派手中夺取坎大哈，迅速控制南方几省。1995年整个阿富汗陷入内战，塔利班于1996年占领喀布尔，接管国家政权。同时，反塔利班联盟也在自己的控制区组成新政府。塔利班和反塔利班联盟都声称自己是代表阿富汗的唯一合法政府。1997年10月，塔利班宣布将国名改为"阿富汗伊斯兰酋长国"。虽然到1998年塔利班已基本控制了阿富汗全境，但由于塔利班粗暴的统治和极端的宗教政策，很快在国内外陷入了孤立境地。

2001年"9·11"事件发生后，美国迅速把打击恐怖主义的目标锁定于本·拉登及其庇护者阿富汗塔利班政权。同年10月8日，美英部队实施"持久自由"军事行动计划，打击塔利班，塔利班政权垮台。之后阿富汗在国际社会的帮助下，几经波折建立起过渡政府。2002年6月19日，阿富汗总统卡尔扎伊在大国民会议上正式宣誓就职。至此，贫穷的阿富汗伊斯兰共和国在久经战乱之后，又开始了艰难的国家重建过程。

纯洁的土地：巴基斯坦

巴基斯坦是巴基斯坦伊斯兰共和国（The Islamic Republic of Pakistan）的简称，位于南亚次大陆西北部，南濒阿拉伯海，东、北、西三面分别与印度、中国、阿富汗和伊朗为邻，面积79.6万平方公里，首都伊斯兰堡（Islamabad）。在2.08亿（2018年）人口中，旁遮普族占63%，信德族占18%，普什图族占11%，俾路支族占4%。作为一个多民族的伊斯兰教国家，巴基斯坦约有95%的居民信奉伊斯兰教，极少数信奉基督教、印度教和锡克教。乌尔都语为国语，官方语言为乌尔

都语和英语。

"巴基斯坦"这一名称源于波斯语。Pak 是"清真""圣洁"之意，stan 即"国家"或"地区"，合起来意为"纯洁的土地"。也有人说来自乌尔都语，意为"清真之国"。还有人认为，巴基斯坦名称是由 8 个主要民族名称的第一个字母拼写而成的，或者由 5 个主要伊斯兰教地区的首字母组成的新词，即旁遮普（Panjab）的 P、阿富汗（Afghanistan）的 A、克什米尔（Kashmir）的 K、伊朗（Iran）的 I、信德（Sindh）的 S。

作为古代世界文明的发祥地之一，巴基斯坦不仅出土了大量古老的哈拉帕文化遗存，而且在历史上，雅利安人以此为基地向恒河流域扩张势力，造就了灿烂的次大陆文明。后来，孔雀王朝、贵霜帝国、笈多王朝、戒日王朝都在此建立过政权。自公元 8 世纪起，伊斯兰教经巴基斯坦传入印度，而巴基斯坦的诞生就是伊斯兰教传播的最终结果。

11 世纪，伊斯兰教在南亚次大陆北部（今巴基斯坦）立稳脚跟，并

巴德夏希（Badshahi）清真寺　又称皇家清真寺，是巴基斯坦最大的清真寺，位于拉合尔古城外，同拉合尔古堡隔街相望，建于莫卧儿王朝时期。

不断向印度内陆推进。1206—1526
年，北印度伊斯兰教区域建立德里
苏丹国。自此，伊斯兰教在南亚扎
下了根，大大影响了后来南亚甚至
中亚的政治格局。1526—1858 年，
莫卧儿王朝统治次大陆绝大部分地
区。1858 年整个次大陆沦为英国殖
民地，所以巴基斯坦和孟加拉国一
度属于英属印度。

早在 1930 年，著名诗人、思
想家和哲学家穆罕默德·伊克巴
尔在阿拉哈巴德召开的全印穆斯
林联盟年会上就提出了巴基斯坦

穆罕默德·阿里·真纳（1876—1948） 巴
基斯坦的缔造者，巴基斯坦"国父"。

建国主张，他希望把南亚次大陆的穆斯林集合起来，成立巴基斯坦。
1940 年 3 月，在真纳的主持下，全印穆斯林联盟通过了著名的《巴基
斯坦决议》，要求穆斯林聚居的省份脱离印度，建立一个伊斯兰国家。
这个决议得到大多数穆斯林的拥护。在英国对印度的殖民统治结束之前，
1947 年 6 月，新任印度总督蒙巴顿公布"蒙巴顿方案"，把英属印度
分成印度教徒的印度和伊斯兰教徒的巴基斯坦两个自治领。印度包括孟
加拉西部、旁遮普东部、阿萨姆、比哈尔、联合省、孟买和马德拉斯等
地区，巴基斯坦包括两部分，即西巴基斯坦（信德省、俾路支省、旁遮
普西部和西北边省）和东巴基斯坦（阿萨姆的锡尔赫特区和孟加拉东部）。
各土邦可分别谈判，自己决定加入任一自治领。

1947 年 8 月 14 日，巴基斯坦脱离印度，成立英属巴基斯坦自治领，
英国在印度长达 190 年的直接殖民统治至此结束，这一天被定为巴基斯
坦独立日。印、巴两国独立后，印度组成以尼赫鲁为总理的联邦政府，
巴基斯坦组成以列雅格特·阿里汗为首的政府，并由穆斯林领袖真纳出

任第一任自治领总督。然而，印巴分治带来一系列恶果，造成两国的教派大屠杀和统一经济的分割，土邦归属问题尤其是克什米尔归属问题，导致1947、1965和1971年印巴间多次爆发战争，两国关系长期处于紧张状态。1949年第一次印巴战争结束后，克什米尔分为印控区和巴控区，双方在各自控制区内建立了地方政府。由于克什米尔问题的复杂性，两国间大大小小的冲突与摩擦至今不断。

1956年3月23日，巴基斯坦自治领正式改称巴基斯坦伊斯兰共和国，仍然是英联邦成员国（1972年退出，1989年又重新加入）。此后，巴基斯坦政界、宗教界以及宗教性社团之间关于国家性质、伊斯兰教在国家中地位和作用问题的争论，导致频繁更换总统和总理，国名也随之变化。1962年3月改国名为巴基斯坦共和国，但很快于第二年在反对党和宗教界的压力下恢复为巴基斯坦伊斯兰共和国。政局动荡导致军人介入政治，实行军法管制，而政治权力的激烈争斗和过度的中央集权，又使本来就宗派林立的复杂局面更加难以为继。1970年大选成为这一矛盾爆发的直接导火索，最终导致东巴于1972年1月宣布成立独立的孟加拉人民共和国。此后，西巴没能真正解决自身的各种问题，而20世纪80年代由军法管制向文官政府过渡的努力也宣告失败。1999年10月，以参谋长联合委员会主席、陆军参谋长佩尔韦兹·穆沙拉夫为首的军方解散谢里夫政府，成立了国家安全委员会，由穆沙拉夫出任首席执行官。2000年5月，巴基斯坦最高法院承认了穆沙拉夫政府的合法性。第二年6月，穆沙拉夫宣誓就任巴基斯坦总统。

巴基斯坦和中国是山水相依的友好邻邦，两国人民有着悠久的传统友谊。早在一千多年前，我国晋朝高僧法显和唐朝高僧玄奘就曾先后到过巴基斯坦的许多地区。自1951年中巴建交以来，双方高层领导人交往频繁，两国在各个领域的互利合作关系不断发展。

黄麻之国：孟加拉国

孟加拉国是孟加拉人民共和国（The People's Republic of Bangladesh）的简称，位于南亚次大陆东北部的恒河和布拉马普特拉河（对雅鲁藏布江在印度和孟加拉部分的称呼）冲击而成的三角洲地带，东南与缅甸接壤，南临孟加拉湾，而东、西、北三面与印度毗邻。首都达卡（Dhaka）是全国政治、经济和文化中心，坐落在恒河三角洲平原梅格纳河和帕德玛河的交汇处。国歌为《金色的孟加拉》，由诺贝尔文学奖获得者、著名诗人泰戈尔所作，描绘了收获季节里大地上一片金色稻浪的丰收景象。

相对于 14.76 万平方公里的国土面积而言，孟加拉国的人口达到 1.647 亿（2017 年），人口密度达每平方公里 1116 人，是世界上人口密度最高的国家之一。孟加拉族人占绝大多数（98%），此外有比哈尔、查克马、加罗等 20 多个民族。孟加拉语为国语，英语为官方语言。伊斯兰教为国教，穆斯林占总人口的 88%，印度教徒占 10%。

孟加拉国名来自民族名。帕德玛河以南的冲积平原是孟加拉人的故乡，这里的低洼地区建有许多近十米高、二十多米宽的护堤，在梵文里称为"阿里"，"孟加拉"名称即由"孟加"加上"阿里"的变音"拉"所构成。还有一种说法，据《往世书》记载，钱德拉族国王巴利有 5 个儿子，分别建立王国，其中温格王国位于帕德玛河南岸和布拉马普特拉河之间。12 世纪时其西部地区叫"拉拉"，后演变成"拉尔"。温格和拉尔结合在一起，组成了崩格拉尔。穆斯林统治孟加拉后，他们按自己的读音习惯称"崩伽尔"或"崩伽拉"。英国人入侵南亚后，讹传为今名孟加拉。

孟加拉族是次大陆的古老民族之一，在孟加拉地区曾数次建立独立国家，其版图一度包括现今印度的西孟加拉邦、比哈尔邦等。13 世纪时，孟加拉地区被德里苏丹国吞并，伊斯兰教遂成为当地孟加拉人的信

仰。16世纪印度莫卧儿帝国控制这里，从这时候起，孟加拉国逐渐发展成次大陆人口最稠密、经济最发达的昌盛地区。19世纪后半叶英国占领印度全境后，这里成为英属印度的孟加拉省。1905年殖民政府通过孟加拉分治提案，将东孟加拉并入邻区阿萨姆，称为"东孟加拉和阿萨姆省"，穆斯林占居民的多数；西孟加拉仍称"孟加拉省"，居民中多数信奉印度教。1911年，英王乔治五世不得不宣布取消孟加拉分治，重新合并，还成立了阿萨姆省、比哈尔和奥里萨省。

根据1947年"蒙巴顿方案"的规定，印巴实行分治，信仰印度教的西孟加拉归属印度，信奉伊斯兰教的东孟加拉成为巴基斯坦的组成部分。东巴和西巴为印度所隔，两者相距2000公里，这给国家管理和人民生活带来了极大不便。20世纪60年代，由于巴基斯坦在东巴和中央的关系上处理不善，忽视了孟加拉人的利益和权利，结果孟加拉人要求自治的运动再次爆发。1970年巴基斯坦大选时，要求结束东巴、西巴发展不平衡状态的呼声四起，加之各政党的分歧严重，更激化了两巴之

拉勒巴堡 位于首都达卡老区，为三层古堡，建于1678年。

间的矛盾。

1971年3月26日，人民联盟宣布在东巴建立孟加拉人民共和国。巴基斯坦政府军随即进入东巴，大规模冲突爆发开来。人民联盟领袖拉赫曼被逮捕，联盟一些领导人逃亡到印度的西孟加拉邦，宣布组建孟加拉国临时政府。同年11月印度军队进入东巴，支持东巴独立，印巴第三次战争由此爆发。在孟加拉民族解放军和印度军队的联合进攻下，已经控制孟加拉大部分地区的巴基斯坦军队败北，孟加拉国临时政府迁回达卡。1972年1月7日，东巴完全独立，将国名定为孟加拉人民共和国。拉赫曼被无条件释放，出任孟加拉第一任总统。

这样，巴基斯坦失去了它的东翼，孟加拉也付出了几百万生命的惨重代价。独立后，孟加拉国政治斗争依然激烈，军事政变、刺杀总统、军事管制等极端手段常常出现。吉大港山区武装组织与政府军之间的冲突持续时间长达20年，直到1997年才平静下来。近几年来，孟加拉政局较为稳定，经济保持平稳增长，人民生活水平有所提高，目前依然是世界上最不发达国家之一。

自由人的土地：哈萨克斯坦

哈萨克斯坦是哈萨克斯坦共和国（The Republic of Kazakhstan）的简称，位于欧亚大陆接合部的中亚地区，西濒里海，东南与中国相邻，南与吉尔吉斯斯坦、土库曼斯坦、乌兹别克斯坦接壤，北邻俄罗斯联邦，面积272.49万平方公里，其中很小一部分在欧洲，是世界上最大的内陆国家。全国约有1831.17万人（2018年），包含着140多个民族，因而是一个地地道道的多民族国家。其中，以哈萨克族（65.5%）、俄罗斯族（21.4%）为主，还有日耳曼族、乌克兰族、乌兹别克族、维吾尔族、鞑靼族等。居民大多信奉伊斯兰教，还有东正教、天主教、佛教

等。哈萨克语为国语,官方语言为哈萨克语和俄语。1997 年 12 月 10 日,阿克莫拉(Akmola)取代阿拉木图成为首都,并于 1998 年 5 月 6 日改名为阿斯塔纳(Astana),2019 年 3 月 20 日,又更名为努尔苏丹(Nursultan)。

在古代中亚地区,生活着许多逐水草而居的游牧部落,这里民族迁徙非常频繁。在哈萨克族内部,很早就出现了部落联盟和国家组织。公元前 2 世纪,生活在伊犁河和七河流域(或称谢米列奇耶地区)的乌孙人,融合原住民塞种人和月氏人,成为哈萨克人的先祖之一,中国史书将这一游牧部落联盟称为"乌孙国"。同一时期,在哈萨克南部锡尔河中下游还生活着康居人,他们长期控制着锡尔河中下游,构成今日哈萨克族先民的一部分。公元 6 世纪,中国北方的突厥人分裂为东、西两突厥,其中西突厥汗国(有些书籍也将其称为突厥斯坦)向西征服乌孙国,并进入七河流域,越过哈萨克斯坦西部平原,到达了伏尔加河地区。目前,在哈萨克斯坦的大部分国土上生活的多数居民是突厥部落后裔。当初,突厥人很快与塞种人以及其他古老民族实现交融,突厥语也成为当地的主要语言。7 世纪西突厥汗国衰落,此后一直到 12 世纪,该地区受到多个民族的交替支配,如突骑施部落、葛逻禄部落都统治过这里。南部地区曾为阿拉伯人占领,伊斯兰教开始传播;西部和锡尔河下游为奥古兹国所控制。9 世纪中期,回纥等民族在东部建立喀喇汗王朝,他们在语言上属于突厥语系统。这是中国古代最西边的一个地方割据政权,也是中国历史上第一个信仰伊斯兰教的王朝。

13 世纪蒙古人西征,成吉思汗把所征服的土地分给他的儿子术赤、察合台、窝阔台,相应地发展出三大汗国,即钦察汗国(金帐汗国)、察合台汗国、窝阔台汗国,加上 1264 年被忽必烈汗正式册封为伊儿汗的成吉思汗孙、拖雷子旭烈兀的封地,以帖必力思(大不里士)为中心建立的伊儿汗国,合称"四大汗国"。其中,钦察汗国起初是术赤的封地,领有今额尔齐斯河以西,咸海、里海以北的地区。1235 年,术赤次子拔都统诸王长子西征,辖地得以扩大,东起额尔齐斯河,西至斡罗

思，南起巴尔喀什湖、里海、黑海，北到北极圈附近。1243 年拔都还
师后留驻封地，在伏尔加河下游建立钦察汗国，定都萨莱。他还将咸海
以北之地分给其弟昔班，称蓝帐汗国；将咸海东北之地（今哈萨克斯坦
东部地区）分给其兄斡鲁朵，称白帐汗国。这样，包括哈萨克斯坦全境
在内的中亚地区就成为蒙古帝国的一部分。14 世纪，白帐汗国一度统
一了整个金帐汗国。15 世纪中叶，白帐汗国东部分裂出了乌孜别克汗国，
其汗王阿布尔海里汗对外大肆推行扩张政策，对内进行野蛮统治，导致
统治集团分化。白帐汗国末代可汗的儿子克烈和加尼别克对阿布尔海里
的不满越来越强烈，于是率领所属哈萨克人东迁楚河、塔拉斯河流域，
建立独立的哈萨克汗国。这样，大约在 15 世纪末，一个有共同名称、
共同语言、共同地域、共同经济生活和表现于共同文化上的共同心理素
质的稳定的哈萨克民族最终形成，哈萨克作为该民族和国家的正式称谓
也流行开来。

关于"哈萨克"这一名称说法较多，而且中国古代史籍早有记载，

津科夫大教堂　位于阿拉木图市二十八英雄公园内，高 54 米，是世界上九大木质
结构教堂之一。

如《唐书》所载的"可萨""曷萨"等。982 年用波斯文写成的《世界境域志》一书中还有关于 kasak 的记载。有学者认为，它是对西汉时居住在西域西部咸海一带"奄蔡"（阿兰、阿兰聊）的同名异译。在突厥语中，kazakh 指"自由之民"，stan 为波斯语，指"国家"或"地方"。因此，哈萨克斯坦就是指"哈萨克的国家"或"自由之民生活的地方"。此外，"哈萨克"一语或许有"避难者"或"白天鹅"的意思。据哈萨克族民间传说，成吉思汗西征时，哈萨克族先民曾被迫西迁，他们后来又受乌孜别克汗的逼迫而东走，因而被称为"避难者"或"脱离者"。还有一种说法认为，英勇善战的青年首领卡勒恰哈德尔在一次战斗中负伤，昏倒在戈壁滩上快要渴死了。这时，恰好翩翩飞来一只洁白的雌天鹅，她从天而降来到勇士的身边，用羽翼掩护着他，并用口涎给他解渴、疗伤。非常神奇的是，白天鹅在卡勒恰哈德尔醒来后竟变成了一个楚楚动人的天仙美女，与之形影不离。他们生下一个男孩，取名为 kazak，kaz 意为"天鹅"，ak 意为"白色"，合起来就是白天鹅。后来，白天鹅也娶妻生子，他的三个孩子分别称为阿克阿尔斯（大玉兹）、别克阿尔斯（中玉兹）和江阿尔斯（小玉兹），而他们的后代组成了哈萨克族三大部落，即中国清朝文献中的右、左、西三部。

16 世纪 20 年代，哈萨克汗国的版图相当于现今哈萨克斯坦领土。头克汗在位时期（1680—1718），哈萨克民族按区域特点和宗教传统进行划分，统一的哈萨克汗国形成了三个以血缘关系为基础的部落联盟——玉兹，这对后来的哈萨克斯坦政治、经济与社会生活产生了深远的影响。然而，哈萨克汗国在头克汗去世后发生内乱，准噶尔人趁机大举入侵，中玉兹（哈萨克斯坦中部地区）和大玉兹（七河流域）投降。在抵御准噶尔人的同时，1731 年北部的俄罗斯人吞并小玉兹（西哈萨克斯坦）。18 世纪 50 年代，清朝统一准噶尔部，解除了哈萨克来自准噶尔的威胁，三玉兹先后表示归顺清朝。清朝势力衰落后，1742 年沙俄征服中玉兹，1818 年完全吞并中玉兹，1876 年大玉兹的领地也被纳

入俄国版图。俄国吞并哈萨克汗国
之后，设立总督，大力推行殖民统
治。俄国十月革命胜利后，苏维埃
政权在哈萨克建立起来。1920 年 8
月 26 日，吉尔吉斯苏维埃社会主
义自治共和国在哈萨克成立，隶属
于俄罗斯联邦，首都设在奥伦堡。
1924 年，苏联政府决定按民族构成
对中亚地区重新划界，将锡尔河省
和七河省等哈萨克人较为集中的住
牧区划归吉尔吉斯苏维埃社会主义
自治共和国。1925 年 4 月恢复历史
名称，改称"哈萨克苏维埃社会主
义自治共和国"。1936 年 12 月，

独立纪念碑　位于阿拉木图市独立广场
中央，1999 年为纪念国家独立而建。

哈萨克苏维埃社会主义自治共和国退出俄罗斯联邦，成立哈萨克苏维埃
社会主义共和国，同时成为苏联的一个加盟共和国。

　　1990 年 10 月 25 日，哈萨克苏维埃社会主义共和国最高苏维埃通
过《哈萨克苏维埃社会主义共和国国家主权宣言》，哈萨克独立后将这
一天作为国庆日。1991 年 12 月 10 日将国名改为哈萨克斯坦共和国。
16 日哈萨克斯坦最高苏维埃宣布国家独立，21 日加入独联体，26 日苏
联解体。这样这个经历汗国、沙俄行省、苏联加盟共和国的哈萨克斯坦
共和国成为真正独立的主权国家。

阿拉伯福地：沙特阿拉伯

　　沙特阿拉伯是沙特阿拉伯王国（Kingdom of Saudi Arabia）的简称，

位于阿拉伯半岛，东濒波斯湾，西临红海，同约旦、伊拉克、科威特、阿拉伯联合酋长国、阿曼、也门共和国为邻，面积约有 225 万平方公里，首都是利雅得（Riyadh）。全国人口共有 3255 万（2017 年），其中沙特公民约占 62%，外籍人口占 38%。官方语言为阿拉伯语，通用英语。伊斯兰教为国教，其中逊尼派约占 85%，什叶派约占 15%。

沙特阿拉伯是阿拉伯世界的共同信仰伊斯兰教的发源地。"阿拉伯"在中国史书上称为"大食"，希伯来语意为"旷野""荒芜"，而阿拉伯语意指"沙漠"。据史料记载，这个词最早出现于公元前 853 年的亚述碑文中。公元前 530 年左右，"阿拉比亚"一词以波斯楔形文字的形式出现，指的就是阿拉伯。此后，希罗多德及其以后的希腊、罗马史家，都用"阿拉伯人"或"阿拉比亚人"指称整个半岛上的居民。但半岛居民首次采用"阿拉伯人"这一称谓，见于公元前后南方的古代碑刻。公元 7 世纪上半叶，穆罕默德及其继承人以伊斯兰教为旗帜，建立起统一的阿拉伯国家，其中麦加和麦地那是伊斯兰教的两个最重要圣地。到 8

鲁卜哈利大沙漠　又称"阿拉伯大沙漠"，大部分位于沙特阿拉伯境内。

世纪中叶，阿拉伯已经成为一个横跨欧、亚、非三洲的强盛帝国。

阿拉伯人所建立的不仅是一个实在的帝国，而且是一种伊斯兰教文化。随着帝国的扩张和宗教的传播，阿拉伯民族聚居的范围也随之拓展。伊斯兰教创立时期，"阿拉伯人"主要是指半岛上的贝都因人（游牧的阿拉伯人）；阿拉伯帝国形成后，"阿拉伯人"则泛指所有讲阿拉伯语、具有阿拉伯血统的阿拉伯人，他们本身或其祖先出生于阿拉伯半岛。后来，被同化的其他民族也常常被称为"阿拉伯"。11世纪阿拉伯帝国逐渐衰落，13世纪被蒙古人消灭。16世纪，阿拉伯地区又为奥斯曼帝国吞并。然而，蒙古人、土耳其人并未改变阿拉伯人的宗教传统，这些后来者反而很多都皈依了伊斯兰教。

从18世纪开始，危机四伏的奥斯曼帝国对各阿拉伯行省的控制大大降低，各地的反抗运动不断发生；同时，欧洲列强为获得经济利益不停地瓜分奥斯曼帝国，各阿拉伯行省也成为这些殖民者谋取利益的对象。所以，奥斯曼本来对阿拉伯半岛就很松散的、几乎没有行政管理的统治，此时就更是名义上的了。于是，散居半岛各地的部落酋长、伊斯兰教长实际上成为权力控制者，并形成了一系列家族统治圈。

18世纪中叶，阿拉伯半岛分为汉志和内志两部分，并呈现出若干部落和酋长国争雄割据的局面。之后，一场以净化宗教为特点的统一阿拉伯半岛、摆脱土耳其人统治的伊斯兰教瓦哈比运动开始兴起。1740年，内志的阿奈扎部酋长穆罕默德·伊本·沙特与瓦哈比教派的领袖穆罕默德·伊本·阿卜杜勒·瓦哈卜联合传播瓦哈比派教义，并以沙特家族居住的德拉伊叶村为中心，逐渐建立起沙特家族的第一个王朝。在创建阶段，功勋卓著的瓦哈卜号召全阿拉伯半岛的部落团结起来，赶走非正统的穆斯林——土耳其人。在瓦哈卜的努力下，瓦哈比教派的影响力急剧扩大。1765年穆罕默德·伊本·沙特之子阿卜杜勒·阿齐兹继位，继续实行其父的征战策略，很快征服了整个内志地区。阿齐兹死后，他的儿子大沙特继位，不久征服整个汉志，并使这些地区的大部分居民接受

麦加哈拉姆清真寺　伊斯兰教第一圣地。也称"圣寺"，又名"禁寺"。寺内广场中央有一座高大的石殿，称为"天房"，又叫作"克尔白"，传说是安拉住过的房子。

了瓦哈比教派教义。阿拉伯史学家将这个时期前后的瓦哈比国家通称为"第一沙特王国"或"前沙特王国"。

1818年，号称"现代埃及之父"的埃及帕夏（总督）穆罕默德·阿里派其子伊卜欣攻陷德拉伊叶，沙特家族第一个王朝遂告终结，这一地区被置于土耳其人和埃及人的统治之下。此后，沙特家族和瓦哈比派一直试图东山再起。1824年，沙特家族掌门人图尔基再克利雅得。为了巩固在该地区的地位，沙特家族承认了阿里对沙特的象征性宗主权。1833年图尔基遇刺，其长子费萨尔成为伊玛目。倔强的费萨尔一反先父的做法，拒绝承认埃及帕夏阿里。1838年，埃及军队卷土重来，占领了内志，费萨尔被作为要犯押往开罗。1840年阿里从内志撤军，1843年费萨尔重返家乡，沙特家族再次控制了内志和哈萨的大部分地区。但是费萨尔去世后，争夺王位继承权的斗争削弱了王国的力量，原为沙特王朝封臣的北方的拉希德家族，在土耳其人支持下借机向内志扩张，并于 1891 年夺取利雅得，导致第二沙特王国灭亡。

为收复失地，1902 年沙特家族新任继承人伊本·沙特亲率 40 名贝都因人精兵，骑着骆驼直扑利雅得城下，拉开了现代沙特阿拉伯建国的序幕。21 岁的伊本·沙特雄才大略，号称"阿拉伯半岛之狮"，他逐一征服内志地区各部落，1913 年又攻占半岛东部的哈萨地区。

第一次世界大战结束后，英法等国以"委任托管"等形式重新划分势力范围，英国极力维护其在阿拉伯半岛的地位，仍然采用分而治之的策略，维持着半岛多个政权并存的局面。但是，中东地区的民族解放运动和反殖民统治运动分散和削弱了英国的力量。伊本·沙特利用这一有利时机兼并汉志，于 1926 年建立了"汉志、内志及归属地区王国"。1932 年 9 月，国王伊本·沙特颁布"统一阿拉伯王国各个地区"的诏令，实现了汉志的政府各部与内志宫廷各府的合并，形成了一套全国统一的行政机构和管理制度，并将国名正式确定为"沙特阿拉伯王国"。在阿拉伯语中，"沙特"一词意为"幸福"，本来是家族名称，现在成了国家名称。1938 年 3 月 3 日，随着大量石油宝藏的发现，这个政教合一的伊斯兰国家命运开始改变，今天已经成为世界上最富庶的国家之一。

两河流域之间：伊拉克

伊拉克是伊拉克共和国（The Republic of Iraq）的简称，位于阿拉伯半岛、小亚细亚半岛和伊朗高原之间，东邻伊朗，北接土耳其，西部与叙利亚和约旦接壤，南部与科威特和沙特阿拉伯交界，东南濒临波斯湾，面积 43.83 万平方公里，首都巴格达（Baghdad）。

全国共有 3700 万人（2017 年），其中阿拉伯人占 78%（什叶派约占 60%，逊尼派约占 18%），库尔德人占 15%，其余为土耳其人、亚

美尼亚人、亚述人、犹太人和伊朗人。官方语言为阿拉伯语，北部库尔德地区的官方语言是库尔德语，东部地区有些部落讲波斯语。居民中95%以上信奉伊斯兰教，北部的库尔德人多属逊尼派，只有少数人信奉基督教或犹太教。

伊拉克所在地区是人类文明最早的发祥地之一。古希腊人曾把这"两河流域之间"称为"美索不达米亚"。早在公元前3000年左右，苏美尔人和阿卡德人就在这里建立了世界上最早的城邦。公元前19世纪，被誉为世界"四大文明古国"之一的古巴比伦王国登上历史舞台。汉谟拉比国王不仅基本上统一了两河流域，还给后人留下了《汉谟拉比法典》。公元前2000至前1000年，两河流域北部又出现了一个军事大国亚述，但于公元前7世纪被新巴比伦王国消灭。实际上，不论苏美尔人还是巴比伦人或亚述人，他们都在这里创造了高度发达的农业文明，并对周边地区产生了深远的影响。

巴比伦废墟　巴比伦城是古代世界的著名城市之一，位于今天伊拉克首都巴格达以南88公里处，属于两河流域中心地区。

西亚源流最长的幼发拉底河与流量最大的底格里斯河，在伊拉克南部的库尔纳汇合成阿拉伯河。在古代伊拉克这片肥沃的平原上，这些河流连成的水网，其布局形如人体的血管，这就是"伊拉克"一词的阿拉伯语意。关于伊拉克国名的由来，还有几种不同说法：其一，公元前539年波斯大军灭新巴比伦。由于该地区位于美索不达米亚低地，波斯人称之为"伊拉克"（Iraq），意即"低地"。其二，由于该地区所在的美索不达米亚平原西南边缘有一道石灰岩峭壁，高达七米，与幼发拉底河岸平行，波斯人将它命名为"伊拉克"，意即"悬崖""陡崖"。继波斯帝国后，又有亚历山大帝国、塞琉古王朝、帕提亚帝国、萨珊王朝先后统治两河流域。其三，公元651年阿拉伯人征服伊拉克，他们把它称为"伊拉克·阿拉比"（Iraq Arabi，阿拉伯低地）。其四，伊拉克是"根基深厚的国家"的意思，喻示其悠久的历史。

伊拉克是土耳其通向波斯湾、伊朗和东亚通往地中海的重要交通枢纽，其地理位置十分重要。古代伊拉克有水上商路通往南欧、高加索、阿拉伯半岛、南亚等地区，加上肥沃的平原，因而成为欧亚民族往来要道和兵家必争之地，也成为多种文化的交汇之地。古代的巴比伦文化、波斯文化、希腊文化、阿拉伯文化在这里融合荟萃，到阿拉伯帝国阿拔斯王朝（中国古籍称之为黑衣大食）时期达到极盛，并创造了灿烂的伊斯兰文化。许多阿拉伯人移居这里，并形成今天伊拉克人的主体。

随着阿拔斯王朝的衰落，突厥人、蒙古人相继侵入都城巴格达，先后建立了塞尔柱帝国和伊儿汗国。1453年土耳其人攻占君士坦丁堡（后更名为伊斯坦布尔）后，奥斯曼帝国兴盛起来，并于1538年控制了伊拉克全境。此后，伊拉克成为奥斯曼与波斯两大帝国长期拉锯的战场，直至1639年两国签订合约，奥斯曼控制了巴格达、巴士拉等地。1869年帝国任命的巴格达省长米得哈特及其后继者推行改革，把伊拉克划分为巴格达省、巴士拉省、摩苏尔省，还有哈萨和卡西姆两个独立州，设立学校，发展交通运输，实施部落定居政策，使伊拉克在通向现代社会

萨达姆像被推倒　2003 年 4 月 9 日，伊拉克人在巴格达市中心推倒萨达姆雕像。

的道路上取得了长足进步。

　　第一次世界大战爆发后，1914 年 11 月英国对奥斯曼土耳其宣战。战后，战胜国瓜分了奥斯曼土耳其的阿拉伯各省。根据国际联盟的决议，伊拉克 1920 年沦为英国的"委托统治地"，1921 年建立临时政府，同年 6 月费萨尔出任伊拉克国王，8 月宣布伊拉克"独立"，但实权完全掌握在英国人手中。费萨尔来自沙特的哈希姆王室，他所开创的费萨尔王朝是现代伊拉克第一个、也是最后一个王朝。正是在这个时期，伊拉克作为民族国家已经初具雏形。1931 年，英国宣布结束对伊拉克的委托统治。第二次世界大战后，美国势力开始向伊拉克渗透。1954 年美伊秘密缔结军事协定，1957 年伊拉克接受"艾森豪威尔主义"①。1958

---

　　①　这是20世纪50年代后期美国对中东的政策纲领。美国为填补英国、法国因侵略埃及战争失败撤出中东，从而造成这一战略要地形成的"力量真空"，于1957年1月5日由艾森豪威尔总统向国会提出了由杜勒斯所拟定的关于对中东政策的特别咨文。其主要内容是：对中东国家实行"经济合作"和军事援助计划；授权总统在他认为必要时使用武力来"保护"任何请求军事援助的国家，以维护它的领土完整和政治独立，防止"共产主义侵略"。

年7月，"自由军官组织"推翻费萨尔王朝，新政府颁布宪法，宣布成立伊拉克共和国。1959年，伊拉克宣布废除同美英签订的所有协定。至此，伊拉克获得了完全独立。

然而，伊拉克共和国成立以来的半个多世纪充满了冲突和战争。1961年，库尔德人举行起义；1967年，伊拉克参加了阿拉伯人和以色列之间的第三次中东战争；1980年，伊拉克与伊朗之间爆发了八年之久的"两伊战争"；1990年伊拉克吞并科威特，海湾战争随之爆发；2003年，美国以"9·11"事件为借口，发动了伊拉克战争。今天，虽然伊拉克共和国成立了新政府，但它没有完全走出萨达姆政权的阴影，政治局势处于不稳定之中。

玫瑰的土地：叙利亚

叙利亚是阿拉伯叙利亚共和国（The Syrian Arab Republic）的简称，位于亚洲大陆西部，地中海东岸，北与土耳其接壤，东同伊拉克交界，南与约旦毗连，西南与黎巴嫩和以色列为邻，西与塞浦路斯隔地中海相望，面积185180平方公里（含戈兰高地）。首都大马士革（Damascus）有"天国里的城市"的美称，迄今已有4500多年的历史。根据2015年统计资料，在1980万总人口中，阿拉伯人占80%以上，此外有库尔德人、亚美尼亚人、土库曼人、吉尔吉斯人等。阿拉伯语为官方语言，85%的居民信奉伊斯兰教，14%信奉基督教。穆斯林人口中，逊尼派占80%，什叶派占20%。

叙利亚是世界上最古老文明的发源地之一。公元前1000年前后，来自美索不达米亚的阿拉米人进入现今叙利亚地区。公元前8世纪崛起后的亚述帝国，不但控制了美索不达米亚，而且继续向西征服叙利亚，将其变为附属国。公元前612年，新巴比伦帝国成为叙利亚的新主人。

叙利亚国徽。

公元前 538 年波斯帝国兴起，叙利亚又隶属于波斯人统治。公元前 4 世纪，亚历山大东征，叙利亚随之开始了希腊化进程。公元前 64 年，它沦为罗马帝国的属地，后来又处于东罗马帝国的统治下。公元 636 年雅尔穆克战役后，叙利亚被阿拉伯军队征服，并于 7 世纪末并入阿拉伯帝国版图。从此以后，叙利亚人的命运就与阿拉伯伊斯兰紧密相连了。倭马亚王朝时期，定都大马士革，叙利亚成为帝国宗教、政治、军事、经济、文化和商业的中心。阿拔斯王朝时期，尽管帝国中心已转移到巴格达，但叙利亚仍然占有重要地位。进入 11 世纪，欧洲十字军开始侵入叙利亚，此后，赞吉王朝、阿尤布王朝、马穆鲁克王朝和伊儿汗国先后统治叙利亚。16 世纪初，奥斯曼帝国征服叙利亚，其统治持续了四百年之久。

19 世纪初，奥斯曼帝国走向衰落之际，西方列强加紧了对叙利亚的渗透与侵略。1920 年，法国获得对叙利亚的委任统治权。根据 1936

叙利亚骑士堡　12 世纪十字军重建的最具有象征意义和迄今为止世界上保存最为完好的中世纪城堡。

年的《法叙友好援助条约》，叙利亚开始了民族独立进程。1946 年 4 月，法国和英国军队被迫撤离，叙利亚赢得完全的独立。叙利亚独立以后，复杂的政治、经济和军事问题，使国内局势长期动荡，政权的频繁更迭也使国名两度变更。1958 年 2 月，叙利亚和埃及合并为阿拉伯联合共和国。1961 年 9 月，叙利亚脱离阿联，成立阿拉伯叙利亚共和国。1990 年海湾战争后，叙利亚与海湾国家关系改善。2011 年叙利亚局势动荡，美国对叙实施严厉单边制裁，全方位援助叙利亚反对派，沙特阿拉伯、卡塔尔等海湾国家也要求巴沙尔总统下台。2014 年。巴沙尔成功连任总统。2018 年 12 月 19 日，五角大楼宣布美国将从叙利亚正式撤军，再次搅动中东局势。

在历史上，"叙利亚"（Syria）一词所指的范围主要涵盖亚洲西部南起西奈半岛，北至陶鲁斯山脉，西起地中海东岸，东到叙利亚沙漠这一广阔的区域，它包括今天的叙利亚、以色列、黎巴嫩、巴勒斯坦、约旦等国家以及土耳其南部伊斯肯德伦（旧称亚历山大勒塔）等地区。第二次世界大战前后，这些地区陆续独立，除了巴勒斯坦，它们均成为中东民族独立国家体系中的一分子。然而，只有今天的叙利亚沿用了"叙利亚"这一古老的称谓，而且，它已经由一个地理概念转变为一个政治实体——现代民族国家的名称，这一名称下的国家所涵盖的疆域，也与历史上的"叙利亚地区"不可同日而语。

今天，历史学家已无法断定"叙利亚"名称的确切起源。"叙利亚"一词最早出现于公元前 400 年的巴比伦楔形文字文献。当时，小亚细亚地区有一个国家名叫叙利（Suri），但 Syria 一词的由来仍不得而知。它可能得名于古代奴隶制国家亚述（Assyria）的希腊语缩，也可能来源于古代腓尼基城邦提尔（Tyre）的塞姆语名称"苏尔"（Sur），还可能来源于黎巴嫩的古代名称叙利昂（Siryon）或叙利安纳（Siryana）等词。然而可以肯定的是，"叙利亚"名称早在公元前 4 世纪已经通用。当时，从马其顿帝国分离出来的塞琉古王国，曾以叙利亚地区为中心，因而被

称为叙利亚王国。罗马人统治时期，这一词已被广泛使用。然而，古代阿拉伯人却很少使用，而是将地域广阔的古叙利亚地区统称为"闪姆"（al-Sham），它可以解释为"北边"或"左边"。还有不同的说法，如叙利亚一词意指"高地"，被誉为"油橄榄的故乡"；或古称为"苏里斯顿"，意即"玫瑰的土地"，原因是这里盛产花朵硕大、芳香美丽的玫瑰。

高贵与光明之地：伊朗

伊朗是伊朗伊斯兰共和国（The Islamic Republic of Iran）的简称，位于亚洲西南部，南濒波斯湾、阿曼湾，东与阿富汗、巴基斯坦接壤，西与伊拉克、土耳其为邻，北部自西向东并列着三个从苏联独立出来的国家（阿塞拜疆、亚美尼亚和土库曼斯坦），国土面积164.5万平方公里，首都德黑兰（Tehran）。在全国8165万人（2018年）中，波斯人占66%，阿塞拜疆人占25%，库尔德人占5%，此外有阿拉伯人及土库曼人等少数民族。波斯语是官方语言。伊斯兰教为国教，大约有98.8%的居民信奉伊斯兰教，其中什叶派占91%，逊尼派占7.8%。

伊朗人主要属于雅利安种族。从字源上看，"伊朗"为梵文或古波斯文"雅利安"的音转，意为"高贵的"或"高贵者"，或有"光明"的意思。伊朗古称"波斯"，其有记载的历史始于公元前2700年，中国史书称其为"安息"。

公元前2000年，生活在高加索以及中亚的古代部落雅利安人开始大迁徙，其中一支东迁到中亚和伊朗高原，他们将早先来到这里的另一支印欧人（吐火罗人）赶到天山以东直至黄土高原一带。定居在伊朗高原的雅利安人是波斯人的祖先，定居在中亚的雅利安人则是斯基泰人和萨尔马特人（包括中亚塞种人）的祖先，他们都操东伊朗语。另一支则南下进入南亚次大陆，征服达罗毗荼人，并开创了繁荣的吠陀时代，他们成为操印地语的印度斯坦族的祖先。

波斯波利斯遗址　阿契美尼德王朝都城，耗时 60 多年方建成，公元前 330 年亚历山大东征时都城被毁。

在伊朗高原的北部和南部，分别生活着雅利安人中的米底亚人（又译米堤亚人）和波斯人。公元前 7 世纪，米底亚人脱离亚述人统治而立国，不久又征服波斯人，后来还与两河流域的迦勒底人一起消灭了称雄西亚、北非的亚述帝国。从此，米底亚名声大噪，号称帝国，成为西亚强国之一。

米底亚强盛时，波斯人臣服于米底亚人。公元前 559 年，米底亚国王的外孙，自称"宇宙之王"的波斯人居鲁士统一波斯部落。公元前 550 年居鲁士攻克米底亚都城，在伊朗高原正式建立起日后走向强盛的波斯帝国。在第三代国王大流士一世统治时期，帝国版图进一步扩大，东至阿姆河和印度河两岸，西到爱琴海、尼罗河中下游，北到黑海、里海、高加索一带，南达波斯湾。从此，祆教（拜火教）开始在波斯传播。

"波斯"这个词源自居鲁士所属的阿契美尼家族的发祥地 Pars，在闪语中指"骑兵""养马人"，在塞姆语中意为"马夫"，在梵文中则意为"骑士"，都和波斯出产骏马、波斯人善于骑射有关。居鲁士以宽容而著称，他曾经把处于流亡中的犹太人放回他们的家园。由他开创的阿契美尼德王朝延续了 220 年，于公元前 330 年最终被亚历山大率领的希腊马其顿军队所灭，但是该王朝时期的波斯波利斯石柱群文化遗址被保存了下来。

伊朗门　又称"自由纪念塔"，塔高
45米，位于德黑兰市西部自由广场中心地
带。1971年10月波斯帝国成立2500年庆
典时落成，象征着"波斯帝国的复兴"。

亚历山大死后，他一手建立起来的大帝国迅速瓦解，并分裂为马其顿、埃及（由托勒密王朝统治）和塞琉古（以叙利亚为统治中心）三个王国，今伊朗高原当时为塞琉古王国（中国史书称之为"条支"）所控制。不久，王国内位于里海东南的帕提亚省独立，号称帕提亚王国。公元前2世纪末，帕提亚发展为中亚的强国，领有全部的伊朗高原及两河流域。由于该王国为阿萨息斯所建，伊朗历史上称其为阿萨息斯王朝，中国史书将其音译为"安息"。帕提亚强盛时，东与贵霜、西与罗马帝国抗衡，成为丝绸之路上的重要国家，公元226年为萨珊波斯（也译为萨桑）所取代。萨珊波斯把古老的祆教奉为国教，摩尼教也同时兴起。中国的正史《魏书》最初用"波斯"称萨珊波斯王国。

　　7世纪中叶，迅速崛起的阿拉伯人在扩张中消灭萨珊王朝。于是，政教合一的阿拉伯帝国使伊斯兰教迅速传播开来，而拥有悠久历史文化积淀、并有自己宗教信仰的波斯人，也逐渐改奉伊斯兰教。阿拉伯帝国的统治范围横跨亚、欧、非三大洲，在阿拔斯哈里发统治时期，阿拉伯文化达到极盛，伊朗也迅速伊斯兰化，现今伊朗的伊斯法罕皇家广场就是当年留下来的文化遗产。1258年阿拔斯王朝灭亡后，蒙古人成吉思汗的孙子旭烈兀建立伊儿汗国，控制了阿姆河以西，直到地中海地区，包括今伊朗、伊拉克、叙利亚、小亚细亚等地，统治中心在今伊朗的大不里士。蒙古人的到来改变了伊朗的伊斯兰教派力量，长期居少数地位的伊斯兰教什叶派迅速发展，这对伊朗历史产生了深远的影响。旭烈兀的后继者沿用了伊朗君王的习俗和治国方略，并接受了伊斯兰教，因而外来的蒙古统治者很快就本土化、伊斯兰化了。

在经历了土库曼族的黑羊王朝和白羊王朝统治之后，16世纪伊朗进入萨法维王朝时期。由于有着和阿拉伯文明不同的文化传统，伊朗与伊斯兰教主流势力分庭抗礼。萨法维王朝宣布以十二伊玛目派为伊朗国教，从而确立起什叶派的主导地位，掀起了波斯伊斯兰文化的复兴运动。但是，该王朝不断遭到阿富汗人、乌兹别克人、库尔德人、阿拉伯人、俄国人、土耳其人的侵略。1786年伊朗东北部的土库曼人奥高·穆罕默德在德黑兰即位称王，建立了统治伊朗近一个半世纪的恺加王朝。1795年，恺加王朝将都城由设拉子迁至德黑兰，确定伊斯兰教为国教，现代伊朗由此而来。

19世纪初，伊朗不断遭到西方国家的入侵，并沦为英、俄的半殖民地。1921年，礼萨·汗推翻恺加王朝，1925年建立巴列维王朝。1941年礼萨·汗被反法西斯盟军逐出伊朗，其子穆罕默德·礼萨·巴列维即位。1935年3月21日，改国名为伊朗，并沿用至今。第二次世界大战期间，英俄军队占领伊朗，美国军队也进入伊朗。由于外国势力对伊朗利益的争夺和巴列维王朝改革的失败，伊朗局势动荡不安，遂于1979年爆发伊斯兰革命，巴列维王朝被推翻。宗教领袖霍梅尼在国外流亡14年后从巴黎返回接管政权，并于1979年4月1日宣布改国名为伊朗伊斯兰共和国。这一天被定为伊朗的独立日，伊朗结束了君主政体，建立起政教合一的伊斯兰国家。正值伊朗政局未稳之际，两伊战争（1980年9月—1988年8月）爆发，伊朗的国家建设遭受挫折，国力消耗巨大。1989年霍梅尼病逝，哈梅内伊被推举为新领袖。遭受战争挫折的伊朗，战后在各个方面进行了建设性重组，逐渐发展成为西亚地区的重要力量。但是今天围绕着核问题，伊朗与以美国为首的西方国家正在进行着新的较量。

与神角力的人：以色列

以色列是以色列国（The State of Israel）的简称，位于亚洲西部，亚、非、欧三大洲结合处，西濒地中海，南连亚喀巴湾，西南与埃及为邻，北与黎巴嫩交界，东北部与叙利亚接壤，东接约旦，面积约 2.5 万平方公里，首都确定为有争议的耶路撒冷（Jerusalem）[①]。全国人口 884.2 万（2018年），其中犹太人约占 74.5%，其余为阿拉伯人、德鲁兹人等。希伯来语为官方语言，通用英语。大部分居民信奉犹太教，其余信奉伊斯兰教、基督教和其他宗教。

以色列人以犹太教为国教，他们是世界上唯一信奉犹太教的民族。在希伯来语中，"以色列"的意思是"与神角力的人"，即与上帝比赛摔跤的人。以色列人（犹太人）是古代闪族支脉希伯来人的后代，与古代阿拉伯人本是同源同宗，现在却是兄弟阋墙、同室操戈。

公元前 13 世纪末，希伯来人从埃及迁居巴勒斯坦地区，公元前 1020 年建立希伯来王国。大卫王（公元前 1004—公元前 965 年）将 12 个以色列部族联合起来组成一个王国，他击败腓力斯丁人，并通过与邻近的王国结盟，将他的王国建成为该地区的大国。他的儿子所罗门（公元前 965—公元前 930 年）不仅建立新的城镇，而且加强老城镇的设防。如果说大卫王使故都耶路撒冷成为希伯来人政治生活的中心，那么，所罗门在耶路撒冷建立圣殿，使之成为宗教生活的中心。

所罗门去世后，暂时统一起来的希伯来王国分裂，巴勒斯坦地区出现了两个希伯来人国家：以色列王国在北方，首都设在撒玛利亚（Samaria），历经 19 个国王，延续了二百多年；犹太王国在南方，以

[①] 耶路撒冷是世界主要宗教犹太教、伊斯兰教和基督教的圣地，原意是"和平之城"或"沙灵之城"（City of Shalim）。

大卫塔　耶路撒冷古城堡，古罗马时代遗迹，现设有历史博物馆。

耶路撒冷为首都，由大卫王后裔统治，也历经 19 个国王，但延续了近 350 年。后来，亚述帝国和巴比伦帝国相继将以色列和犹太置于其势力控制之下。公元前 722 年，亚述军队攻占撒玛利亚，以色列王国灭亡，10 个部落 2.7 万居民成了俘虏，散居亚述各地，并逐渐被当地人同化。公元前 586 年，耶路撒冷被新巴比伦王国攻陷，全城居民被俘往巴比伦巴亚，史称"巴比伦之囚"。公元前 538 年，波斯王居鲁士率军消灭了新巴比伦王国，5 万名被囚的犹太人才得以回归家园。此后在波斯人、希腊人（托勒密王朝和塞琉古王朝）的统治下，犹太人实行过不同程度的自治。

公元前 166 年，随着塞琉古王国势力的衰落，犹太人重新获得独立。哈斯蒙尼王朝时期，犹太人还重新控制了略小于所罗门王国的疆域，他们的生活充满生机。但是，罗马人把这一地区变成了它的一个海外行省，称为巴勒斯坦。公元 313 年基督教在罗马帝国境内取得合法地位后，耶路撒冷等地建起了教堂和修道院，巴勒斯坦便成为基督教占优势的地区。

当时，犹太人被剥夺了以前所享有的自治以及担任公职的权利，除了每年哀悼圣殿被毁的那一天（阿布月斋日——犹太教历 5 月 9 日），禁止进入耶路撒冷。

635 年，阿拉伯人征服了巴勒斯坦，其统治持续 4 个世纪之久，但是犹太人恢复了在耶路撒冷的定居生活。然而不幸的是，欧洲十字军东征又占领这里，绝大多数非基督徒遭到屠杀。阿拉伯人与十字军的战争以及突厥人、蒙古人的侵略使巴勒斯坦几成废墟，加之瘟疫、蝗灾和地震，耶路撒冷大部分地区逐渐破败，犹太人地区贫困不堪。1517 年，奥斯曼土耳其人征服巴勒斯坦后，将它分为 4 个地区，行政上隶属大马士革省。土耳其人统治早期，大约有 1000 个犹太人家庭生活在本土，主要是在耶路撒冷、纳布卢斯、希伯伦、加沙、萨法德和加利利的一些村庄。

到了 19 世纪，现代文明开始出现在这片土地上。西方学者发起了

哭墙　位于耶路撒冷老城圣殿山西边的巨大石墙。许多世纪以来，犹太人在此悲哀祈祷，"哭墙"由此得名。

《圣经》考古学研究，英国、法国、俄罗斯、奥地利和美国还在耶路撒冷开设了领事馆。这里开通了与欧洲间定期往返的汽车，邮政和电报联系也建立起来，连接耶路撒冷和雅法之间的第一条道路也建成了。苏伊士运河开通，加速了巴勒斯坦的复兴。由于耶路撒冷城墙内已是人满为患，1860 年犹太人在城墙之外建立了第一个居民点。在随后的20 多年中，居民点增加到 7 个，形成了新城的核心。及至 1880 年，犹太人在耶路撒冷已经占了大多数。他们在全国各地买地耕作，新的农村定居点建立起来，长期仅用于礼拜和文学的希伯来语也被重新起用，从而为犹太复国主义运动准备了条件。19 世纪末 20 世纪初，受犹太复国主义意识形态的激励，来自东欧的两大批犹太人来到这里。这些先驱者决心用耕种来恢复家园，他们为后来繁荣的农业经济打下了基础。

1917 年 12 月，英国军队开进耶路撒冷，结束了土耳其人 400 年的统治。1921 年英国以约旦河为边界，把巴勒斯坦分为东西两部，西部仍称巴勒斯坦，即今以色列、约旦河西岸和加沙地带，东部称外约旦，1946 年外约旦独立，改国名为外约旦哈希姆王国。1922 年 7 月，国际联盟委托英国管理巴勒斯坦，并呼吁英国在承认"犹太人同巴勒斯坦的历史联系"的同时，为在巴勒斯坦—以色列故土上建立民族家园的犹太人提供便利。但是，犹太民族复兴和犹太社团重建国家的努力，遭到阿拉伯民族主义者的强烈反对。

由于这两派民族运动目标的极端对立性，1947 年 4 月英国政府请求联合国大会将"巴勒斯坦问题"列入议程。11 月 29 日，大会通过了巴勒斯坦分治决议，将总面积为 2.67 万平方公里的巴勒斯坦领土一分为二，其中 1.52 万平方公里划给犹太人建立以色列国，1.15 万平方公里划给阿拉伯人建立巴勒斯坦国，并将耶路撒冷暂定为归属未定的"国际城市"。阿拉伯人拒绝接受这一方案，而犹太社团予以承认。1948年 5 月 14 日以色列国正式建立，首都设在特拉维夫，1950 年迁往耶路

撒冷。1980 年 7 月 30 日，以色列议会通过法案，宣布统一的耶路撒冷是其"永恒的与不可分割的首都"。

就在以色列宣布建国的第二天，阿以双方便武力相向。期间，以色列占领了原定划给巴勒斯坦的 6200 平方公里的土地，并占领了西耶路撒冷。自第一次军事冲突以来，以色列与阿拉伯国家共发生五次中东战争，它们是巴勒斯坦战争（1948.5—1949.2）、苏伊士运河战争（1956.10—1957.3）、六·五战争（1967.6.5—1967.6.11）、十月战争或赎罪日战争（1973.10.6—1973.10.25）和黎巴嫩战争（1982.6—1982.9）。其间，以色列先后两次占领耶路撒冷整个地区。近些年来，以色列与阿拉伯国家的冲突依然不断，尤其是与巴勒斯坦的矛盾依然没找到最终的化解方案。

腓力斯丁人之地：巴勒斯坦

巴勒斯坦是巴勒斯坦国（The State of Palestine）的简称，1988 年 11 月 15 日宣布建立。它位于亚洲西部，约旦河西岸，东邻约旦，加沙地带西濒地中海，首都确定为有争议的耶路撒冷（Jerusalem），全国约有 1270 万人（2017 年，包括流落在其他阿拉伯国家的巴勒斯坦人）。1947 年 11 月，联合国大会第 181 号决议规定耶路撒冷国际化，由联合国管理。1988 年 11 月，巴勒斯坦全国委员会第 19 次特别会议通过《独立宣言》，宣布耶路撒冷为巴勒斯坦国首都。目前巴勒斯坦总统府等政府主要部门均设在拉马拉。通用阿拉伯语，主要信仰伊斯兰教。

巴勒斯坦境内多山地，缺少水源，山地和草原用以放牧牲畜，只有沿海平原和约旦河谷地带适宜农作物生长。由于巴勒斯坦扼守欧、亚、非三大洲交通要道，是联系西亚、北非和南欧的交通枢纽，其战略地位十分重要，历来成为兵家必争之地，至今仍然是世界热点地区之一。

虽然巴勒斯坦立国较晚，它的历史却相当悠久，在《旧约全书》中称"迦南地"（Canaan）。公元前3000年，来自阿拉伯半岛的一支塞姆人即迦南人（Canaanites）在巴勒斯坦的沿海和平原定居下来，主要从事农业生产。公元前13世纪末，另一支塞姆人即游牧的哈卑路人（希伯来人）进入该地区，与迦南人相互融合。犹太人祖先希伯来人与迦南人、叙利亚人、亚述人、巴比伦人、阿拉伯人同属于古代塞姆族（Semites，闪族或闪米特族，起源于诺亚长子闪），语法结构、词汇都很相近。希伯来人来自埃及，他们于公元前1020年在迦南地（巴勒斯坦）建立了古代国家，后来亚述、巴比伦、波斯等族都曾占领该地区。

公元前13世纪，海上民族腓力斯丁人（Philistine）从克里特岛和爱琴海岛屿而来，攻占了巴勒斯坦沿海地区。"巴勒斯坦"名称就来源于他们，希腊语意为"腓力斯丁人之地"。罗马人统治时期，多次镇压犹太人，并将大部分幸存者赶了出来，从而结束了犹太民族主体在巴勒斯坦生存的历史。[①]直到19世纪末，犹太人在政治上、经济上同巴勒斯坦基本上没有什么联系。

公元7世纪阿拉伯人强盛起来，巴勒斯坦成为阿拉伯帝国的一部分。阿拉伯人不断移入并和当地居民融合，伊斯兰教逐渐取代了昔日的基督教，现代巴勒斯坦阿拉伯人也逐步形成。于是，阿拉伯人把这块古老的迦南地称为巴勒斯坦（Pilasteen），其实是阿拉伯语对希腊文"巴勒斯坦"的音译。

从16世纪起，巴勒斯坦成为奥斯曼帝国的一部分。此时，巴勒斯坦包括了今天的约旦、以色列和巴勒斯坦，主要居民为阿拉伯人。在19世纪末"犹太复国运动"的号召下，大批犹太人移入他们曾居

① 公元135年，犹太人起义被镇压，罗马帝国将犹太省名字改为巴勒斯坦省，将耶路撒冷改为埃利亚卡皮托利纳（Aelia Capitolina），以此消除犹太人记忆，并禁止犹太人进入这座城市。

住的巴勒斯坦地区。然而，由于信仰不同、民族差别，尤其是水源和土地问题，犹太人和阿拉伯人之间不断发生流血冲突。第一次世界大战后，巴勒斯坦成为英国的委任统治地。1921年英国以约旦河为界，把巴勒斯坦分为东、西两部分，东部称外约旦（1946年获得独立，称外约旦哈希姆王国），西部仍称巴勒斯坦（今以色列、约旦河西岸和加沙地带）。

第二次世界大战后，在英、美两国的操纵下，1947年11月29日联合国大会通过决议，规定巴勒斯坦在1948年英国结束委任统治后建立阿拉伯国（约1.15万平方公里）和犹太国（约1.52万平方公里），耶路撒冷市（176平方公里）由联合国管理。由于犹太人获得了"生存空间"，他们接受了联合国决议，并于1948年5月14日宣布建立以色列国。但是，阿拉伯人因失去土地而拒绝接受该决议。5月15日即以色列建国第二天，埃及、外约旦、伊拉克、叙利亚、黎巴嫩等阿拉伯联盟国家出兵4万余人，相继进入巴勒斯坦，联合进攻以色列，第一次中

萨赫莱清真寺　又名岩石圆顶清真寺，位于耶路撒冷老城圣殿山上，建于公元691年。

东战争由此爆发。结果以色列取得胜利，约旦占领了约旦河西岸 4800 平方公里的土地，埃及占领了加沙地带 258 平方公里的土地，除了加沙和约旦河西岸部分地区，其余均为以色列占领，但是近百万巴勒斯坦阿拉伯人沦为难民。战争激化了阿拉伯国家和以色列，阿拉伯国家和美、英之间的矛盾。从此，中东战乱不断。1967 年 6 月 5 日第三次中东战争爆发，以色列占领了约旦河西岸、加沙地带和耶路撒冷旧城，即整个巴勒斯坦，约有 50 万巴勒斯坦阿拉伯人被赶出家园。

　　1964 年 5 月，在耶路撒冷市召开的巴勒斯坦第一次全国委员会会议决定成立巴勒斯坦解放组织，作为巴勒斯坦人民在阿拉伯和国际社会的唯一合法代表。1969 年，阿拉法特担任巴解组织执委会主席。1978 年 9 月，埃及、以色列和美国签署了《戴维营协议》，被占领土的巴勒斯坦人获得了有限的自治权，但巴解组织拒不接受自治。1988 年 11 月 15 日，在阿尔及利亚举行的巴勒斯坦全国委员会第 19 次特别会议通过《独立宣言》，宣布在巴勒斯坦土地上建立以耶路撒冷为首都的巴勒斯坦国，并表明巴勒斯坦接受 1947 年联合国大会通过的分治决议，巴勒斯坦的边界问题留待以后通过谈判解决。同年 12 月，阿拉法特承认以色列的生存权，谴责恐怖主义。1993 年，巴勒斯坦和以色列相互承认。1994 年 5 月 4 日，巴解组织和以色列在开罗签署了具有历史意义的关于在加沙和杰里科实行有限自治的协议，5 月 12 日巴勒斯坦民族权力机构成立，临时自治首府设在杰里科。

　　1995 年以来，根据巴以签署的各项协议，巴自治区逐渐扩大，巴勒斯坦国控制着包括加沙和约旦河西岸的约 2500 平方公里的土地。目前，巴勒斯坦国不仅为绝大多数国家所承认，而且已经被联合国接纳为观察员。令人遗憾的是，虽然联合国已经通过了二百多个关于巴勒斯坦问题的决议，但是巴以冲突问题至今未能得到真正解决，在通往实际独立的道路上，还有许多障碍有待巴勒斯坦人民去克服。

勇敢的火鸡：土耳其

土耳其是土耳其共和国（Republic of Turkey）的简称，位于欧亚大陆接合部，横跨欧亚两大洲，东接伊朗，东北邻格鲁吉亚、亚美尼亚和阿塞拜疆，东南与叙利亚、伊拉克接壤，西北和保加利亚、希腊毗连，北滨黑海，西临爱琴海，南隔地中海与塞浦路斯相望，面积 78.36 万平方公里，首都安卡拉（Ankara）。

在历史上，土耳其地区曾经是罗马帝国、拜占庭帝国、奥斯曼帝国的中心。今天，它的绝大部分（97%）领土在亚洲的小亚细亚半岛，也就是通常所称的"安纳托利亚"，另有少量（3%）的领土在欧洲的巴尔干半岛，因而有东西方之间的桥梁和世界文明的交汇点之称。全国约有 8081 万人（2018 年），其中，土耳其人占 80% 以上，库尔德人占 15%，其余为阿拉伯人、亚美尼亚人、希腊人等少数民族。土耳其语为官方语言。99% 的居民信奉伊斯兰教，其中 85% 属逊尼派，其余为什叶派。

Turkey 是"土耳其人国家"的意思，这个词和"火鸡"的英文名称同形。土耳其人起源于新疆阿尔泰山一带，中国史书称之为"突厥人"。关于突厥族名的起源有两种说法：一种说法认为"金山形似兜鍪，俗号兜鍪为突厥，因以为号"；另一种说法认为，"土耳其"的汉音采自突厥语 Türk 复数形式 Tüküt，意为"勇敢的""强有力的"。

突厥人最早的发源地位于叶尼塞河上游，这是俄罗斯境内水量最大的河流，位于中西伯利亚西侧。秦汉时期，突厥人到达"北海"附近，即俄罗斯东西伯利亚南面，他们在中国史书上被称为"丁零"。公元 6 世纪，突厥人游牧于金山（阿尔泰山）一带。582 年，突厥帝国分裂为东西两部分，东突厥辖有从蒙古至乌拉尔山脉的北部地区，西突厥则控制着从阿尔泰山至锡尔河（发源于天山的中亚大河）之间的土地。7 世

特洛伊木马　根据古希腊传说，希腊城邦联军为夺回最漂亮的女人——斯巴达王后海伦，曾与特洛伊（位于今土耳其境内）发生大战，后施木马计方取得胜利。

纪两突厥先后被中国唐朝所灭，但突厥人余部又在中亚地区崛起。8—13 世纪，零散的突厥人不断向中亚、西亚迁徙，逐渐融入强大的阿拉伯帝国和其后的伊儿汗国中，不仅皈依了伊斯兰教，还于 11 世纪建立了土耳其国家。

　　自古以来，小亚细亚半岛就是东西方的交通要冲，腓尼基人、希腊人纷纷向这里移民，美索不达米亚的思想和爱琴海的信仰都在此迸出文明的火花。公元前 6 至公元前 4 世纪，波斯帝国把小亚细亚地区纳入自己的版图。随后，亚历山大帝国、罗马帝国、拜占庭帝国和阿拉伯帝国又相继统治这里。罗马帝国为了行政目的将其分成几个部分，这一划分却埋下了日后分裂的种子。330 年，君士坦丁大帝把都城从罗马迁至君士坦丁堡，即今天的伊斯坦布尔。395 年罗马帝国正式分裂为东、西两部分，东罗马又称为拜占庭帝国。查士丁尼一世在位时期（527—565），拜占庭帝国达至最盛，其版图包括幼发拉底河以西的小亚细亚，

阿亚索菲亚博物馆　始建于325年，后查士丁尼皇帝将其扩建为基督教的宫廷教堂，1453年奥斯曼土耳其苏丹穆罕默德改为清真寺。

并在政治上把小亚细亚和巴尔干联系在一起。这一以博斯普鲁斯海峡为中心的合并，预示了一千年后奥斯曼土耳其帝国的雏形。7世纪，阿拉伯帝国占领拜占庭帝国在西亚的南部省份。

11世纪，昭武九姓（中国隋唐时期对现今中亚地区诸多政权的统称）突厥人的一支，奥斯曼突厥人离开其原住地里海一带，向西迁徙至小亚细亚，依附于塞尔柱突厥人建立起来的罗姆苏丹国（1077—1308），并带来了土耳其语和伊斯兰教。13世纪罗姆苏丹国西北与拜占庭为邻，两国结成同盟；东南则有十字军在叙利亚建立的基督教国家。1243年蒙古军入侵小亚细亚，塞尔柱土耳其（突厥）军队溃退，罗姆苏丹国的各个突厥部落从此臣属于伊儿汗国。其间，位于小亚细亚西北、以奥斯曼为首的一支突厥人部落兴起，他们在奥斯曼（1259—1326）的率领下，打败邻近部落和拜占庭人，于1299年建立奥斯曼土耳其王国。这一时期，大多数突厥人放弃游牧生活，采取并吸收了阿拉伯、波斯甚至拜占庭的大量文化，苏丹和王公们也竞相兴建清真寺、神学院等公共建筑。在这一文化融合时期，土耳其文化形成了东西方兼容的特色，使土耳其成为极具魅力的东西方文明交融的国家。所以，今天的土耳其人有别于中东其他民族，而和其他民族又保持着许多共通之处。

在接下来的半个世纪中，奥斯曼土耳其人东征西讨，先后攻占整个小亚细亚、希腊和巴尔干半岛大部分地区，最后迫使拜占庭仅蜷缩于

凯末尔像　又译"基马尔"（1881—1938），土耳其首任总统，被尊为"土耳其国父"。

君士坦丁堡一隅之地。1453年，苏丹穆罕默德二世率军攻占君士坦丁堡，并将其更名为"伊斯坦布尔"（意为"伊斯兰之城"），定为奥斯曼帝国都城，而经营了千年之久的拜占庭帝国终告灭亡。持续扩张使土耳其在16世纪中叶成为横跨欧、亚、非的大帝国，其版图除了小亚细亚，还包括巴尔干半岛、南高加索、伊拉克、阿拉伯半岛，以及从埃及直到摩洛哥的北非地区，东地中海、红海、黑海、爱琴海几乎成了这个庞大帝国的内海。然而从17世纪末期起，它在同奥地利、波兰等国的几次交战中均遭失败，其后欧洲列强不断蚕食、瓜分其属地。

19世纪，土耳其帝国在巴尔干的属地相继独立。到第一次世界大战前夕，除了小亚细亚，土耳其帝国仅剩下地中海东部沿岸、美索不达米亚和阿拉伯半岛等地，不仅如此，土耳其的全部工矿、贸易、信贷事业都落入欧洲列强手中。随着第一次世界大战的失败，帝国的属地也丧失殆尽，只保有以安卡拉为中心的小亚细亚以及黑海沿岸的一

小块地方，却又面临着被瓜分的危险。1920年，被誉为"土耳其国父"的穆斯塔法·凯末尔领导民族解放战争，打退侵略者，推翻政教合一的封建统治，废除了奥斯曼哈里发制度。1923年10月29日，土耳其宣布立国，称为"土耳其共和国"。

附录：亚洲其他国家国名来历

文莱达鲁萨兰国：文莱一说来源于马来语里的芒果，又一说是梵文"海洋形状"之意。达鲁萨兰源于阿拉伯文，意为"和平之地"。

斯里兰卡民主社会主义共和国：僧伽罗语"乐土"的意思，历史上曾名锡兰，是梵文"狮子"的意思，故又称狮子国。

马尔代夫共和国：国名源于主岛马累岛，是"花环群岛""宫殿之岛"的意思。又有说法认为国名来自马拉巴尔语，"千岛之国"意。

不丹王国：梵文"吐蕃的边陲"之意。

乌兹别克斯坦共和国：乌兹别克意为"独立"，斯坦指"国家"。

吉尔吉斯共和国：吉尔吉斯意为"草原""流浪"，即"草原上的游牧民"。

土库曼斯坦：土库曼和"突厥"同义，即"突厥人的国家"。

塔吉克斯坦共和国：古代突厥人把中亚地区讲伊朗语、信仰伊斯兰教的人称为塔吉克，当地传说中，塔吉克指"头戴绣花小圆帽的人"。

阿拉伯联合酋长国：国名源于国家由7个酋长国组成，因盛产石油，又有"油海七珍"的美誉。

阿曼苏丹国：国名来源说法不一，一说以公元前2000年一个国王的名字命名；二说以古代一个部落的名字命名；三说以当地的阿曼河命名；四说源于古代名称"马干"，指"船"，即指当地居民善于航海。

也门共和国：也门由"尤姆尼"转化而来，有"幸福之地"和"阿拉伯乐园"之意。

卡塔尔国：国名由古代西方人对此地的称呼演变而来。

巴林王国：阿拉伯语"两股泉水"的意思，指既有海水又有海底泉水和自流井水。

科威特国：阿拉伯语"小城堡"的意思。

格鲁吉亚：国名源于该地区古代一氏族名，即格鲁吉亚部族。

亚美尼亚共和国：国名源自民族名称，传说亚美尼亚人有一个共同的祖先"亚美纳克"。

阿塞拜疆共和国：阿拉伯语的意思是"火地"或"火的国家"，盛产石油。

约旦哈希姆王国：国名源自约旦河，约旦在希伯来语里是"水流急下"的意思。

黎巴嫩共和国：在古代希伯来语、腓尼基语中，"黎巴嫩"意思是"白色山岭"，故黎巴嫩有"白山之国"的称号。

以东方公主命名的大陆：欧洲

欧洲是欧罗巴洲（Europe）的简称，位于东半球的西北部，也即欧亚大陆的西半部，北临北冰洋，西濒大西洋，西北隔格陵兰海、丹麦海峡与北美洲相对，南隔地中海和直布罗陀海峡与非洲相望，东部以乌拉尔山、乌拉尔河、里海、大高加索山脉、黑海、博斯普鲁斯海峡、马尔马拉海、达达尼尔海峡、爱琴海与广袤的亚洲分界。从地理上看，欧洲从属于欧亚大陆，是一个沿着乌拉尔山脉伸向大西洋的大半岛，海岸线曲折，多岛屿和半岛，主要有冰岛、大不列颠岛、爱尔兰岛、西西里岛和斯堪的纳维亚半岛、伊比利亚半岛、亚平宁半岛（意大利半岛）、巴尔干半岛。主要大河有多瑙河、莱茵河、伏尔加河、泰晤士河。最高山脉是大高加索山脉的主峰厄尔布鲁士山（海拔 5642 米），气势雄伟的阿尔卑斯山的平均海拔为 3000 米。整个欧洲面积约 1016 万平方公里，占世界陆地总面积的 6.8%，仅大于大洋洲，比中国面积略大，为世界第六大洲。

欧洲现有 45 个国家，通常分为南欧（阿尔巴尼亚、安道尔、波斯尼亚和黑塞哥维那、保加利亚、梵蒂冈、克罗地亚、罗马尼亚、北马其顿、马耳他、葡萄牙、斯洛文尼亚、塞浦路斯、塞尔维亚、黑山、圣马力诺、希腊、西班牙、意大利）、西欧（爱尔兰、比利时、法国、荷兰、卢森堡、摩纳哥、英国）、中欧（奥地利、波兰、德国、捷克共和国、列支敦士登、瑞士、斯洛伐克、匈牙利）、北欧（冰岛、丹麦、芬兰、挪威、瑞典）和东欧（爱沙尼亚、白俄罗斯、俄罗斯、拉脱维亚、立陶宛、摩尔多瓦、乌克兰）五个部分。在"冷战"时代，东欧通常指苏联、民主德国、捷克斯洛伐克、南斯拉夫、波兰、匈牙利、罗马尼亚、保加利亚和阿尔巴尼亚九国，其他各国则泛称西欧。此外，欧洲有一些袖珍小国，从小到大依次为梵蒂冈、摩纳哥、圣马力诺、列支敦士登、马耳他、安道尔。

欧洲共有 7.4 亿（2014 年）人，约占世界总人口的 10.2%，人口增长速度最慢，而人口密度居各洲之首。绝大部分居民属于欧罗巴人种（白种人），占总数的 99%。其中，约 65% 的居民信奉基督教（天主教 34%，东正教 16%，新教 11%，圣公会 4%），其余信奉伊斯兰教、犹太教等。从语源学上看，欧洲属于"印欧语系"或"雅利安语系"，含斯拉夫语族、日耳曼语族、拉丁语族、阿尔巴尼亚语族、希腊语族、凯尔特语族，居民占全洲人口的 95%；此外有主要分布在芬兰、匈牙利、爱沙尼亚等地的乌拉尔语系（含芬兰语族、乌戈尔语族、萨莫耶德语族），以及高加索语系、阿尔泰语系和闪—含语系。民族构成较为简单，主要有斯拉夫人和日耳曼人两大民族，前者主要分布在东欧及东南欧，后者主要分布在中欧、西欧和北欧，还有散居各地的犹太人和吉卜赛人①。

关于"欧洲"名称的起源，希腊神话给人们提供了想象的空间。在希腊神话中，谷物女神德墨忒耳是主神宙斯的第四任妻子，她专门负责农业生产，保佑五谷丰登、人畜兴旺。在有关这位女神的画像中，人们总是把她描绘成坐在公牛背上的形象。有人解释说，公牛是人类不可缺少的耕畜，女神既然主管农事，自然就要坐在公牛背上了。这位女神还有另外一个名字，叫欧罗巴，人们出于对她的敬意，就用她的名字来称呼欧洲了。

当然，还有一个"欧罗巴与公牛"的故事，更是婉约动人。大约距今三千多年以前，地中海东岸有个文明古国叫腓尼基，国王阿革诺

---

① 吉卜赛人（Gypsy）是个极富个性和浪漫气质的古代民族，名字由"埃及人"（Egyptian）一词演变而来。这个神秘的民族可能起源于印度，他们聪明而富有智慧、能歌善舞，在浪迹天涯的漂泊过程中保持着自己的民族特性。15—16世纪，吉卜赛人迁居欧洲西北部，其中以西班牙为最多。

耳有个女儿名叫欧罗巴（Europa）。有一天，欧罗巴做了一个奇怪的梦，梦见有两个女人在激烈地争夺，她们都想占有她。其中一位是既温柔又热情的亚细亚（Asia），她说是她把欧罗巴从小喂养大的，是欧罗巴的母亲；另一位女子长得非常漂亮，可是很陌生，她一边强行抓住欧罗巴的胳膊，一边又温柔地说："跟我走，亲爱的，我带你去见宙斯。"欧罗巴从梦中醒来，她陷入沉思："究竟是天上哪一位神给我这样一个奇怪的梦？梦中的那个陌生而漂亮的女人是谁呢？宙斯又是谁呢？"这天上午，欧罗巴公主像往常一样，和女伴们到海边的牧场上嬉戏玩耍，好不开心。这时，主神宙斯恰好从这儿经过，他在云端里发现人间还有这样一位天仙一般美丽的女子。为了接近欧罗巴，宙斯施展法术，化作一头白色的公牛，混在牛群中。欧罗巴被他吸引，骑上了牛背。就这样，欧罗巴被宙斯劫持到了克里特岛[①]，她在这里见到了梦中的那个女子，原来是司爱与美的女神阿佛洛狄忒。她告诉欧罗巴："把你带走的公牛是天神宙斯，你也成了地上的女神，你的名字将永存。从此以后，收容你的这块土地，就按你的名字称作欧罗巴。"这就是今日欧洲名称的由来。宙斯恢复原形后，和欧罗巴生了三个儿子，他们是克里特国王米诺斯、基克拉泽斯群岛国王拉达曼提斯和吕基亚王萨耳珀冬。

在腓尼基人和亚述人时代，欧罗巴和亚细亚只是两个用来表示地理方位的概念，当时地理学上还没有出现欧洲和亚洲的明确分界。"从历史上来说，西方注视的是罗马，东方注视的是君士坦丁堡。"[②] 由于对外殖民扩张，希腊人的眼界已经越出地中海区域，扩大到了黑海以外的东方。自从地中海这个国际性海洋变成罗马帝国的内湖以后，欧亚大陆

---

① 克里特岛位于地中海东部，为希腊最大的岛屿，是爱琴文明的发祥地，著名的米诺斯"迷宫"之所在地。

② ［法］费尔南·布罗代尔著，肖昶等译《文明史纲》，广西师范大学出版社2003年版，第288页。

才有了大致准确的分界线。

中世纪时期，西班牙著名历史学家、塞维利亚城主教伊西多尔（Isidore of Seville，560—636）在《语源学》一书中较早地描绘了假想的世界地图。他以《圣经》为权威依据，较为具体地指出了伊甸园的位置，同时将地球划分为亚洲、欧洲和非洲三部，分给了诺亚的三个儿子，即闪、雅弗和含。他将亚洲放置在地图上部的东方，地图的左下部，越过顿河为欧洲，而非洲则是从欧洲越过地中海、尼罗河以西的地方。亚细亚洲是因"闪的后裔"亚细亚女皇而得名，"那里有二十七个民族……阿非利加洲的名称来自亚伯拉罕（含）的后裔阿弗，有三十个民族，三百六十个城镇"；而欧罗巴洲则由神话中的欧罗巴而得名，"那里居住着雅弗的子孙十五个部族，有一百二十个城市"①。有人认为，"欧罗巴"来自闪族语汇 ereb，与"亚细亚"相对，表示"日落之地"。"亚细亚"在地理上指东方的广大地区，"欧罗巴"则指西方即地中海以北的区域。

欧洲拥有悠久的历史。公元前 4000 年到公元前 2500 年，英国东南部出现了神奇而迷人的巨石文化。公元前 2000 年前后，古希腊人祖先开始在爱琴海的克里特岛定居，他们创造了灿烂的希腊文明。来自马其顿的亚历山大大帝曾建立横跨欧亚的大帝国，使希腊文化传播到更广阔的地区。然而，真正把古典文明推向高峰的则是罗马人，统治半个欧洲的罗马帝国堪与秦汉时代的中华帝国相比。经过黑暗的中世纪的萧条，欧洲人在地理大发现时代重新崛起。17—18 世纪，英国的光荣革命、工业革命不仅从政治上、经济上深刻地影响着欧洲大陆，而且从资本扩张的角度把殖民地体系推广到全世界，推动着全球化的发展。在经历了两次世界大战后，虽然欧洲对世界的主导地位已经为美国所取代，但随着一体化趋势的加强，今天它依然是这个多元化世界中不可轻视的一极。

---

① [美] 丹尼尔·J.布尔斯廷著《发现者：人类探索世界和自我的历史》，上海译文出版社1995年版，第149页。

欧洲锯木场：瑞典

　　瑞典（Sweden）位于斯堪的纳维亚半岛东半部，自然地理上属于北欧，而在人文地理上则被划入西欧发达国家行列。东北与芬兰毗连，有共同边境 586 公里；西面与挪威接壤，双方边境长达 1619 公里；东临波罗的海，西南濒北海，南面与丹麦隔海相望，首都斯德哥尔摩（Stockholm）。

斯德哥尔摩老城区　斯德哥尔摩在英语里意为"木头岛"，城市始建于 13 世纪中叶，1436 年首次被确定为首都。

瑞典是个典型的地广人稀的国家，陆地面积约为45万平方公里，2018年总人口数为1100万，平均密度只有每平方公里24人。其中，90%为瑞典人，他们是日耳曼语系的一个分支，讲瑞典语（官方语言）。北部的萨米族是唯一的少数民族，此外有外国移民及其后裔。瑞典有15%的面积在北极圈内，由于北方严寒，全国约有90%的人口住在南部和中部地区。城市化水平较高，85%以上的居民住在城市，仅斯德哥尔摩、哥德堡和马尔默三个城市就集中了1/3的人口。

中世纪有一则美丽的传说：当"上帝"创造出一个朝气蓬勃、充满生机的世界时，魔鬼撒旦咆哮如雷，并把一大块巨石砸向了人类居住的地球。这块巨石落在北冰洋岸边，现在的斯堪的纳维亚半岛就来自这块撒旦石。"上帝"出于对人类的慈爱，没有鄙视这块贫瘠荒凉、寸草不生的撒旦石，他撒下了泥土，让人类可以在这里生存。冰河时期之后，内陆积雪渐渐消融，石器时代瑞典地区已有人落户聚居，繁衍生息。

然而，地质学家告诉人们，斯堪的纳维亚半岛是一块古老大陆的残余，这块大陆存在于煤炭形成之前的远古时期，从欧洲跨过北冰洋，一直伸展到美洲地区。[1]历史学家则认为，瑞典人的祖先是诺曼人（Northmen 或 Norsemen），他们居住在北欧的斯堪的纳维亚半岛，属于日耳曼人的北支，又称为"维京人"（Vikings），即赫赫有名的北欧海盗。北欧语前缀 vik 原意为小河、小港或海湾，原指北欧海盗的藏身之所；而在古斯堪的纳维亚语中，Viking 指海盗袭击或劫掠行为，在英语中则指居住在海岬、以渔猎为生的人。

在中世纪很长的一段时期内，维京人可以说是臭名昭著，因为他们经常劫掠欧洲的沿岸地区。他们以掠夺者的姿态，以贸易、侵略、殖民等方式向东发展，所影响的地区包括波罗的海、俄罗斯及黑海。所以在

---

① [美]房龙著，马晗、治梅译《地球的故事》，中国民族摄影艺术出版社2003年版，第121页。

欧洲史上，8—11世纪被人们习惯地称为"维京时代""北欧海盗时代"，或"日耳曼民族第二次大迁徙时代"。

11世纪，瑞典开始形成统一国家。属于日耳曼民族的斯维亚人，曾同另一支日耳曼民族哥特人一起居住在现今的瑞典南部，在梅拉伦湖区建立"斯维亚国"（Svedrike），这就是瑞典国名的由来。关于"斯维亚"一词，据说源自古高德语，意思是"亲属"。古英语称之为"施维温"，中世纪德语称之为"施韦德"，而现代英语地名瑞典（Sweden）一词就是从这两者中演变来的。

1397年，瑞典（包含芬兰南部地区）与丹麦、挪威组成卡尔马联盟（Kalmar Union），三国宣布效忠于玛格丽特（1353—1412），拥立年仅16岁的艾里克成为三国联盟的君主。从古斯塔夫一世（1523—1560在位）起，瑞典脱离卡尔马联盟而独立。"三十年战争"时期（1618—1648），瑞典跃升成为欧洲强国。1654—1719年，为瑞典的强盛时期，领土范围包括今芬兰、爱沙尼亚、拉脱维亚、立陶宛以及俄国、波兰和德国的波罗的海沿岸地区。1718年对俄国、丹麦、波兰战争失败后，瑞典随之衰落。19世纪初，瑞典人参加了拿破仑战争。1814年与挪威交战后，在瑞典主导下两国联盟形成。1905年，挪威退出联盟，瑞典正式成立。第一次及第二次世界大战中，瑞典均保持中立国地位，未受战火影响。

1901年，第一届诺贝尔奖颁奖礼在斯德哥尔摩皇家音乐学院举行，其影响毫无疑问是世界性的。瑞典的古老建筑保存得完整无缺，与美丽的北国风光交相辉映，形成了独具韵味的人文与自然景观。瑞典的商船产量居世界前列，对外贸易十分活跃，因而是一个典型的外向型经济国家。1995年瑞典加入欧盟（EU），人均GDP达到5.4万美元（2017年），国民识字率达到99%，人口平均寿命女83.5岁，男78.8岁（2010年），90%以上的居民信奉基督教路德宗。毫无疑问，瑞典已发展成为一个科技发达、经济发展、社会稳定的工业化国家。

琥珀之乡：波罗的海三国

波罗的海三国指的是爱沙尼亚共和国、拉脱维亚共和国、立陶宛共和国，它们因共同位于欧洲的中部和东北部，地处波罗的海东岸而得名。早在远古时期，波罗的海的拍岸浪涛，不停地把老第三纪①生长在这里的古代针叶树树脂化石抛向东岸和南岸，于是形成了珍奇的琥珀宝石。所以，波罗的海又叫"琥珀海"或"琥珀之乡"。就在这片海域的东岸，排列着三个互为邻居的袖珍小国：东北端的爱沙尼亚、东部的拉脱维亚和东南端的立陶宛。

爱沙尼亚人、拉脱维亚人和立陶宛人都是新石器时代居民的后裔，他们于公元前 4000 至前 2000 年迁居到波罗的海沿岸，其中一部分从东方而来，并由原始渔猎者带来了芬兰语；另一部分则来自南方的维斯瓦沙和第聂伯河流域，即公元前 2000 年向北迁徙的古代列托—立陶宛农牧部落。"波罗的人"特指拉脱维亚人和立陶宛人，这个术语来源于他们所生活的波罗的海地带。立陶宛人住在波罗的海岸东南部，从涅曼河到西德维纳河一带，由许多小部落组成。所以，"立陶宛"这个名称就成为与立陶宛人同族的各部落的共同称呼。拉脱维亚族由两个部落组成，即住在西德维纳河下游右岸的列梯哥拉人和左岸的季米哥拉人。爱沙尼亚人不在"波罗的人"之列，他们属于芬兰诸民族，是古代波罗的海沿岸芬兰部落（俄罗斯编年史中称为"丘季人"）的后裔。在立陶宛人和斯拉夫人的东北住着楚德人，也就是爱沙尼亚人、默尼亚人、摩尔多瓦

---

① 地球按地质历史主要分成五代，即太古代、元古代、古生代、中生代和新生代。其中，古生代是指远古早期有生命的时代，中生代则为恐龙时代。距今最近的地质时代为新生代，就是哺乳动物统治大地的时代，包括第三纪和第四纪。新生代第三纪又分为老第三纪和新第三纪两段时期，而人类所生活的时期则处于第四纪。

塔林古城墙　塔林位于芬兰湾南岸的里加湾和科普利湾之间，1154 年首次见于记载，城名意为"丹麦地堡"，源于 1219 年丹麦人在此建立城堡，现为爱沙尼亚首都。

人等，他们占据着那里的森林地带。总之，爱沙尼亚人、拉脱维亚人和立陶宛人的祖先，长期居住在被沼泽包围的丛林中，直到中世纪还保持着孤立的封闭性。13 世纪日耳曼（德意志）的宝剑骑士团[①]征服这一地区，开启了这些民族的文明史。

爱沙尼亚是爱沙尼亚共和国（The Republic of Estonia）的简称，位于东欧平原西北部，东与俄罗斯毗邻，南与拉脱维亚接壤，西濒波罗的海和里加湾，北隔芬兰湾与芬兰相望，面积 45339 平方公里。全国共有 131.9 万人（2018 年），其中爱沙尼亚族占 69%，俄罗斯族占 26%，乌克兰族占 2%，其他有白俄罗斯族、芬兰族等少数民族。爱沙

---

① 1202 年，阿利别尔特主教仿照在巴勒斯坦建立的几个骑士团的形式，把波罗的海沿岸的骑士组织起来，组建了具有宗教色彩的军事组织——宝剑骑士团。这个称呼来源于其所属骑士的白色斗篷上绘有红色宝剑和十字。13 世纪初，它以传播基督福音为名，侵入波罗的海东岸立窝尼亚地区，所以又称"立窝尼亚骑士团"。

尼亚语为官方语言。绝大部分居民信奉基督教路德宗，少数人信仰东正教和天主教。爱沙尼亚的首都是塔林（Tallinn）。国名由爱沙尼亚人祖先爱沙人的名字 Ethes 演变而来，也可能源于波罗的语 aueist，含义是"临水而居的人"。

早在远古时期，爱沙尼亚族就居住在现今爱沙尼亚境内。爱沙尼亚东南部一度并入基辅罗斯。13 世纪，爱沙尼亚人击退了日耳曼骑士团和丹麦人的入侵。13 世纪中叶到 16 世纪中叶，爱沙尼亚被日耳曼（德意志）十字军征服，成为立窝尼亚 ① 的一部分。16 世纪末，瑞典、丹麦和波兰立陶宛王国共同瓜分爱沙尼亚领土，17 世纪中叶瑞典又占领整个爱沙尼亚。当彼得大帝在"北方战争"（1700—1721）中打败瑞典后，爱沙尼亚根据《尼什塔特和约》被并入沙皇俄国。1917 年 3 月，爱沙尼亚获得自治，同年 11 月建立苏维埃政权。1918 年 2 月 24 日，爱沙尼亚宣布成立爱沙尼亚共和国，同年 2 月德国乘虚而入占领爱沙尼亚。根据 1920 年《塔尔图条约》，苏维埃俄国正式承认爱沙尼亚的独立地位，放弃对它的领土要求。1921 年 1 月，爱沙尼亚获得西方大国承认，并加入国际联盟。

拉脱维亚是拉脱维亚共和国（The Republic of Latvia）的简称，位于爱沙尼亚共和国的南部，东与俄罗斯和白俄罗斯毗邻，南与立陶宛接壤，西临波罗的海，面积 64589 平方公里。在全国 193 万人（2018 年）中，拉脱维亚族占 62%、俄罗斯族占 25.4%、白俄罗斯族占 3.3%、乌克兰族占 2.2%、波兰族占 2.1%，此外有立陶宛人、犹太人、吉卜赛人、爱沙尼亚人、德国人等少数民族。拉脱维亚语为官方语言，95% 以上的居民懂俄语，主要信奉基督教路德宗、东正教。拉脱维亚的首都是里加（Riga），国名派生于当地主要民族列特人的名称 Letts，含义是"铠甲"。

---

① 立窝尼亚，约相当于爱沙尼亚和拉脱维亚的大部分地区。原为日耳曼骑士团征服的领地，后变为独立国。16世纪，随着封建关系的发展，立窝尼亚国日益走向解体。

里加鸟瞰　里加为波罗的海地区最大的枢纽城市及避暑疗养胜地，也是世界著名的港口，分老城和新城两部分，现为拉脱维亚首都。

10 世纪，拉脱维亚建立了早期封建公国。12 世纪末至 1562 年被日耳曼（德意志）十字军侵占，后归属立窝尼亚政权。1583—1710 年，先后被瑞典、波兰立陶宛王国瓜分。1710—1795 年，拉脱维亚被沙皇俄国占领。1795 年后，其东部和西部分别被俄罗斯和德国割据。1918 年 11 月 18 日拉脱维亚宣布独立，1922 年 2 月 16 日成立资产阶级民主共和国。

立陶宛是立陶宛共和国（The Republic of Lithuania）的简称，位于波罗的海东岸，北与拉脱维亚接壤，东南与白俄罗斯为邻，西南与俄罗斯加里宁格勒州和波兰交界，面积 6.53 万平方公里，首都维尔纽斯（Vilnius）。全国共有 285 万人（2018 年），其中立陶宛族占 84.2%，波兰族占 6.6%，俄罗斯族占 5.8%，此外有白俄罗斯族、乌克兰族、犹太族、拉脱维亚族和鞑靼族等少数民族。立陶宛语为官方语言。主要信奉天主教，还有东正教、基督教路德宗、犹太教等。

立陶宛国名起源于民族名，或来自波兰语 Litwa，意思是"多雨水的国家"。从 12 世纪起，立陶宛就受到日耳曼（德意志）封建主的侵略，1240 年成立统一的立陶宛大公国，1558—1583 年参加了反对沙皇俄国的立窝尼亚战争。根据《卢布林条约》，1569—1795 年实现与波兰的合并，成立波兰立陶宛王国。1795—1815 年，整个立陶宛（除了克莱佩达边区）被并入俄国。第一次世界大战爆发后，立陶宛又被德国占领。1918 年 2 月 16 日，立

维尔纽斯大学 欧洲古老的大学之一，初为教会学院，1579 年根据立陶宛大公的命令而建立。

陶宛宣布独立，成立资产阶级共和国。1919 年 2 月立陶宛和白俄罗斯联合，组成立陶宛-白俄罗斯苏维埃社会主义共和国。

在自然地理、民族起源、建国历史以及文化传统等方面，波罗的海三国有着很多相似的成分。1940 年 6 月，苏联根据 1939 年的莫洛托夫-里宾特洛甫秘密条约，出兵占领波罗的海三国。同年 7 月 21 日，爱沙尼亚苏维埃社会主义共和国和拉脱维亚苏维埃社会主义共和国建立，8 月加入苏联。1944 年，苏联军队再度占领立陶宛，立陶宛苏维埃社会主义共和国成立，加入苏联。1990 年 3 月 11 日，1991 年 8 月 20 日、8 月 22 日，立陶宛、爱沙尼亚和拉脱维亚相继脱离苏联，恢复国家独立。

划独木舟的人：俄罗斯

俄罗斯是俄罗斯联邦（The Russian Federation）的简称，位于欧亚

红场　从15世纪起，莫斯科克里姆林宫外逐渐形成交易集市。17世纪时建成广场，世人称之为"红场"。

大陆北部，地跨东欧北亚的大部分土地，北邻北冰洋，东濒太平洋，其欧洲领土的大部分为东欧平原，陆地邻国西北面有挪威、芬兰，西面为爱沙尼亚、拉脱维亚、立陶宛、波兰、白俄罗斯，西南面是乌克兰，南面有格鲁吉亚、阿塞拜疆、哈萨克斯坦，东南面有中国、蒙古和朝鲜，东面与日本和美国隔海相望。作为世界上面积最大的国家，俄罗斯的东西最长9000公里，南北最宽4000公里，总面积达到1709.82万平方公里（占苏联领土面积的76%，约占世界陆地面积的11.5%），首都莫斯科（Moscow）。其广袤的土地蕴含着丰富的自然资源，石油、天然气、煤炭、黄金、森林和稀有金属等名列世界前茅。

俄罗斯联邦由3个联邦直辖市（目前塞瓦斯托波尔市与乌克兰存在争议）、22个自治共和国（目前克里米亚共和国与乌克兰存在争议）、46个州、9个边疆区、4个自治区和1个自治州组成。境内分布着194个民族，主要有俄罗斯、鞑靼、乌克兰、楚瓦什、巴什基尔、白俄罗斯、摩尔多瓦、日耳曼、乌德穆尔特、亚美尼亚、阿瓦尔、马里、哈萨克、奥塞梯、布里亚特、雅库特、卡巴尔达、犹太、科米、列兹根、库梅克、车臣、印古什等族，其中以俄罗斯族人为最多（2018 年占总人口 1.46 亿的 77.7%）。俄语为官方语言。俄罗斯居民主要信奉东正教，还有居民信奉基督教、伊斯兰教、萨满教、佛教和犹太教等。

1991 年 12 月，俄罗斯联邦由原来的"俄罗斯苏维埃联邦社会主义共和国"更名而来。俄罗斯人属于东斯拉夫人，公元 3 世纪居住在俄罗斯南部的第聂伯河和德涅斯特河之间。据俄国古代第一部编年史著作《往年纪事》记载，9 世纪下半叶，从斯堪的纳维亚半岛南下的诺曼人①在东斯拉夫人地区建立基辅罗斯大公国，并把从拜占庭引进的东正教确定为国教。斯拉夫人（Slavs）是欧洲各民族和语言集团中人数较多的一支。在东斯拉夫，基辅罗斯大公国是日耳曼因素与斯拉夫因素相结合的产物，后在其瓦解基础上形成了波兰、波罗的海国家、土耳其和俄国的先导。

斯拉夫人把来自北方的诺曼人称为"瓦兰吉亚人"（Varangians）或"罗斯人"（Rus），意思是商人，最初是对北欧瑞典人（维京人）的称呼。Rus 起源于古诺曼语 ruotsi，意指"划独木舟的人""善于划船的荡桨者"，后来为斯拉夫人所采用。而且，当地的东斯拉夫人也因罗斯人而逐渐被称为"俄罗斯人"（Russian）。1472 年，莫斯科大公伊凡三世娶拜占庭公主为妻，并逐渐与西方频繁接触，开始使用西方人以拉丁语称呼的 Russia 一词。彼得大帝时代，将过去习称的莫斯科公国改称为 Russia，开始以此代表俄罗斯的国家、民族以及地理区域。

关于罗斯名称的起源有不同的说法。其一，6 世纪时居住在第聂伯

---

① 诺曼人（Northmen 或 Norsemen）是日耳曼人的北支，居住在北欧的斯堪的纳维亚半岛，分为东西两支。西支以丹麦人、挪威人为主，他们向南推进，在法国建立诺曼底（Normandie），在英国建立丹麦区；东支以瑞典人为主，他们沿着"瓦兰吉亚人到希腊人之路"南下建立基辅罗斯大公国。

河两岸的诸斯拉夫部落，在罗斯部落领导下联合了起来。罗斯部落因第聂伯河支流罗斯河而得名，加入这个联盟的所有斯拉夫人逐渐地都被称为罗斯人。15 世纪前后，居住在东北罗斯、西南罗斯、西北罗斯的东斯拉夫人，分别形成了俄罗斯、乌克兰和白俄罗斯三大民族。其二，罗斯名称源于诺曼人部落名，芬兰语称 Ruotsi 或 Rootsi，或源于芬兰人对诺曼人的称呼，芬兰语 Ruotsalainen，而"罗斯"可能是芬兰语北方人、诺曼人的音译，以俄语表述就是 Poc 或 Pycb。中国元朝称俄罗斯为"罗斯"或"罗刹国"。蒙古人在拼读俄文 Rocia 时，在字母 R 前面加了一个元音，所以 Rocia 就成了 Oroccia。清朝时期，Oroccia 转译成汉语时就成了"俄罗斯"。其三，瑞典东海岸有个居民区，以前叫罗登（Roden），今天称罗斯拉根（Roslagen）。古斯拉夫人在《奈斯特编年史》中把瑞典人称为罗斯人（Rus），即源于此。这一词根也包含在俄罗斯（Russia）一词中。瑞典在芬兰语中被称为 Ruotsi，无疑也源于此。[①]

15 世纪末，大公伊凡三世在位时，莫斯科大公国渐渐强盛起来，最终摆脱了蒙古人的控制。伊凡之子瓦西里三世继续扩张，完成了俄罗斯统一大业。1547 年，伊凡四世（伊凡雷帝）改大公称号为"沙皇"，定国号为"俄国"，这也是沙皇俄国（简称沙俄）的由来。17 世纪中期，乌克兰和俄罗斯合并成统一的国家。1721 年，彼得一世（彼得大帝）改国号为俄罗斯帝国。19 世纪初，俄罗斯帝国击退了拿破仑的入侵。1861年俄国废除农奴制度，19 世纪末至 20 世纪初发展成为军事封建帝国。1917 年"二月革命"推翻了封建专制制度，"十月革命"又催生了世界上第一个社会主义国家政权——俄罗斯苏维埃联邦社会主义共和国。

1922 年 12 月 30 日，苏维埃社会主义共和国联盟正式成立，俄罗斯联邦、外高加索联邦、乌克兰、白俄罗斯一并加入其中。后来联盟逐渐扩大，最多时达到 15 个加盟共和国。1990 年 6 月 12 日，俄罗斯

---

① ［瑞典］安德生著，苏公隽译《瑞典史》，商务印书馆1963年版，第28页。

苏维埃联邦社会主义共和国最高苏维埃发表《国家主权宣言》，宣布俄罗斯联邦在其境内拥有"绝对主权"。1991 年 12 月 8 日，俄罗斯联邦、白俄罗斯、乌克兰三个加盟共和国的领导人共同签署《独立国家联合体协议》，宣布组成"独立国家联合体"。12 月 21 日，除了波罗的海三国和格鲁吉亚，苏联 11 个加盟共和国签署《阿拉木图宣言》和《独立国家联合体协议议定书》。12 月 26 日，苏联最高苏维埃共和国院举行最后一次会议，宣布苏联停止存在。至此，苏联解体，俄罗斯联邦

叶卡捷琳娜宫　也称"皇村"。这座巴洛克风格的宫殿始建于 18 世纪叶卡捷琳娜女皇时代，以金碧辉煌的气势和难以计数的珍宝藏品闻名于世。

成为完全独立的国家，并成为苏联的唯一继承国。1992 年 4 月 16 日，俄罗斯第 6 次人代会决定将国名改为俄罗斯，恢复了历史上的名称。1993 年 12 月 12 日，经过全民投票通过了俄罗斯独立后的第一部宪法，规定国家名称为"俄罗斯联邦"，和"俄罗斯"意义相同。

边陲之地：乌克兰

乌克兰（Ukraine）位于欧洲东部，黑海、亚速海北岸，地处欧洲地缘政治的中心地带，东部和东北部与俄罗斯接壤，西连波兰、斯洛伐克、匈牙利，南同罗马尼亚、摩尔多瓦为邻，北与白俄罗斯毗邻，南隔黑海与土耳其相望，面积 60.37 万平方公里，首都基辅（Kyiv）。作为东欧多民族国家的典型，乌克兰共有 110 多个民族，其中乌克兰族约占

圣索菲亚大教堂　位于基辅的中心地带，是基辅市内的地标性建筑之一，1990 年被列入世界遗产目录。

总人口 4240 万（2019 年，不含克里米亚地区）的 72%，俄罗斯族约占 22%，其他为白俄罗斯、犹太、鞑靼、摩尔多瓦、波兰、匈牙利、罗马尼亚、希腊、德意志、保加利亚等民族。大部分乌克兰人信仰东正教和天主教，另外有基督教新教、伊斯兰教和犹太教。官方语言为乌克兰语，俄语广泛使用。

乌克兰是东斯拉夫人的文化摇篮和发祥地之一。公元 4—7 世纪，在第聂伯河中游一带就居住着当时被称为安迪人的斯拉夫人部落联盟。9 世纪末，诺夫哥罗德王公奥列格依靠军事力量建立了以基辅为中心的古罗斯国家——基辅罗斯。因而，首都基辅不仅是俄罗斯国家的第一个中心，而且是"俄罗斯城市之母"。 10 世纪前后，基辅罗斯达到鼎盛时期，成为当时欧洲最大的国家。12—13 世纪，基辅罗斯由盛转衰，形成了若干个罗斯公国，其中加利西亚公国和沃伦公国占有重要地位。乌克兰民族就是在基辅公国、佩利亚斯拉夫公国、切尔尼戈夫北方公国、沃伦公国及加利西亚公国的领土上形成的。

身穿乌克兰民族传统服饰的舞者。

"乌克兰"一词最早见于1187年的古罗斯文献《罗斯史记》，意思是"边区"，是指与波兰接壤的加利西亚、沃伦等西南罗斯的一些地区。13世纪，蒙古人横扫东欧，乌克兰大部分地区处于金帐汗国的统治下，唯有西南部地区的加利西亚和沃伦是个例外。这两个依然保持着独立的公国被称为"乌克兰"，就是"边陲之地"的意思。后来，"乌克兰"所指的范围逐渐扩及现今乌克兰的大部分地区，并演变成民族和语言的概念，即乌克兰人和乌克兰语。由于莫斯科公国及后来的俄罗斯国家忌讳或压制使用"乌克兰"名称，所以又将乌克兰称为"小罗斯"或"小俄罗斯"。根据"罗斯"的译音，乌克兰和乌克兰人也曾被称为"鲁辛"和"鲁辛人"。[1]

从15世纪末开始，乌克兰处于近邻波兰的强大统治之下。为了抵抗波兰的侵占，1654年乌克兰做出与俄国统一的决定。从那时起到1917年俄国十月革命前的263年间，乌克兰一直受沙皇俄国统治，因而其政治、经济和社会的发展与俄国基本同步。1917年12月，乌克兰苏维埃社会主义共和国成立。1922年12月乌克兰与俄罗斯、白俄罗斯和外高加索联邦等共同加入苏维埃社会主义共和国联盟。1990年7月，乌克兰最高苏维埃通过《乌克兰国家主权宣言》，宣称乌克兰宪法高于联盟法律，并有权建立自己的武装部队。1991年8月24日，乌克兰宣布脱离苏联独立，同时将国名改称乌克兰。2014年3月，因克里米亚入俄问题，乌俄两国关系恶化，乌宣布启动退出独联体程序。

---

① 马贵友主编《乌克兰》，社会科学文献出版社2003年版，第20页。

在地缘政治上，乌克兰地理位置十分重要，位于欧盟与独联体特别是与俄罗斯之间的交叉点上，目前正向西方世界靠拢。

杂色多彩之岛：英国

英国是大不列颠及北爱尔兰联合王国（The United Kingdom of Great Britain and Northern Ireland）的简称，位于欧洲西部，由大不列颠岛及其附属岛屿和北爱尔兰岛（爱尔兰岛东北部的一块地方）组成，西临大西洋，向北穿越大洋可以到达冰岛与北美，东面隔北海、南面隔英吉利海峡（法国人称拉芒什海峡）和多佛尔海峡（法国人称加莱海峡）同欧洲大陆相望，面积24.41万平方公里，首都伦敦（London）。

在全国6605万人（2017年）中，英格兰人占80%以上，其他有苏格兰人、威尔士人、爱尔兰人，以及印度人、巴基斯坦人、美国人、澳

英国议会大厦　又称威斯敏斯特宫，位于伦敦市中心区泰晤士河畔，19世纪中期重建，是英国最主要的哥特式建筑。

埃夫伯里巨石阵　位于英格兰南部索尔兹伯里平原上，据考证是新石器时代的文化遗存，建造的目的至今不详。

大利亚人、中国人、越南人等。英语是官方语言，也是世界上许多国家的通用语言。威尔士北部使用威尔士语，苏格兰西北高地及北爱尔兰通用盖尔语。大多数居民信奉基督教新教，主要分英格兰教会（英国国教圣公会）和苏格兰教会（长老会）。另有天主教、印度教、犹太教、锡克教、佛教及伊斯兰教等较大的宗教社团。

大不列颠岛包括三个部分，即南部和中部的英格兰、北部的苏格兰以及西部的威尔士。远古时代，它属于欧洲大陆的一部分。由于地壳的一次轻微变动，大西洋海水便涌进了北海和波罗的海；再一次的大地震，又劈开了多佛尔和格列斯维纳茨之间的峭壁。由于大西洋潮水的涨落和冲刷，英法之间便形成了多佛尔海峡和英吉利海峡，而大不列颠就成为一个与欧洲大陆若即若离的岛屿。① 今天，从英国的多佛到法国的加莱，

----

① 　[英] 温斯顿·丘吉尔著，薛力敏、林林译《英语国家史略》上册，新华出版社1985年版，第20页。

即东南面距离法国的最近距离不到 30 公里。

长期的岛屿环境造就了这个海洋民族。虽然浩瀚的海洋作为一道天然的屏障，把大不列颠与欧洲大陆自然地隔开了，但它又是一条便捷的海上通道，一批又一批冒险者循此而来，络绎不绝。早在 3500 年前，大不列颠岛上就有人居住，最早的居民为石器时代的地中海人。公元前 1700 年，强悍的比克人从荷兰和莱茵地区迁移而来，他们带来了青铜制造技术，并与土著人共同创造了著名的"巨石文化"。公元前 800 年左右，凯尔特人处于青铜与铁器并存时期，他们从法国和德国渡过海峡，直奔不列颠而来。

公元 1—5 世纪，大不列颠岛东南部受罗马帝国统治。5 世纪中期，日耳曼人从北欧渡海进入大不列颠岛，其中主要是盎格鲁人（Angles）、撒克森人（Saxons）和朱特人（Jutes）三大部落，统称为盎格鲁—撒克森人（Anglo-Saxons），他们是英格兰人的祖先。[①] 今天，英国人仍以其"盎格鲁—撒克森血统""盎格鲁—撒克森传统"而感到自豪。但历史学家遗憾地指出，盎格鲁人只是古代以色列王国一个失散部落的支族，而撒克森人虽然强悍、勇猛，但在数百年时间中一直默默无闻地从事着农业生产。随着日耳曼人的入侵，不列颠土著居民凯尔特人一部分逃进了西部和北部山区，另一部分则逃往爱尔兰，成为威尔士人、苏格兰人和爱尔兰人的祖先。

7 世纪初，大不列颠岛逐渐形成了三个盎格鲁人王国（东盎格利亚、诺森伯利亚、麦西亚）、三个撒克森人王国（埃撒克斯、威撒克斯、苏撒克斯）和一个朱特人王国（肯特）七国并立的局面。789—1066 年，英国历史进入日耳曼人北支丹麦人入侵时期，入侵者是著名的北欧海盗

---

① 盎格鲁人原住在今丹麦南部施列斯威格（Schlesivig）地区，后来他们的名字成为英格兰人的通称。撒克森人原住在威悉河和易北河沿岸，从汉堡到摩拉维亚、从下莱茵河到波罗的海一带。英国"历史学之父"比德（673—735）认为朱特人原住在盎格鲁人的北边，现代史学家则认为他们不是来自丹麦北部的日德兰（Jutland），而是来自下莱茵的弗里西亚（Frisia）。

（维京人），又称诺曼。829年，威撒克斯王爱格伯特兼并六国，自称"全英格兰国王"，第一次建立了统一的英吉利王国。

从地理角度看，英国直到15世纪末还是一个遥远偏僻的岛国；从政治角度看，直到1649年以前它始终是欧洲的一个二等小国。而在历史上，英国国名经历了多次的演变。5世纪以前是因地得名，称为"不列颠"（Britannia或Brittannia）。日耳曼人侵入以后，一部分不列颠人（凯尔特人）移居法国西北部，"布列塔尼"（Brittany）或"小不列颠"（Little Britain）由此得名。为了与布列塔尼区分开来，英国所在的不列颠岛则有了"大不列颠"这个名称。关于不列颠的含义，一般有两种说法：其一，凯尔特语中的"不列颠"一词含有"杂色多彩"之意，源于古代部族喜爱在自己身体上涂抹各种颜色；其二，希腊人和罗马人将"不列颠"称为阿尔比恩（Albion），是"白色"的意思，得名于大不列颠岛东南沿海的白色岩石，这个词在古诗中常成为英国的代称。

由于大不列颠岛本身包括英格兰、苏格兰、威尔士三个部分，人们习惯中又将英国称为"英伦三岛"。其实，加上北爱尔兰，英国主要由四个部分组成。其中，由于英格兰的面积最大，它也是英国的主体，因而又成为这个国家的代称。起初，"英格兰"（England）被叫作"英格拉兰"（Englaland），是修道士彼得将英格拉（Engla，盎格鲁人）和兰（land）合并而成的地名，意为"盎格鲁人的土地"。今天，英国的民族成分并不单一，组成这个王国的各主体民族都有遵循自己传统的习惯，所以，在同英国人打交道时就要入乡随俗，而不可想当然。例如，当你遇到一个苏格兰人或威尔士人，而你又没办法区分时，最简单的办法就是直接称他为"不列颠人"。但是，你最好不要笼统地说他是"英国人"。因为"英国人"本身意味着"英格兰人"，那他当然是不愿意接受这个称呼的。每当发生这样误会的时候，他会认真地矫正你的说法，称他是一个"苏格兰人"（Scotchman）或"威尔士人"（Welshman），

约翰牛　英国的绰号，原是 18 世纪作家约翰·阿布什诺特在《约翰·布尔的历史》中创造的形象。由于"布尔"在英文中是"牛"的意思，故译为"约翰牛"。

而不是一个"英国人"（Englishman）。

17 世纪中期内战爆发后，英国建立了历史上第一个也是唯一一个共和国，即英吉利共和国（1649—1660）。随着 1660 年斯图亚特王朝复辟，英国又回归了英吉利王国。1707 年苏格兰正式并入其中，英国改称"大不列颠王国"。一个世纪后即 1801 年，又与爱尔兰合并，再改称"大不列颠及爱尔兰联合王国"。今天，它的正式国名叫做"大不列颠及北爱尔兰联合王国"（英文缩写为 UK），简称为"英国"或"联合王国"。

事实上，"大英帝国""不列颠帝国"，还有"约翰牛"（John Bull），都被用以指代英国。据说有一位叫作约翰·阿布什诺特（John Arbuthnot，1667—1735）的苏格兰作家，18 世纪初出版了一本《约翰·布尔的历史》的小册子，他在其中把约翰·布尔刻画成一个性情粗暴、举止笨拙而又盛气凌人的绅士形象，借以讽刺当时推行战争政策的英国辉格党人。由于"布尔"在英文中是"牛"的意思，故又译为"约翰牛"。不久，又有一位漫画家对约翰牛进行了再加工，竟然将这个绅士塑造成一个头戴小礼帽、身穿骑马服、足蹬长筒靴的矮胖子形象。随着外在形象的变化，约翰牛也越来越为人们所熟悉，越来越为人们所喜爱。久而久之，这个滑稽可笑的绅士就成了英国人或英国的代名词。

人民的国家：德国

德国是德意志联邦共和国（The Federal Republic of Germany）的简称，在人文地理上属于西欧地区，自然地理上却位于欧洲的核心地带，是连接东欧与西欧之间、斯堪的纳维亚与地中海之间的交通枢纽，因而素有"中央之国"之称。它北面与丹麦接壤，南部以阿尔卑斯山为界，与奥地利、瑞士为邻；东部的奥得河则是它与波兰之间的分界，而厄尔士山脉把它与捷克分开；西部隔莱茵河与法国相望，还有荷兰、比利时、卢森堡等邻国。根据 2017 年统计资料，德国拥有 8269.5 万人，以德意志人为主，少数民族有丹麦人、吉卜赛人和索布族人等。居民约 30% 信奉天主教，30% 信奉基督教新教。

德意志民族起源于古代日耳曼族[①]。大约 3000 年前，日耳曼人遍布于北欧的斯堪的纳维亚半岛南部、日德兰半岛、波罗的海海滨和沿海岛屿，以及北德的威悉河和奥得河之间的平原上。公元前 600 年前后，他们开始向南迁移，西达莱茵河下游，东至维斯杜拉河，占据了喀尔巴阡山脉和波希米亚山脉以北的广大平原地区。公元前后，他们在继续南下过程中接触到了罗马帝国文明。从公元 4 世纪起，由于受到来自东方的匈奴人西迁的压力，日耳曼人拉开了声势浩大的民族大迁徙的序幕。在逐渐向文明社会过渡中，他们在西欧地区陆续建立了如法兰克、东哥特、西哥特、汪达尔、盎格鲁、撒克森、勃艮第等基督教国家。

"德意志"（Deutsche）一词最初仅指法兰克东部地区使用的日耳曼语族方言（德语），后来用以指代讲这种语言的人（德国人），最

---

① 公元前4世纪，希腊旅行家皮提亚斯的游记是关于日耳曼人的最早记载文献，其中提到了居住在琥珀海岸的条顿人。而对日耳曼社会生活状况记述得较为详细的，则是古罗马将军恺撒的《高卢战记》和历史学家塔西佗的《日耳曼尼亚志》。

科隆大教堂 全名叫作"查格特·彼得·玛丽亚大教堂"，坐落于科隆市中心。始建于1248年，直到1880年建成，历时600多年。高160米，为哥特式建筑世界之最。它与巴黎圣母院和罗马圣彼得大教堂并称为欧洲三大宗教建筑。

后用来指代他们所居住的地区（德国Deutschland）。这个词最早出现于8世纪，和荷兰人的自称Dutch同源，来自古德语diot，意为"人民"，指"人民的国家"。法文称其为Allemagne，其实是用日耳曼人的一个部落来指代整个民族。在英文中，Germany（日耳曼）是对Germania（日耳曼尼亚）一词的音译，后者即指现今德国部分，这一地区在中世纪时讲"高地日耳曼语"，泛指查理曼帝国瓦解后东法兰克地区的人民所操的语言。虽然几乎北欧和西欧的诸国人都属于日耳曼族，但事实上，"日耳曼"一词似乎专门用以指代德意志：German 特指德语和德国人，Germany 特指德国。德国人从11世纪起自称为"条顿人"，原因在于条顿人被现代德国人视为本民族的祖先。条顿人属于古代日耳曼人的一支，公元前4世纪分布在易北河下游的沿海地带。公元前2世纪与另一支日耳曼人（森布里人）组成部落联盟，越过阿尔卑斯山脉侵入罗马帝国境内。这是日耳曼人登上历史舞台的标志。现在，人们常以条顿人代称日耳曼人及其后裔。今天，德意志民族被统称为日耳曼人，他们由法兰克人、条顿人、撒克森人、施瓦本人、巴伐利亚人等许多不同的日耳曼部族组成。

历史上，德意志曾经历了若干不同阶段，如法兰克王国、神圣罗马帝国（第一帝国）、德意志邦联、德意志帝国（第二帝国）、魏玛共和国、纳粹德国（第三帝国）、东德与西德、德意志联邦共和国。

800年，法兰克国王查理在罗马由教皇举行加冕仪式，称为"罗马人的皇帝"。从此，查理大帝就成为西罗马帝国的继承者和基督教会的保护者。法兰克王国是现代德意志、意大利和法兰西三国的先导。843年《凡尔登条约》订立，莱茵河以东地区划归路易，称东法兰克王国，形成了后来的德意志第一帝国；高卢、些耳德河和默兹河以西的地区划归查理，称西法兰克王国，形成了后来的法兰西王国。当时，西法兰克和东法兰克的界限，大约与罗曼语族和日耳曼语族之间的界限相当。

起初，德国的地方势力强大，主要有撒克森、施瓦本、巴伐利亚和法兰克尼亚四个公国及其他诸多封建领地，后又合并了洛林公国。911年，查理大帝建立起来的加罗林王统在东法兰克告终，法兰克尼亚公爵康拉德一世通过选举成为德意志国王，这是独立的德意志历史的起点。其后，撒克森公爵亨利一世出任新国王，开创了德意志历史上第一个王朝（撒克森王朝）。936年，奥托一世在法兰克故都阿亨加冕称王，并于962年在罗马圣彼得大教堂由教皇加冕称帝，德意志王国改称为"德意志民族的神圣罗马帝国"。直到中世纪末叶，几乎每一位德王一上任

勃兰登堡门　1753年普鲁士国王威廉一世定都柏林，下令修筑共有14道城门的柏林城，并以国王家族发祥地勃兰登命名。1961年此门成为东西柏林分界点，东西德国合并后再次成为统一的象征。

都要到罗马，他们往往以武力形式强迫教皇施行加冕礼。从奥托二世开始，德意志国王沿用"罗马人的皇帝"称号。1034 年，康拉德二世正式使用"罗马帝国"名称。1157 年，腓特烈一世又加上了"神圣"二字。但是直到 1250 年，"神圣罗马帝国"（962—1806）这个名称才确定下来。

神圣罗马帝国是继查理曼帝国瓦解后在西方出现的又一个所谓的"罗马帝国"。它很大，曾经囊括了现今的德国、奥地利、瑞士、荷兰、卢森堡、捷克、匈牙利、意大利北部及西西里岛、波兰西北部等欧洲十多个国家和地区。它也很特别，竟然没有首都、没有政府机关、没有统治中心，甚至它的法定语言是拉丁语，而不是德语！它还很可悲，在长达八个半世纪中，境内的民族、国土和国家经常处于分离之中，至多是一个政治上松散的多民族的集合体，而从未能形成名副其实的中央集权的统一民族国家。所以，法国启蒙思想家伏尔泰曾讥讽它"既非神圣，又非罗马，更非帝国"。

16 世纪宗教改革和 17 世纪"三十年战争"（1618—1648）以后，徒有虚名的神圣罗马帝国的分裂倾向进一步加剧。拿破仑战争时期，帝国"寿终正寝"，中欧地区形成了由 38 个邦国构成的德意志邦联（Deutscher Bund），包括 1 个帝国（奥地利）、8 个王国以及 3 个大公国、11 个公国、11 个亲王领地和 4 个帝国自由市（吕贝克、美因河畔法兰克福、不莱梅、汉堡）。显然，这是一个缺乏统一权力的松散的"独立国家联合体"。19 世纪中叶，普鲁士王国在德意志统一运动中起了主导作用。俾斯麦首相纵横捭阖，以"铁血"政策，经过三次王朝战争，打败了丹麦等欧洲强敌，迫使奥地利退出德意志邦联，在法国的凡尔赛宫镜廊宣布中央集权的德意志帝国（1871—1918）成立。

第一次世界大战爆发后，以普鲁士为核心的德意志帝国因战败而瓦解，随后魏玛共和国（1918—1933）宣告成立。20 世纪 30 年代希特勒上台，建立起德国国家社会主义工人党（纳粹）政权，希特勒称之为"第三帝国"（1933—1945）。1945 年纳粹德国败降后，美国、英国、法国及苏联根据波茨坦协定分区占领德国。不久，美、英、法三国占领区合并，正式成立德意志联邦共和国，定都柏林（Berlin）；在苏联占领区内，德意志民主共和国成立，定都波恩（Bonn）。西德和东德之间的大致分界线是易北河。1990年10月3日，两个德国正式宣布合并，统一后的德国采用西德的国名、国徽、国旗，实现了德意志民族统一。1991年6月德国联邦议院决定，柏林为德国统一后的首都和中央政府所在地。

丹人居住的地方：丹麦

丹麦是丹麦王国（The Kingdom of Denmark）的简称，位于欧洲北部波罗的海至北海的出口处，南同德国接壤，西濒北海，北与挪威、瑞典隔海相望，是西欧、北欧陆上交通的枢纽，有"西北欧桥梁"之称。丹麦由日德兰半岛大部及西兰、菲英、洛兰、法尔斯特和博恩霍尔姆等483个岛屿组成，领土面积为43096平方公里（不包括格陵兰和法罗群岛）。丹麦的首都哥本哈根（Copenhagen）是北欧最大的城市，原意为"商人港口"，位于根朗厄里尼港入口处的美人鱼铜像（Little Mermaid）是它的标志。根据2018年统计资料，丹麦人口已经达到578万，其中丹人后裔（丹麦人）约占91.2%，外国移民约占8.8%。官方语言为丹麦语，但是英语也相当普遍。77%的居民信奉新教路德宗，0.6%的居民信奉罗马天主教。

作为北欧五国中最小、最

丹麦民族服饰。

119

南边的国家，丹麦是连接欧洲大陆与斯堪的纳维亚半岛的桥梁。丹麦国名源于部族名，丹麦人祖先丹人（哥德人）很早就居住在日德兰半岛东面的群岛上和瑞典南部地区。丹人名称源于古高德语 Tenar，意为"沙滩"或"森林"，"丹麦"即由"丹人"（Denes）和"马尔克"（Mark）两个词组合而成，意即"丹人居住的地方"或"丹人的领土"。

中世纪时期，丹麦和斯堪的纳维亚地区的其他国家有着共同的文化。5 世纪中叶，丹人占据了日耳曼民族的一支朱特人丢下的日德兰半岛，建立了一个疆土从日德兰半岛一直到瑞典南部的王国。日德兰（Jutland）之名就来自朱特人（Jutes），意思是"朱特人之国"。8 世纪末至 11 世纪，丹麦人曾渡海征服挪威和英格兰，成为欧洲强大的海盗帝国。由于他们经常洗劫西欧沿海地区，因而在历史上留下了"北欧海盗"（维京人）的恶名。985 年前后，丹麦形成统一王国。14 世纪走向强盛，并于 1397 年结成了以丹麦女王玛格丽特一世为盟主的卡尔马联盟，疆土包括现丹麦、挪威、瑞典、冰岛以及芬兰的一部分。15 世纪末，丹麦开始衰落。1523 年瑞典脱离联盟而独立。1814 年丹麦与瑞典交战失败，被迫将挪威割让给瑞典。1944 年冰岛脱离丹麦独立。至今，丹麦还保留着对格陵兰岛和法罗群岛的主权。在两次世界大战中，丹麦均宣布中立。1940 年 4 月，丹麦被纳粹德国占领，1945 年 5 月 5 日获得解放。

丹麦虽然是一个北欧小国，但它以众多优秀文化影响世界。丹麦国旗是世界上最为古老、历史最为悠久的国旗，自 1219 年起沿用至今。19 世纪丹麦童话作家安徒生（1805—1875）创作了大量脍炙人口的童话作品，不仅

美人鱼铜像　位于哥本哈根市中心东北部的长堤公园，始建于 1913 年，是丹麦的象征。

在艰难的岁月里唤起了丹麦人团结奋进的民族情感，而且大大地丰富了人类的知识宝库。1913年，丹麦雕刻家爱德华·艾瑞克森（Edvard Eriksen）根据"世界童话大王"安徒生的《海的女儿》，铸塑了一座美人鱼铜像。美人鱼铜像安放在哥本哈根的长堤公园（Langelinie）内，已成为丹麦民族精神的象征。今天，丹麦作为高度发达的工业化国家，拥有完善的社会福利制度，贫富差距极小，国民享受着高品质的社会生活。

东欧平原：波兰

波兰是波兰共和国（The Republic of Poland）的简称，位于中欧东北部，东与白俄罗斯和乌克兰相连，南接捷克、斯洛伐克，西与德国为邻，北靠波罗的海，与俄罗斯、立陶宛接壤，面积312679平方公里，首都华沙（Warsaw）。这是一个民族相对单一的国家。根据2018年统计资料，波兰族约占人口总数（3842万）的97.1%，其余为乌克兰人、白俄罗斯人、立陶宛人、俄罗斯人、德意志人和犹太人等。波兰语为官方语言。约有87%的居民信奉罗马天主教。

远古时期，波兰人祖先莱赫人居住在现今波兰西部的维斯瓦河流域和奥得河流域。而在东部地区，古波兰族与东斯拉夫人、罗斯人毗邻。然而，有名望的波兰历史学家说，隐藏于诺亚方舟中的英雄是他们的祖先，这可以说是波兰最早的英雄。可惜，这种说法没有可靠的根据。

波兰国名起源于民族名，意思是"波兰人居住的地方"，而"波兰"一词在斯拉夫语中意为"平原"。波兰人是西斯拉夫人的一支。波兰国家起源于西斯拉夫人中的波兰、维斯瓦、西里西亚、东波美拉尼亚、马佐维亚等部落的联盟，9世纪中叶形成了两个联合中心：小波兰的维斯拉人公国和大波兰的波兰人公国。10世纪中叶，以格涅兹诺为中心的

波兰部落结束了各公国之间的混战，建立起早期国家，皮亚斯特王朝的大公梅什科一世（约960—992在位）就是第一代统治者。966年，波兰人通过捷克人接受了西方基督教，因而长期以来在宗教上受到罗马教廷的管辖。梅什科一世的长子，"勇敢者"博莱斯瓦夫一世（992—1025在位）统治时期，曾三次击退神圣罗马帝国的进攻，完成了波兰的统一。

中世纪时期，德国封建主加紧对拉巴河和波罗的海沿岸斯拉夫人的侵略。1157年，"狗熊"阿尔布列希特占领波兰边境上的战略要地布兰尼堡，神圣罗马帝国皇帝"红胡子"腓特烈一世也同时进攻波兰。后在12世纪六七十年代，德国封建主完全占领拉巴河和波罗的海沿岸的斯拉夫人土地，在那里建立了勃兰登堡侯国，形成后来普鲁士王国的基础。14世纪初，布列斯特库雅维亚公爵弗拉迪斯拉夫·罗凯提克统一大小波兰，并于1320年加冕称王，这标志着波兰封建割据时期的终结。

然而非常不幸的是，波兰是一个久受忧患的民族，长期处于极为不利的国际环境中，多次遭到周边强国的侵略瓜分。"日耳曼人憎恨他们，尽管波兰人信奉罗马天主教，但他们是斯拉夫民族；俄罗斯人瞧不起他们，虽然同为斯拉夫民族，但俄罗斯人信奉希腊正教。"① 为抵抗条顿骑士团的侵略，1385年波兰王国和立陶宛大公国实行了王朝联合，立陶宛大公瓦迪斯瓦夫二世·亚盖洛为波兰国王。1410年，波兰一立陶宛联军在格伦瓦尔德战役中，给了条顿骑士团以毁灭性打击。联合王国一度国力强盛，成为中欧地区强国。1569年，波兰和立陶宛根据《卢布林条约》实现合并，成立统一的波兰立陶宛王国，以共同对付来自俄罗斯的威胁。但是，沙皇俄国为了夺取波罗的海出海口，多次用兵波罗

---

① ［美］亨德里克·威廉·房龙著，何兆武等译《人类的家园》，西苑出版社2009年版，第132页。

华沙起义纪念碑　1944 年 8 月 1 日，波兰人民在华沙举行起义，反对法西斯德国的统治。在 63 天的血战中，100 万华沙居民有 1/5 惨遭杀戮，近 18000 名起义战士壮烈牺牲。

的海地区，波兰自然成为沙俄同其他欧洲强国角逐的战场。北方战争初期，波兰被迫追随俄国参战。1655 年波兰－瑞典战争爆发，波兰丢失部分领土。1733—1735 年，俄、奥与法、西、撒丁为争夺波兰而混战，波兰主权和国家经济遭到了严重破坏。

1772 年，沙皇俄国、普鲁士、奥地利三国签署第一次瓜分波兰的条约，不仅夺取了波兰约 35% 的领土和 33% 的人口，而且将波兰置于保护国地位。1793 年，俄国与普鲁士签订第二次瓜分协定，波兰成为仅剩 20 万平方公里领土、400 万人口的小国。此时，波兰已成为沙俄的傀儡国，波兰国王未经沙皇许可，不得与外国宣战与媾和。1795 年，俄国、奥地利、普鲁士又签订第三次瓜分协定，波兰领土被全部瓜分，波兰亡国，从欧洲地图上消失了 123 年之久。在三次瓜分过程中，沙俄夺取了波兰领土的 62%，共约 46 万平方公里；普鲁士窃取波兰领土的 20%，共约 14.11 万平方公里；奥地利攫取波兰领土的 18%，共约 12.18 万平方公里。

19 世纪，波兰人民多次举行武装起义。第一次世界大战结束后，苏俄政府颁布法令，宣布废除沙俄与普鲁士、奥地利签订的关于瓜分波兰的一切条约，承认波兰人民享有"独立和统一的不可否认的权利"。1918 年 11 月，波兰恢复独立，成立了资产阶级共和国。在第二次世界大战中，法西斯德国军队长驱直入，波兰再次沦陷。1944 年 7 月 22 日，在苏联红军的帮助下，波兰民族解放委员会颁布《七月宣言》，宣告波兰新国家的诞生。

战后四十多年，波兰由波兰统一工人党（共产党）执政。1980 年，反政府组织——团结工会组织全国大罢工，波兰政府宣布团结工会为非法组织，同时实行战时状态（1981 年 12 月—1983 年 7 月）。1989 年 4 月，波兰议会通过了团结工会合法化和实行议会民主等决议。同年 12 月 29 日，议会通过宪法修正案，将波兰人民共和国改名为波兰共和国。

西斯拉夫人之国：捷克和斯洛伐克

捷克是捷克共和国（The Czech Republic）的简称，位于欧洲中部，东邻斯洛伐克，西接德国，南靠奥地利，北毗波兰，面积 78866 平方公里，首都布拉格（Prague）。全国共有 1064 万人（2018 年），其中 90% 以上为捷克族，斯洛伐克族占 2.9%，德意志族占 1%，此外有少量的波兰族和罗姆族（吉卜赛人）。捷克语为官方语言。天主教为主要宗教。

捷克是个标准的内陆国，境内河川或支流都由内向外流入邻国。伏尔塔瓦河发源于德捷边境，流经布拉格市区，最后汇入莱伯河，而进入德国后称易北河。摩拉瓦河流经摩拉维亚后注入多瑙河。奥得河发源于捷克境内，很快流入波兰，最后注入波罗的海。

捷克原属捷克和斯洛伐克联邦共和国，它包括历史上的波希米亚

布拉格城堡　位于伏尔塔瓦河西岸，由圣维特教堂和大小宫殿组成。城堡始建于9世纪，最初为波希米亚皇室宫邸，此后不断扩建。这里有罗马式、哥特式、巴洛克式、文艺复兴式等各个历史时代风格的建筑，堪称艺术博物馆。

（Bohemia）、摩拉维亚（Moravia）和西里西亚（Silesia）[1]几个地区。"捷克"意为"起始者"，也有人认为来自捷克语ceta，意为"人群""军队"，还有人认为源于部落首领"切赫"之名。捷克人原称"波希米亚人"，古代称其为"波海姆"，意为"波伊人的国家"，在拉丁语中称为"波希米亚"。从种族角度看，捷克人祖先为西斯拉夫人，居住在易北河上游一带，5—6世纪西迁到今天的捷克和斯洛伐克地区。6世纪末7世纪初，多瑙河中游的阿瓦尔人不断入侵，捷克人各部落走向联合，形成了以萨莫（Samo，斯拉夫语"独立自主"之意）大公为首的部落联盟，史称"萨莫公国"（623—658）。

830年，莫伊米尔一世建立大摩拉维亚帝国（830—906），统治着

① 西里西亚位于奥得河中上游流域，并向东南延续至维斯瓦河上游，西南部和南部与苏台德山和西喀尔巴阡山毗连。现大部分在波兰南部和西南部，小部分在德国东部和捷克东北部。历史上分为三部分：东南部称上西里西亚，西北部称下西里西亚，南部称奥地利西里西亚。

同属斯拉夫人的波希米亚和斯洛伐克两族。大摩拉维亚帝国得名于摩拉瓦河，9世纪中叶势力达到顶峰，范围包括摩拉维亚、波希米亚、斯洛伐克、波兰南部和匈牙利西部。906年，该帝国随着匈牙利人即亚洲游牧民族马扎尔人（Magyars）的入侵而解体。早在895年，波希米亚各部落就从大摩拉维亚帝国分离出来，成立了以波希米亚为中心的捷克国家，10世纪上半叶发展成独立的捷克公国，12世纪改称捷克王国。1086年，神圣罗马帝国皇帝亨利四世授予捷克王公弗拉迪斯拉夫二世以波希米亚国王称号，此后捷克人长期依附神圣罗马帝国，并通过日耳曼人（德意志人）接受基督教和中西欧文化的熏陶，而斯洛伐克地区一直接受匈牙利统治和影响。

1140年，维拉德斯拉夫二世正式受神圣罗马帝国册封为波希米亚国王。14世纪普热美斯王朝衰亡，1355年卢森堡王朝查理四世成为神圣罗马帝国皇帝，他将布拉格定为主教辖区，并建立中欧第一所大学——布拉格大学。15世纪初，捷克地区爆发了胡斯宗教改革和以胡斯为旗

斯洛伐克国家剧院　始建于1886年，是斯洛伐克举行各种大型文艺演出的地方。

号的反对罗马教廷、德意志贵族与封建统治的民族解放运动。1620年，捷克归为哈布斯堡王朝统治。

斯洛伐克是斯洛伐克共和国（The Slovak Republic）的简称，1992年底从捷克和斯洛伐克联邦分离出来。它位于欧洲中部的内陆地带，西接捷克，西南毗奥地利，南连匈牙利，东依乌克兰，北邻波兰，面积为4.9万平方公里，首都是布拉迪斯拉发（Bratislava）。全国共有542.6万人（2015年），其中斯洛伐克族占85.8%，此外有匈牙利人、吉卜赛人、捷克人、乌克兰人、波兰人、日耳曼人、俄罗斯人。斯洛伐克语为官方语言，68.9%的居民信奉罗马天主教，6.9%信奉斯洛伐克福音教，少数信奉东正教。

斯洛伐克人与捷克人族源相近，都是西斯拉夫人的后代。关于"斯洛伐克"的含义有两种说法，一是"光荣"，二是"奴隶"。后一种说法认为，"斯洛伐克"一名源于斯拉夫人，意为"斯拉夫之地"。公元1世纪，日耳曼人开始接触罗马文明，最初是自己充当罗马人的雇佣兵和仆役，继而将大批俘获的斯拉夫人出售给罗马人做奴隶。久而久之，"斯拉夫"这个名称便成为"奴隶"（slave）的代名词。

5—6世纪，大批斯拉夫人迁至今天的捷克和斯洛伐克地区，7世纪建立了斯拉夫人第一个国家萨莫王国。萨莫王国灭亡之后，斯洛伐克公国建立起来。9世纪时，斯洛伐克境内建立了普里宾公国，后来与波希米亚、摩拉维亚组成大摩拉维亚帝国。906年帝国灭亡后，斯洛伐克逐步变为多民族的匈牙利国的一部分。1562年哈布斯堡王朝将捷克、匈牙利和奥地利联合起来，形成一个多民族的奥匈帝国，斯洛伐克不得不接受匈牙利化政策。随着第一次世界大战结束和奥匈帝国解体，1918年10月，波希米亚、摩拉维亚和斯洛伐克三个地区共组捷克斯洛伐克共和国。1939年3月德国法西斯占领捷克斯洛伐克后，采取分化瓦解的政策，将捷克与苏台德地区、波希米亚、摩拉维亚合并，另将斯洛伐克分出，形成匈牙利管辖下傀儡的"斯洛伐克国"（1939—1945）。

1945 年 4 月，捷克人和斯洛伐克人组成民族阵线政府，随后恢复了捷克斯洛伐克共和国。1960 年 7 月公布新宪法，改国名为捷克斯洛伐克社会主义共和国。1968 年杜布切克任总书记后推行民主改革（布拉格之春），经华沙组织军事干预，改革运动即告流产。第二年，捷克和斯洛伐克两个民族共和国组成联邦制共和国。1989 年底东欧改革之风导致捷共下野，捷克斯洛伐克实行多党议会民主和多元化政治体制，由知识分子组成的"公民论坛"（捷克）和"公众反暴力"（斯洛伐克）联合执政。1990 年 4 月，改国名为捷克和斯洛伐克联邦共和国。1993 年 1 月 1 日联邦解体，捷克共和国和斯洛伐克共和国各自正式成为独立的主权国家，史称"天鹅绒分离"。

东方王国：奥地利

奥地利是奥地利共和国（The Republic of Austria）的简称，位于中欧南部，东部与匈牙利和斯洛伐克为邻，西部与瑞士和列支敦士登接壤，南部连着意大利和斯洛文尼亚，北部则与德国、捷克交接。奥地利从南到北最宽之处只有 275 公里，东西相距不足 600 公里，总面积 83878 平方公里，略小于我国的江苏省，是个典型的内陆小国。全国共有 882 万人（2018 年），其中 83.7% 以上为奥地利人，还有少数斯洛伐克人、斯洛文尼亚人、克罗地亚人和匈牙利人。德语为官方语言，英语非常普及。居民中 61.4% 信奉天主教。

由于历史原因和特殊的地理位置，奥地利常常被称为东西欧之间、南北欧之间的"门户"或"十字路口"，离巴黎、法兰克福、慕尼黑、汉堡、伦敦、布鲁塞尔、罗马、斯德哥尔摩等欧洲各大城市很近，仅需 1—2 小时航程即可到达。首都维也纳（Wien, Vienna）是一座享誉世界的文化名城，许多重要的国际机构总部，如联合国工业发展组织（UNIDO）、石油输出国组织（OPEC）、国际原子能机构（IAEA）等均设在这里。奥地利被誉为欧洲花园式国家，它的国土形状像一把平放的小提琴，与其"美酒加音乐"的称号相一致。的确，这里产生过大量著名的作曲家，主要有莫扎特、舒伯特、海顿、老约翰·施特劳斯、小约翰·施特劳斯、贝多芬等。

然而，奥地利长期以来一直处于文明的边缘地带，因为它始终是罗马帝国、法兰克王国以及神圣罗马帝国的边疆地区。公元前400年前后，作为凯尔特部落主体的诺里孔人（Noricii）在阿尔卑斯山东侧诺里库姆（今奥地利大部分）建立了诺里孔王国（Noricum Regnum）。公元前15年，该王国被罗马帝国占领。罗马士兵驻扎多瑙河谷，在这里修筑起抵御工事和堡垒，以抵御凯尔特人，其中一个边疆省份叫作"卡农通"，并为这个地区修筑了一个前沿阵地，名为"维因多波纳"。在随后的四百年中，许多对今天有影响的城市和地区，如维也纳、萨尔茨堡、布雷根茨

维也纳史蒂芬大教堂　维也纳标志性建筑。高137米，是世界上仅次于德国科隆大教堂的第二高哥特式教堂，始建于14世纪，地下墓穴中陈列有哈布斯堡家族的华丽棺木。

等雏形开始形成。西罗马帝国不断遭到来自日耳曼人、斯拉夫人和亚洲诸民族与部落的骚扰和侵犯，奥地利也被各个领地的人互相争夺，这里曾经住有鲁吉尔人、黑鲁勒尔人、伦哥巴人、斯拉夫人和阿瓦尔人。

中世纪早期，日耳曼部族的哥特人、巴伐利亚人、阿勒曼尼人入境居住，这一地区逐渐日耳曼化和基督教化。查理大帝征服阿瓦尔人后，增强了东部防御体系，并在多瑙河谷地区建立起东部边区"奥斯塔里奇"（Ostarrichi），因而奥地利在德语中意为"东方王国"。9世纪末，法兰克人将加洛林王朝的统治范围扩大到中南欧地区，在现今的奥地利领土上建立了两个马尔克边区：一是北部多瑙河流域的阿尔瓦（或加洛林）马尔克，包括恩斯河与维也纳森林间的占领区；另一个则是南部的卡兰坦尼亚（或斯洛文尼亚）马尔克，包括多瑙河南端的克恩滕与亚得里亚海岸间的辽阔地带。907年，马尔克边区在马扎尔人（匈牙利人）的进攻下崩溃，法兰克帝国在奥地利的统治就此告终。①

996年，奥地利第一次出现于神圣罗马帝国皇帝奥托三世（983—1002在位）的一份文件中，当时它是巴伐利亚的东部边陲，这一年被视为奥地利人的历史开端。1136年，Austria这个称呼才出现，它由Ostmark（东方边区）转化为拉丁语，再加上地名结尾词 –ia（一之国）和形容词词尾 –ca，便生成了 Austriaca（东方之国的），马克（Mark）则被译为马尔切亚（Marchia）。因此，这个地区的旧拉丁语地名全称是 Marchia Austriaca，意即"东方之国的边区"。随着奥地利地位上升为一个新独立的公国，不再是边区了，去掉 Marchia 后称为 Austria。现今，Österreich 和 Austria 两个词均代表奥地利国名。1156年，神圣罗马帝国皇帝"红胡子"腓特烈一世颁授"小特权书"，使"奥斯塔里奇"成为独立的公爵领地。随后，经巴奔堡家族270多年的统治，奥地利不断发展，成为中欧的权力中心。1278年鲁道夫一世（1273—1291在位）占领奥地利，使其成为哈布斯堡

---

① 参考姚宝著《奥地利简史》，上海外语教育出版社1995年版。

霍夫堡宫　奥地利哈布斯堡皇家宫苑。坐落于首都维也纳的市中心，由奥卡尔皇帝为欧根亲王建造，1713 年落成，皇宫前英雄广场上耸立着欧根骑马铜像。

（Habsburg）家族的领地，统治长达 640 年，直到 1918 年才结束。

　　哈布斯堡家族不仅是奥地利的统治者，从 1452 年至 1806 年，也是神圣罗马帝国的统治者。通过联姻、继承等形式，该家族逐步扩大领地范围，强盛时期甚至包括现今的中欧、西班牙、荷兰、比利时、卢森堡及南意大利等地区。1815 年维也纳会议后，成立了以奥地利为首的德意志邦联，1866 年，奥在普奥战争中战败，邦联解散。1867 年奥地利与匈牙利签约，成为二元制的奥匈帝国的一部分，奥地利国王兼任匈牙利国王。由于奥军在第一次世界大战中战败，奥匈帝国解体，形成了今天的奥地利。1918 年 11 月 12 日，国民会议宣布成立奥地利共和国。从此，奥地利事实上变成欧洲的一个弱小国家。

　　1938 年，奥地利被纳粹德国兼并，第二次世界大战中作为德国的一部分参战。根据波茨坦协议，1945 年奥地利被苏联、美国、英国、法国分成四个占领区。1955 年，四国与奥地利临时政府签署《重建独

立和民主的奥地利国家条约》，宣布尊重其主权和独立，确定奥地利为独立的（第二）共和国。同年 10 月 26 日，奥地利国民议会通过永久中立法，宣布不参加任何军事同盟，不允许在其领土上设立外国军事基地。东欧剧变发生后，奥地利逐渐更多地参与欧洲一体化进程，1995 年加入欧盟。

自由的国度：法国

法国是法兰西共和国（The French Republic）的简称，位于欧洲西部，疆域呈六边形，其中西北、西南和东南三边分别朝向大西洋和地中海，另外三边均为陆地，分别与西班牙、意大利、瑞士、德国、卢森堡、比利时等国接壤。这种得天独厚的地理环境，为造就一个自由与浪漫的法兰西民族提供了重要的物质基础。也许是受"上帝"宠爱的缘故，法国是得到大自然恩赐最多的国家之一，其领土面积有 55 万平方公里（不含海外领地），比意大利大一半以上，比英国大一倍多，而其人口与意大利和英国差不多。在全国 6719 万（2018 年，含海外领地）人口中，以法兰西人为主体，少数民族有布列塔尼人、巴斯克人、科西嘉人等。首都巴黎（Paris），是一个浪漫之都，它的名字与希腊神话中特洛伊王子相同。全国通用法语。居民中有 64% 的人信奉天主教，另有 400 万穆斯林及其他宗教信徒。

法兰西人主要来自法兰克部族。作为日耳曼人的一支，法兰克人最早在古罗马作品中出现。由于他们在文明程度上比较落后，因而被罗马人称为"野蛮人"。还有一种说法认为，"法兰克"原本是铜器时代一种威力无比的标枪，枪长约一米半，枪头为锐利的铁矛，可以洞穿敌人的盔甲或盾牌，临近的部落就称呼使用这种标枪的人为"法兰克人"。据说，日耳曼语中的"法兰克"（Franc）来自拉丁文 Francia，它有两

埃菲尔铁塔　为纪念法国大革命胜利 100 周年，由著名金属结构建筑工程师埃菲尔设计建造而成。它耸立在巴黎市中心的塞纳河畔，是世界上最高的铁塔，高达 320 米。今天，它已成为法国的象征。

个意思，一是"免贡赋的""免税收的"，引申为"自由的"；二是"野蛮的""残忍的"，转意为"勇敢的"。

法兰西民族对自由的追求，可以从他们所喜爱的鸢尾花上体现出来。蓝紫色的鸢尾花是法国国花，看上去那么高贵、典雅、大方，给人一种宁静、和谐、纯洁的美好感觉，充分体现了法兰西民族所具有的光明磊落、乐观向上与勇敢自由的精神。鸢尾花之所以被选为国花，据说与法兰西人的祖先有着密切的关系。当初，在法兰克王国开创者克洛维（481—511 在位）接受基督教洗礼时，"上帝"曾送给他一件特殊的礼物，就是象征着自由、幸福的鸢尾花。在长期的历史演进中，法兰西人始终虔诚地信奉着"自由、平等、博爱"（Liberté, Égalité, Fraternité）的格言。

法国素有西欧文明的核心和世界民族的熔炉之赞誉。在法兰西民族的血管中，至今还流淌着几乎所有欧洲古代民族的血液，如凯尔特人、希腊人、罗马人、日耳曼人、巴斯克人、加泰隆尼亚人、弗拉芒人等。

随着全球化和海外移民的融入，现代法兰西人还包含着斯拉夫民族和东方民族的因子，如波兰人、俄罗斯人、捷克人以及阿拉伯人、越南人、老挝人、柬埔寨人、中国人等。

"高卢"（la Gaulle）是法国的一个代称。法兰西第五共和国创建者夏尔·戴高乐总统的姓名中就有"高卢"二字，意即"高卢的夏尔"（Charles de Gaulle）。古代高卢地域广大，东起莱茵河，西到大西洋沿岸，南到比利牛斯山和阿尔卑斯山，北到北海，将现今的法国、比利时、卢森堡、瑞士、意大利北部，以及莱茵河以西的德国、荷兰的部分土地都囊括其中。由于高卢人（Gauls）崇拜倔强、好斗的大公鸡，"高卢雄鸡"（le Coq Gaulois）就成为法兰西民族的象征。直到今天，法国民族性格中依然保留着雄鸡那骄傲、勇敢的特点。

史前时期，法国这片土地上已经出现了早期人类。公元前1200—前800年，就有古老部族离开他们在西里西亚的家乡，进入莱茵河和大西洋之间的土地。当时，高卢人分为两部：一部分居住在波河流域，位于阿尔卑斯山与亚平宁山脉之间，即"山南高卢"（Cisalpine Gaul）；另一部分居住在波河流域以外的地区，即"山北高卢"（Transalpine Gaul）。公元前9世纪，在西地中海沿岸定居的希腊人创建了马赛利亚殖民地。而"历史之父"希罗多德最先把居住在当地的部族统称为"凯尔图阿人"（Keltoi），即后来所称的"凯尔特人"（Celts）。后来，罗马人把法国地区的凯尔特人称为"高卢人"。

公元前1世纪中叶罗马军事统帅恺撒征服高卢以后，法国成为罗马帝国的一个行省，这就是法国最初的版图。公元5世纪，风雨飘摇中的西罗马帝国寿终正寝，包括法兰克人在内的大批日耳曼人浩浩荡荡地进入高卢。486年，部落首领克洛维率领一支法兰克人在巴黎东北部苏瓦松战场，击败由罗马军事统帅西阿格留斯指挥的高卢—罗马人军队，夺取了塞纳河和罗亚尔河之间的土地，也就是俗称的"法兰西岛"（Ile-

卢浮宫　法国历史上最悠久的王宫，始建于1190年，后经历代扩建，到拿破仑三世时大体建成。它位于巴黎市中心塞纳河北岸，整体呈 U 字形，占地面积 24 公顷，是世界上最著名、最大的艺术宝库之一。

de-France）[①]。这一胜利奠定了法兰克人统一高卢的基础。随着日耳曼文化逐步与高卢—罗马文化相融合，法兰西民族逐渐形成。

　　法兰克王国是由作为征服者的日耳曼人与被征服者的高卢—罗马人混合而成的一个基督教王国。加洛林王朝取代墨洛温王朝以后，雄才大略的查理大帝在西罗马帝国的废墟上，建立起一个新的帝国，使法兰克人势力达到极盛。但是，查理曼的孙子们为争夺遗产发生内讧，并于843年订立《凡尔登条约》，使帝国一分为三，现代法兰西、德意志和意大利三国疆域的基础由此奠定。秃头查理获得些耳德河和缪斯河以西的纽斯特里亚，建立西法兰克王国，大致相当于现代法国的版图，他被

---

　　①　公元前52年罗马人征服巴黎地区。在此之前，巴黎地区只是一个名为巴黎西（Parisii）的高卢人部落的聚居地。巴黎城建于公元358年，当时罗马人将它命名为Lutetia，400年前后改称巴黎。9世纪，法兰西岛是法国中部地区的一个公国，范围包括塞纳河、马恩河、伯夫龙河、泰夫河和瓦兹河之间的土地。巴黎是法兰西岛领地的核心，而巴黎城的核心则是塞纳河上的西岱岛。

《拿破仑越过圣贝尔纳山》　法国新古典主义大师雅克·路易·大卫的作品。大卫最初师从于洛可可艺术大师布歇，后受文艺复兴艺术的影响，把法国的古典主义艺术推向高峰。

视为独立后的第一位法王。然而，加洛林王朝的后来者大多无能，从他们的称号可见一斑：胖子查理、昏庸者查理、孩童路易、盲者路易、结舌者路易。[①]因此，从877年秃头查理去世到987年查理五世去世，在一个多世纪里，西法兰克王权只是徒有虚名。

随着诺曼人（北方人）的入侵，软弱的加洛林王朝已不可能把这个民族成分复杂的封建国家统一为一个整体。正当这个时候，巴黎伯爵因击退诺曼人而崭露头角，他保住了巴黎和奥尔良两个重要城市，捍卫了西法兰克的中部和西部。987年，巴黎伯爵休·卡佩被拥戴为国王，开创了法兰西历史上的卡佩王朝[②]（987—1328），西法兰克正式改称法兰西王国。但是，法国王室领地狭小，仅局限在"法兰西岛"一隅，它实际上如中世纪的意大利，至多是个地理名词而已。

由于王权相当弱小，强大的诸侯领地各据一方，法国境内存在着强烈的离心倾向，法王仅有"法兰西岛"领地。但是，正是从卡佩王朝开始，法国朝着中央集权的方向发展，腓力二世（1180—1223在位）成为"法兰西王国的真正奠基人"。他一方面与城市结盟，打击地方封建领主势力，另一方面夺取了英国在法国境内的大片领地，如诺曼底、安茹、缅因、屠棱、波亚图等，因而获得了"奥古斯都"称号。事实上，法国中

①　[美] C.沃伦·霍莱斯特著，陶松寿译《欧洲中世纪简史》，商务印书馆1988年版，第103页。

②　"卡佩"（capet）一词来自capuce，意为"短斗篷"。

央集权的建立是与百年战争进程密切相关的。战争增强了法兰西的民族意识，战争的最后胜利奠定了法国日后强大的基础。到路易十四时代，法国已经居于欧洲霸主的地位。

可以看出，从高卢到法兰克，再到法兰西，法国国名的变化反映了其政权与领土变化的复杂过程。在1789年法国大革命中，他们不但废除了一千多年的封建君主制，而且发表了著名的《人权与公民权宣言》，并于1792年建立法兰西第一共和国。后来虽历经拿破仑的第一帝国（1804—1815）、波旁王朝复辟（1815—1848）、七月王朝（1830—1848）、第二共和国（1848—1852）、第二帝国（1852—1870）、第三共和国（1870—1940），法兰西没有停止对自由的追求，他们在历史上一共建立过五个共和国。今天，法国国旗是三色竖条组成的蓝、白、红三色旗，国歌是著名的《马赛曲》，7月14日为国庆日，即法国人民攻占巴士底狱的日子。随着1958年第五共和国的建立，法国开始走向现代化发展的新时期。

浓情中古风：比利时

比利时是比利时王国（The Kingdom of Belgium，Le Royaume de Belgique）的简称，位于欧洲西部，北连荷兰，东邻德国，东南与卢森堡接壤，南和西南与法国交界，西北隔多佛尔海峡与英国相望，面积30528平方公里。首都布鲁塞尔（Bruxelles，Brussels）是比利时最大的城市，也是欧洲联盟、北大西洋公约组织等多个国际组织的总部所在地，故有"欧洲首都"之美称。

比利时国鸟红隼。

全国有 1137.6 万人（2018 年），其中，弗拉芒大区讲荷兰语，人口占 57.3%；瓦隆大区讲法语，人口占 32.3%；首都大区人口占 10.4%。官方语言为荷兰语、德语和法语。居民有 80% 信奉罗马天主教。

无论是地理上还是文化上，比利时都处于欧洲的十字路口，它见证了欧洲各种族与文化的兴衰。大约在两千年以前，比利时地区居住着凯尔特人（Celts），比利时国名就起源于古老的凯尔特部族贝尔盖人（Belgae）。该部落名称源于凯尔特语的 belg 或 bolg，人们对其含义有不同的解释：或有"勇敢""尚武"的意思；或指"多沼泽的林地"；或源于一个胖子绰号"肿物"。从公元前 54 年起，罗马人、高卢人（凯尔特后裔）、日耳曼人先后长期分割、统治比利时地区。恺撒大帝时代，罗马帝国不仅征服了此地，而且将之取名为 Belgium。今天的比利时，荷兰语称 België，法语叫 Belgique，而德语为 Belgien。

中世纪时期，法兰克人势力崛起后，比利时成为法兰克王国的一部分。根据 843 年《凡尔登条约》，法兰克王国的遗产在查理曼大帝的孙辈之间进行分割，规定佛兰德伯国的些耳德河以西部分归西法兰克，以东部分归东法兰克，从而形成了现今比利时的法语区与德语区的基础。后来，富饶美丽的比利时又被各诸侯国割据。14—15 世纪，勃艮第王朝建立起来，后来西班牙、奥地利、法国又陆续统治比利时。由于这里是南来北往的贸易必经之地，因而逐渐成为欧洲最重要也是最繁荣的地方，至今，中世纪的美感和神秘依然真实地存在于它的现实生活中。由此也不难理解，当初的西班牙、法国、奥地利、荷兰等欧洲列强为何都垂涎并以武力征服比利时。也正因为这样，比利时是欧洲真正的种族熔炉，从凯尔特人、罗马人、日耳曼人到法国人、荷兰人、西班牙人和奥地利人，他们无不在此留下了文化的痕迹。对于已经逝去的悠悠岁月，比利时人似乎还有一种割舍不清的怀古情绪。从 1999 年开始，比利时图尔奈市在每年 9 月的第 3 个周末都要举办欧洲中世纪节，眷恋那情意浓郁的中古之风。

尿尿童子小于廉（Manneken Pis） 又称小于连，又译为撒尿小孩，是比利时首都布鲁塞尔的市标。

拿破仑统治时期，比利时成为法国的一部分；拿破仑在滑铁卢战败后，1815 年维也纳会议将比利时并入荷兰。如今，在布鲁塞尔南郊，仍然可以看见一大片起伏的阔地，那就是当年的滑铁卢战场。拿破仑虽败犹荣，他给近代欧洲留下了许许多多不可磨灭的印记。说到布鲁塞尔，人们不会忘记两个名人，一是有"布鲁塞尔第一公民"之称的撒尿童子小于廉。传说，这个五岁小男孩的一泡夜尿，浇灭了西班牙占领者安置的炸药导火索，拯救了布鲁塞尔。为了纪念小于廉，1619 年比利时雕刻家为他打造了一尊青铜塑像。今天，这尊铜像已成为布鲁塞尔标志性建筑。二是 1999 年被评为"百年来最伟大的女演员"第三位，优雅迷人的奥黛丽·赫本。奥黛丽·赫本出生于布鲁塞尔，是英国著名的电影、舞台剧演员，其饰演的佳作《罗马假日》《修女传》《窈窕淑女》等都脍炙人口。她熟练掌握五种语言，一生共获五次奥斯卡最佳女主角提名。她被公认为美的化身、永恒天使、凡间精灵和世界上最优雅的女人，是比利时人的骄傲。

1830 年 10 月 4 日，比利时赢得独立，建立了世袭君主立宪王国。比利时立国后奉行中立政策，但在两次世界大战中均遭厄运，沦为主战场，并为德国所占领。因而二战结束后，比利时放弃了并不能给其带来和平的中立原则，加入了北大西洋公约组织，1958 年又加入了欧洲经济共同体（欧盟的前身）。1993 年，比利时正式实行联邦制。今天，比利时是欧盟和北约创始会员国之一，耸立在布鲁塞尔的现代化欧盟总部大楼，是比利时发挥重要国际影响的象征。

森林之地：荷兰

荷兰是荷兰王国（The Kingdom of the Netherlands，het Koninkrijk der Nederlanden）的简称，位于北海之滨，西、北两面濒北海，东临德国，

荷兰风车　荷兰一年四季盛吹西风，又因濒临大西洋，丰富的风力资源弥补了其水力、动力资源的不足。荷兰风车最早从德国引进，到了十六十七世纪，风车对荷兰的经济有着特别的意义。今天，荷兰人把风车视为民族和国家的象征。

南与比利时接壤，素有"欧洲大门"之称，地理位置十分重要。流经法国的莱茵河、默兹河、斯凯尔特河在这里冲击成三角洲。包括内陆海在内，荷兰领土面积仅有 41528 平方公里，约为德国的 1/9。

非常有趣的是，荷兰首都阿姆斯特丹（Amsterdam）只是王宫所在地和文化中心，而海牙（The Hague）才是王国政府所在地，议会及各国使馆都设在这里。今天的荷兰人，主要由属于日耳曼部落西支的弗里斯人、巴塔维人、法兰克人、撒克森人同古老的凯尔特人结合而成。在全国 1726 万（2018 年）人口中，荷兰族所占比例为 76.9%。荷兰语为官方语言，弗里斯兰省讲弗里斯语。居民 26% 信奉天主教，16% 信奉基督教。

公元前 1 世纪至公元 4 世纪，罗马人已经将其势力扩张到了尼德兰地区。罗马帝国灭亡后，日耳曼人又成为这里的主人，其中以法兰克人的势力最强。根据 843 年《凡尔登条约》，尼德兰划归承袭帝号的洛泰尔领有。中世纪时期，尼德兰在政治上长期处于从属地位，并分裂成不拉奔、佛兰德斯、荷兰等许多独立的领地。14 世纪，尼德兰为勃艮第公爵所吞并。

由于古代日耳曼部族庞大，其各个分支的关系错综复杂，因而对后来欧洲的国家关系产生了诸多影响。今日的德国部分在古代被归为"高地日耳曼"（Germania），而荷兰、比利时、卢森堡以及法国东北部的一部分则被视为"低地日耳曼"（Netherland），所以荷兰与比利时、卢森堡之间的关系也有些复杂。16 世纪前半期，这三地同属一个"低地国家"，共同成为西班牙王室属地，接受西班牙查理一世①的哈布斯堡家族统治。经过近代早期的宗教改革，荷兰信奉新教加尔文派，与南方的比利时、卢森堡的天主教信仰大相径庭。比利时和卢森堡曾经为荷兰所统治，19 世纪 30 年代和 60 年代先后脱离荷兰而独立，因而尼德兰就单指今天的荷兰王国了。

---

① 西班牙国王，后当选为神圣罗马帝国皇帝，称查理五世（1519—1555在位）。

不仅荷兰、比利时和卢森堡三者之间关系复杂，荷兰与尼德兰之间的关系也不简单。由于荷兰与尼德兰是两个多义词，既可指地区又可指国家，所以往往引起混乱。"尼德兰"（The Netherlands）是荷兰语音译，意为"低地"，指欧洲西部莱茵河、默兹河、些耳德河下游及北海沿岸一带的低地地区。这个词如实地反映了荷兰的地理特征，表明荷兰是名副其实的"低地国家"（Low Country）：西部和北部的许多区域低于海平面，仅东部和南部有几座山丘，绝大部分为平原，而 1/3 的土地海拔不到 1 米，1/4 的土地低于海平面。荷兰面积不大，人口不多，但是它在历史上曾经是欧洲地区的经济中心和最发达地区之一，也是世界上第一次成功的资产阶级革命（1566—1581）的爆发地。

"荷兰"（Holland）原属于尼德兰的一部分，这个名字起源于低地国家的荷兰省，日耳曼语意为"森林之地"，今天的荷兰省则是尼德兰王国南荷兰省（Zuid-Holland）与北荷兰省（Noord-Holland）的总称。资产阶级革命爆发后，荷兰省发挥了极为重要的作用。1581 年，由尼德兰北方各省新教徒组成的三级会议宣布，废黜西班牙国王腓力二世，正式成立联省共和国，又称荷兰共和国。这是世界上第一个资产阶级共和国。欧洲"三十年战争"结束时，荷兰共和国的独立地位正式获得西班牙承认。

这样看来，在尼德兰和荷兰之间显然不能画等号，其原因在于：从地域范围来说，尼德兰原来要比荷兰大，它涵盖了今天的荷兰、比利时、卢森堡和法国东北部一部分，而荷兰仅是构成尼德兰的众多领地之一。1815 年维也纳会议后，虽然荷兰省的重要性有所下降，但一般仍然用它来代称整个尼德兰王国。

荷兰素有"海上马车夫"之称。像其他殖民者一样，荷兰人积极从事海外贸易和殖民活动。他们在北美占有哈得孙河流域，并在这条河口建立新阿姆斯特丹，即后来的纽约；还占领了南部非洲的好望角。在亚洲，他们夺取摩鹿加群岛，占领马六甲和斯里兰卡，还一度侵占中国领

荷兰郁金香　荷兰种植最广泛的花卉，荷兰国花。

土台湾。到 17 世纪下半叶，荷兰发展成为最大的海上殖民国家，跻身于资本主义强国之列。然而，经过三次荷英商业战争，特别是联省共和国执政者威廉[①]死后，荷兰因殖民优势被摧毁而渐趋衰落。

法国大革命后，1795 年法国军队入侵荷兰，1806 年拿破仑任命其弟路易·拿破仑为荷兰国王。拿破仑失败后，荷兰脱离法国。1814 年成立了包括比利时在内的荷兰王国。1848 年，荷兰成为君主立宪国。两次世界大战期间，荷兰均保持中立，但是它仍然未能摆脱被德国法西斯占领的命运。战后，荷兰放弃中立政策，加入了北约和欧共体及后来的欧盟。今天，作为世界上几个著名的世袭君主立宪国之一，荷兰仍然是世界上最为发达的国家之一。

---

① 即奥兰治的威廉亲王。他娶英王詹姆士二世的女儿玛丽为妻，后以英王威廉三世（1689—1702在位）的名义，与玛丽二世（1689—1694在位）联合执掌英国的王权。实际上，他担任着英国的政府首脑，并行使一切行政大权。

野兔之国：西班牙

西班牙是西班牙王国（The Kingdom of Spain）的简称，位于南欧的伊比利亚半岛，首都马德里（Madrid）。这是个典型的海洋大国，它的西北与大西洋为邻，东面和南面与地中海相依。就伊比利亚半岛而论，西班牙是五分天下有其四，其余五分之一则为葡萄牙。在陆上与其接壤的国家，仅有西部的葡萄牙以及北部的法国和安道尔。除了伊比利亚本土，西班牙还对地中海中的巴利阿里群岛、非洲西北大西洋中的加那利群岛，以及摩洛哥境内的"飞地"休达（Ceuta）和梅利利亚（Melilla）拥有主权，从而使其领土面积达到50.6万平方公里。在伊比利亚最南端，西班牙与非洲的摩洛哥隔直布罗陀海峡相望，它们扼守着大西洋和地中

马德里欧洲之门　1996年建成。在西班牙人心目中，传统意义上的欧洲中心在马德里以北的法国巴黎。此建筑位于马德里市区北部，通往巴黎的公路贯穿此门，故得名"欧洲之门"。

海之间航线的咽喉，具有重要的战略地位。

西班牙极富南欧特色，充满热情和活力，而它的魅力可以通过古老而独特的民族传统表现出来。最为西班牙人所喜爱的娱乐活动，当然是那野蛮、残忍的"国技"斗牛（bullfighting）比赛和起源于吉卜赛人的弗拉门戈舞（Flamenco）。在热情奔放的尚武精神激励下，西班牙斗牛活动充分体现了这个民族桀骜不驯的顽强性格。这是对古代罗马人以野性为美的审美观念的继承和发展，生动地展示了生与死、力与美的有机统一。

古希腊人称西班牙为 Liberia，古罗马人称之为 Hispania。在英文中，西班牙国名为 Spain，而西班牙人则把他们的国家称为 Reino de España。关于西班牙国名的含义，有几种不同说法：其一，España 一词起源于腓尼基语 Shaphan，意为"野兔"。由于古代迦太基人在伊比利亚半岛海岸一带发现过很多野兔，这里就有了"野兔国"的称呼；其二，Spania 一词为希腊人首先使用，后来被罗马人改为 Hispania，而这个名称最早可能起源于凯尔特语 Span；其三，源于希伯来—腓尼基语 Espana，意为"埋藏"，转意为"矿藏""埋藏的财富"。伊比利亚半岛盛产金、银、铜等宝藏，令腓尼基人羡慕不已，故而为之命名。

就民族成分来说，卡斯蒂利亚人（西班牙人）为西班牙的主体民族，他们约占总人口 4650.8 万（2014 年）的 73%。此外，这里有加泰罗尼亚人、加利西亚人、加斯科尼人、巴斯克人①，以及柏柏尔人②和吉卜赛人等少数民族。而从宗教上来看，96% 的居民为天主教信徒，只有极少数人信奉基督教新教、犹太教和伊斯兰教，因而西班牙是一个天主教国度。属于印欧语系罗曼语族的西班牙语，是全国通用的唯一官方语言。这种

---

① 巴斯克人（Basque）是一个古老的部族，他们的起源已不可考，罗马人称之为巴斯克内斯民族的后裔。除了西班牙，法国境内也有巴斯克人。西班牙的巴斯克人居住在比利牛斯山西部，1979 年成立巴斯克自治区。

② 柏柏尔人（Berber）为北非的土著居民，据说他们起源于克罗马农人，主要散居于摩洛哥、阿尔及利亚、突尼斯、利比亚和马里等地。罗马人曾把该地区变为殖民地，后来受到阿拉伯人侵略。12 世纪以前，柏柏尔部落仍然保有相对的自治权。

混合语言以民间拉丁语（卡斯蒂利亚语方言）为基础，它吸收了伊比利亚语、凯尔特语、希腊语、日耳曼语、阿拉伯语，甚至还有美洲土著语言的要素，从一个侧面反映了西班牙民族的复杂性。

大约数万年以前，伊比利亚半岛出现了早期人类，即以尼安德特人和克罗马农人为代表的智人。然而，历史悠久并不能改变早期西班牙一直受到外族人入侵的事实。公元前9世纪，古代的腓尼基人、希腊人、迦太基人、凯尔特人先后进入伊比利亚半岛。大约从公元前218年起，西班牙逐渐变成罗马帝国西部的一个海外行省，在语言、宗教、法律等方面深受罗马人的影响。从公元5世纪起，日耳曼人诸部落陆续侵入和征服伊比利亚半岛。419年，西哥特王国中心由法国的土鲁斯迁到西班牙境内，并以托莱多（Toledo）为都城。"螳螂捕蝉，黄雀在后。"711年，阿拉伯帝国北非总督穆萨派遣塔里克统率7000名柏柏尔人，从海上进攻半岛，在不到半年的时间内就控制了西班牙大部分地区。713年，阿拉伯人已把残余的西哥特人赶到北方的阿斯图里亚山地，几乎征服了整个半岛，西班牙又沦为阿拉伯帝国的一个行省。

在基督教反对伊斯兰教的旗帜下，西班牙人展开"收复失地运动"（8—15世纪）。1492年，西班牙人把阿拉伯人赶出格拉纳达，也开启了国家统一的历史进程。1469年，卡斯提尔王国女继承人伊萨伯拉（1451—1504）嫁给阿拉冈王子斐迪南（1452—1516）。几年以后，他们不但分别继承了两国王位，而且最终于1479年将两国合而为一，统一的西班牙王国正式形成。

收复失地运动完成之时，正是西班牙统一国家开启对外扩张之际。1492年10月12日，意大利航海家哥伦布向西航行，发现了旧大陆人从来不曾知晓的所谓"新大陆"——中美洲的西印度群岛。西班牙人把这一天确定为"西班牙—美洲日"。以此为起点，西班牙在欧、非、亚、美等洲侵占了大量殖民地，迅速建立起一个庞大的海外帝国。查理五世在位时期（1519—1556），帝国势力达到极盛，与另一个殖民帝国——

塞哥维亚水道桥　　该桥矗立在塞哥维亚市阿索圭霍广场上。全长 17 公里。建于公元
1 世纪，是当年罗马人为引瓜达拉马山支脉河川之水而建，是西班牙最著名的罗马遗迹。

葡萄牙并驾齐驱，共同主宰着殖民扩张事业，但是它们的优势并没有能
维持多久。随着 1588 年"无敌舰队"的溃败，西班牙帝国日趋瓦解。
在"三十年战争"和王位继承战争（1701—1714）的打击下，它不仅失
去了在欧洲的霸权地位，而且失去了比利时、卢森堡、荷兰等欧洲殖民
地。经过 1898 年美西战争的打击，西班牙又失去了在美洲、亚洲及太
平洋地区的最后几块殖民地——古巴、波多黎各、关岛和菲律宾，这个
不可一世的帝国彻底崩溃。所幸的是，后来西班牙因推行中立政策而与
两次世界大战无涉。

　　在 19 世纪的大部分时间里，西班牙人高举民族独立的大旗，反
抗拿破仑法国的统治。1873 年和 1931 年，他们两度实行共和政体，
但第一共和国和第二共和国维持的时间都很短暂。内战时期（1936—
1939），佛朗哥夺取国家政权，实行了长达 36 年的独裁统治。1947 年
他自任终身国家元首，使西班牙重新回到君主制状态。1975 年 11 月，

国王胡安·卡洛斯一世登基，恢复君主制。1978年12月颁布新宪法。西班牙实行资产阶级的君主立宪制，标志着专制制度的终结。

温暖的港湾：葡萄牙

葡萄牙是葡萄牙共和国（The Portuguese Republic）的简称，位于南欧的伊比利亚半岛西南部，西部和南部濒临浩瀚的大西洋，东面和北面则与半岛上另一国家西班牙毗邻。除了欧洲大陆领土，它还拥有大西洋中的亚述尔群岛（Azores）和马德拉群岛（Madeira），这是两个著名的避暑度假胜地。离开首都里斯本（Lisbon）向西约40公里，就是著名的罗卡角（Cape Roca），它既是葡萄牙的最西端，也是整个欧亚大陆西部的极点。葡萄牙为南欧小国，面积9.2万平方公里，略小于我国的

杰洛尼莫许修道院　欧洲十大最美教堂建筑之一，位于太加斯河岸，始建于1502年，是地理大发现时代葡萄牙海权强大的象征。1980年被联合国宣布为重要世界遗产。

江苏省。人口 1029.1 万（2017 年），仅相当于江苏省人口总数的 1/7。其中，96.9% 以上为葡萄牙人，其余为西班牙人等少数民族。官方语言为葡萄牙语。85% 的居民信奉天主教。

就国名而论，"葡萄牙"这几个中文字太容易使人望文生义，因而就理所当然地认为它的来源一定与美味可口的葡萄有关。其实，葡萄牙得名于其第二大城市"波尔图"（Porto）。早在公元前 8 世纪，该城就在多罗河河口建立起来了，它一开始叫作"卡列"，后来改称"波尔图卡列"。这是葡萄牙最古老的通商口岸，以盛产葡萄酒而闻名于世。自从与地中海区域建立商业联系以后，波尔图一直发展到今天的规模。可是，波尔图在拉丁文中仅有"温暖的港湾"之意，而根本与葡萄无涉。最初，波尔图仅指其周围地区，将葡萄牙全境涵盖在内则是以后的事情。当 1143 年葡萄牙获得独立时，国名 Portugal 一词才开始使用。16 世纪初，葡萄牙人作为西方最早的殖民者，远涉重洋来到中国澳门，广东人根据粤语发音，将 Portugal 译成"葡萄牙"，因而许多误解也由此形成了。

早在公元前 11 世纪，葡萄牙已有伊贝洛人、塔尔提西奥人等部族定居。早期葡萄牙史几乎是一部遭受外族侵略的历史。从公元前 7 世纪到公元 7 世纪，它在这一千四百年里先后遭到腓尼基人、希腊人、迦太基人、凯尔特人、罗马人和日耳曼人（西哥特人）的入侵。711 年，一支主要由北非柏柏尔人士兵组成的阿拉伯军队，渡过直布罗陀海峡，开始了对伊比利亚半岛的占领。在收复失地运动中，伊比利亚半岛北部沿海和山区逐渐形成了一些基督教小王国，如阿斯图里亚、加利西亚、雷翁。9—11 世纪，半岛东北部出现了那瓦尔王国、阿拉冈王国和巴塞罗那伯国。11 世纪初，在雷翁东部形成了卡斯提尔王国（意为城堡之国）。西班牙处于卡斯提尔王国统治之下，而在半岛西部杜罗河下游地区形成的葡萄牙，原来则是西班牙的一部分。1093 年，卡斯提尔公主特里萨下嫁波尔多凯尔伯爵。这样，葡萄牙作为公主的陪嫁，第一次从西班牙分离出来，成为卡斯提尔王国附属的伯国。

　　葡萄牙是欧洲最早实现民族统一的中央集权制国家。1128 年，葡萄牙第一代国王阿方索一世，将摄政母后特里萨放逐。他还在罗马天主教势力帮助下，击败了卡斯提尔人军队。1143 年，葡萄牙与卡斯提尔王国签订《萨莫拉条约》，宣布正式独立，葡萄牙语代替西班牙语成为官方语言。葡萄牙独立获得了教皇的承认，而罗马天主教则成为葡萄牙人的主要宗教信仰。1147 年，阿方索一世夺取了阿拉伯人占领的伊比利亚半岛上古老的城市里斯本。1297 年，葡王迪尼斯一世（1279—1325 在位）与西班牙签订《奥卡尼塞许条约》，明确了两国间早在罗马人时期就已存在的边界。从西班牙独立出来以后，葡萄牙人逐渐走出长期以来被征服的阴影。他们利用得天独厚的自然条件，开始将航海事业作为传统国策而大力推行，从而迅速走上了对外殖民扩张之路。

　　葡萄牙是航海探险家的聚集之地，它在推动近代地理探险和殖民扩张的过程中发挥了开拓性作用。1415 年，若奥一世（1385—1433 在位）和他的小儿子亨利亲王（1394—1460）带领一支舰队进抵北非，最终从摩尔人①手中夺取直布罗陀海峡南岸的休达城（Ceuta）。这是葡萄牙人在北非建立的最早一块殖民地，也是他们沿非洲西海岸迈向东方的第一步。以航海家身份载入史册的亨利王子，毕生致力于组织和领导葡萄牙的殖民事业。作为近代地理大发现和殖民帝国的奠基人，他培养和造就了一大批著名的航海探险家，如巴托罗缪·迪亚士、达·伽马、斐迪南·麦哲伦、佩德罗·阿尔瓦斯·卡布拉尔等。

　　从 15 世纪起，葡萄牙开始向海外扩张，不仅带来了源源不断的财富，而且先后在非洲、亚洲、美洲建立了大量殖民地，并造就了一个泱泱大帝国。1494 年 6 月，伊比利亚半岛两个国家签订了著名的《托尔德西拉斯条约》，在葡萄牙和西班牙之间划定一条大西洋探险范围的分界线，

---

　　① 摩尔人（Moors），指非洲西北部伊斯兰教民族，他们是阿拉伯穆斯林与非洲柏柏尔人的混血后代。

即以西经45度线为基准的"教皇子午线"，规定分界线以东"发现"的土地属葡萄牙，以西则属西班牙。16世纪后期，由于欧洲其他列强的崛起，葡萄牙开始从海上强国的位置上衰落下来，1580—1640年与西班牙合并，1703年又沦为英国的附属国，1820年发动革命驱逐英军。后来，葡萄牙人两度建立共和政府（1891年和1910年）。从1926年起，葡萄牙又出现了长达48年之久的军人政府及法西斯独裁统治。1974年，推翻法西斯政权，葡萄牙人开始民主化进程。1986年2月，苏亚雷斯当选为葡萄牙60年来第一位文人总统。

海尔维希亚联邦：瑞士

瑞士是瑞士联邦（Swiss Confederation）的简称，位于欧洲的心脏地带，

　　伯尔尼鸟瞰　瑞士首都，始建于12世纪，至18世纪建成现在规模。它位于莱茵河支流阿尔河一个天然弯曲处，是法语区与德语区交汇的城市，有欧洲最长的石造拱形长廊商业街和最多的有轨电车。

东邻奥地利和列支敦士登，南与意大利接壤，西接法国，北与德国交界，面积 41284 平方公里，首都伯尔尼（Bern）。此外，瑞士有一批知名度很高的国际性城市，如苏黎世、日内瓦、巴塞尔、洛桑等。

根据 2018 年统计资料，瑞士共有 850.89 万人，人口密度很高，达到每平方公里 206 人。居民主要分属四个民族：德意志（日耳曼族）瑞士人占 62.8%，法兰西瑞士人占 22.9%，意大利瑞士人占 8.2%，雷托罗曼人约占 0.5%。全国没有统一的语言，却同时并存着法语、德语、意大利语和罗曼什语（拉丁罗曼语）四种不同的官方语言。37.2% 的居民信奉天主教，25% 信奉基督教新教，7.4% 信奉其他宗教。

这是个美丽的内陆国，高原和山地是其最显著的地理特点，形成了西北部汝拉山、南部阿尔卑斯山和中部高原三个自然地形区。少女峰（Jungfrau）海拔 4158 米，高高地耸立在伯尔尼的东南方。她不但素有阿尔卑斯山的"皇后"和"欧洲屋脊"之称，而且宛如一位披着长发的美少女，恬静地仰卧在雪山白云之间。除了森林、峭壁、冰川，瑞士境内河流湖泊众多，主要有莱茵河、罗讷河以及日内瓦湖（莱芒湖）、苏黎世湖、纳沙泰尔湖等。

瑞士人喜爱把自己的国家称为"海尔维希亚联邦"（Confederatio Helvetica），简称为 CH。这个名称来源于其先民"海尔维希人"（Helvetii）。公元前 58 年，海尔维希人大举西迁，试图进入高卢地区。由于受到罗马军团的阻挡，他们不得不重返瑞士高原。罗马将军恺撒在经略高卢的过程中，不但征服了日内瓦湖及莱茵河沿岸地区，而且留下了关于这方面的记录。根据恺撒《高卢战记》的描述，海尔维希人属于凯尔特人的一支，他们早在公元前 400 年左右就已经来到瑞士，定居于中部高原地区。罗马帝国征服瑞士后，海尔维希人所居住的地区被称为"海尔维希亚"。

从公元 3 世纪起，新的入侵者进入瑞士地区，他们属于不同的日耳曼部族。5 世纪以后，在罗马人撤离西欧的过程中，日耳曼部族的阿勒曼尼人、勃艮第人、法兰克人等先后建立起若干基督教小王国，其中以法兰克最为强盛。查理大帝死后不久，法兰克分而治之，勃艮第归属西法兰克，阿勒曼尼归属东法兰克，瑞士恰好被一分为二，并从 1033 年起受到主要由东法兰克发展而来的神圣罗马帝国（962—1806）的统治。

中世纪早期，瑞士始终存在着一些独立性较强的政治实体，首先在卢塞恩湖（四州湖）流域的森林地区出现了乌里（Uri）、施维茨（Schwyz）和翁特瓦尔登（Unter Walden）三个共同体，这俗称的"老三州"构成了现代瑞士联邦的基础。在古高德语中，"施维茨"含有"焚烧"的意思。它曾经是一片森林，烧荒后才开始有人居住，瑞士国名就起源于此。不过，关于瑞士国名的由来还有另一种说法。瑞士不存在统一的语言，瑞士人对自己的国名也有不同的语言称谓：法语名 Suisse、德语名 Die Schweiz①、意大利语名 Svizzera 和英语名 Switzerland，这些称谓都是由古凯尔特语 Swaijazari 的简略形式 Schwyz 演化而来的，意为"乳酪农场"或"乳酪产地"。

瑞士走向独立的过程，是与瑞士人反对哈布斯堡家族统治的斗争相联系的。该家族最早是瑞士农民，发迹于汝拉山区，后来才以奥地利为基础逐渐强盛起来。1291 年 8 月 1 日，瑞士的老三州在反对哈布斯堡王朝的斗争中秘密结成永久同盟。今天，瑞士国庆节（8 月 1 日）就是为了纪念以老三州为基础的瑞士联邦雏形的出现。1332—1353 年，格拉鲁斯和楚格两个山区州和卢塞恩、苏黎世、伯尔尼三个城市加入联盟。这是农村共同体与城市共同体在平等的基础上合作发展的结果。1499年，瑞士人赢得了民族独立。到 1513 年，加入瑞士联邦的成员已经增加到了 13 个。

---

① Schweiz一词在德文中有"汗臭"的意思，它是奥地利政客对施维茨的称呼，带有明显的谩骂和侮辱性，18世纪以前一直不被瑞士人接受。参见马丁《瑞士现代化进程研究》，方志出版社2005年版，第14～15页。

16 世纪欧洲宗教改革时代，瑞士出现了前所未有的联盟危机。因受马丁·路德改革思想的影响，瑞士的改革运动形成了两个中心，它们恰好与瑞士的两大语言区域相吻合，即东北部德语区以苏黎世为中心的慈温利改革，和西部法语区以日内瓦为中心的加尔文改革。宗教改革给瑞士带来的影响异常深刻，造成了新教与天主教之间的政治对抗，实际上出现了两个互相对立的联邦。"每一方都是内有盟州，外有盟邦。它们在欧洲历次宗教战争中，曾有四次以兵戎相见，大动干戈。双方的分裂似已到了无可挽救的边缘。只是因为内部的抗争引来了严重的外来威胁，才使双方认识到只有互相容忍、互相依赖才能生存下去。这样才避免了瑞士的四分五裂。"[①]

17—18 世纪，瑞士人迎来了和平发展的大好时机。随着欧洲"三十年战争"的结束，瑞士正式脱离神圣罗马帝国统治而独立。但是，1798年拿破仑侵吞瑞士后，瑞士被改称为"海尔维希亚共和国"。1803 年，瑞士联邦制度得以恢复，根据 1815 年第一部宪法设立联邦委员会，各州享有独立主权，统一的联邦体制最终确定了下来。

瑞士人爱好和平，他们对民主、联邦制和中立怀有深深的眷恋，因而为了和平与宁静可以放弃一切。La Neutralité（中立）一词来源于拉丁语，最初在 1536 年开始使用，它的意思是"在两者中既不选择你，也不选择他"。1815 年 11 月 20 日，欧洲列强签署了《承认瑞士永久中立的巴黎条约》，瑞士的永久中立国地位逐渐得到各国的正式承认。1848 年，瑞士形成了一个由 26 个州组成的联邦共和国。1907 年在海牙和平会议上签署了奉行"永久中立国"的《海牙公约》。瑞士人之所以把中立作为"立国之本"，是由其特殊的"小国寡民"国情和历史文化传统决定的。对于处在大国包围中的内陆小国而言，瑞士能幸免于两次世界大战，主要得益于其政治中立。他们认为，唯有这样才能保障国家

---

① 李念培《瑞士》，世界知识出版社1990年版，第18页。

国际红十字会　1863年由瑞士人亨利·杜南创设。总部设在日内瓦。一百多年来，国际红十字会跨越国界，为促进人类进步事业做出了卓越的贡献。

的主权独立和领土完整。迄今为止，瑞士已有200多年没有发生过战争，为其经济发展赢得了长期和平稳定的外部环境。然而，随着国际风云的变幻，2002年9月10日，瑞士放弃永久中立国的政治传统，正式加入了联合国组织。

从罗马来的人之国：罗马尼亚

　　罗马尼亚（Romania）位于欧洲巴尔干半岛东北部，东临黑海，东北部和北部与摩尔多瓦、乌克兰毗连，西北和西南分别与匈牙利、塞尔维亚接壤，南部与保加利亚隔多瑙河相望。这是一个富饶、美丽的欧洲小国，它的面积为238391平方公里，首都是布加勒斯特（Bucharest）。全国共有1952万人（2018年），其中罗马尼亚人占绝大多数（88.6%），

匈牙利人占 6.5%，吉卜赛人占 3.2%，此外有乌克兰、俄罗斯、土耳其、塞尔维亚、鞑靼、日耳曼、斯洛伐克、保加利亚、犹太等少数民族。官方语言为罗马尼亚语。86.5% 的居民信仰东正教、4.6% 信仰天主教、3.2% 信仰基督教新教。

罗马尼亚有三大宝：蓝色的多瑙河、雄奇的喀尔巴阡山和绚丽多姿的黑海。多瑙河在罗马尼亚境内蜿蜒流淌，长达 1075 公里，形成壮观的"百川汇多瑙"水系，世代哺育着她的子民。雄奇的喀尔巴阡山绵亘在罗马尼亚 40% 的国土上，蕴藏着煤、铁、黄金等多种丰富矿产，被人们亲切地称为"绿金"宝库和"罗马尼亚的脊梁"。景色秀媚的黑海静卧在罗马尼亚东侧，它既是著名的旅游胜地，也造就了罗马尼亚"黑海明珠"的美誉。

约公元前 1 世纪，罗马尼亚人祖先达契亚人就在喀尔巴阡山—多瑙河—黑河地区建立起一个中央集权的奴隶制国家，第一位国王叫布雷比

佩莱什夏宫　位于罗马尼亚的普拉霍瓦县山区，卡洛斯一世（1881—1914 在位）时期兴建。这是一座庄严华贵的哥特式建筑。

斯塔。他采取了一系列有效措施，使这一时期达契亚国的物质文化和精神文化均呈现出一派繁荣昌盛的景象。古代的达契亚有"幸福的达契亚"之誉，它以拥有众多财富特别是金矿而闻名四方。但也正是由于那些财富，达契亚招致当时强大的罗马帝国的觊觎。达契亚立国后，一直面临着罗马帝国的威胁。虽然达契亚人始终顽强地抵抗，他们的国家还是难逃厄运。经过多次苦战，公元106年最后一位君主阵亡，达契亚沦为罗马帝国的一个行省。

为了加强对达契亚行省的控制，罗马人调来了大批军队，来自罗马帝国各地的移民被安置在达契亚的城市和农村。入侵者虽然在人数上还不能与达契亚人相比，但是他们在生活水准、文化水平、文明程度方面明显地超过了当地人。随着大批罗马移民同达契亚人长期混居和相互融合，达契亚人逐步掌握了罗马人的物质文化，并采用罗马人的信仰、习俗、姓名和拉丁语。到3世纪中叶，终于形成了罗马尼亚人的直系祖先——达契亚—罗马人，即罗马尼亚族。他们自称罗马尼亚人，意即"从罗马来的人"，"罗马尼亚"国名就是"从罗马来的人的国家"之意。因此，现今罗马尼亚人成为东欧诸民族中唯一具有拉丁血统、使用拉丁语言的民族。

在走向统一国家的过程中，罗马尼亚人一直在夹缝中求生存，他们先后与强大的匈牙利、波兰王国、奥斯曼帝国、奥匈帝国和沙皇俄国为邻。就罗马尼亚民族自身而言，他们先后组成过瓦拉几亚、摩尔多瓦和特兰西瓦尼亚三个政治实体，14世纪形成了瓦拉几亚和摩尔多瓦两个封建公国，16世纪后成为奥斯曼帝国的附属国。1859年瓦拉几亚与摩尔多瓦合并，标志着罗马尼亚民族统一国家的形成，并从1862年起称罗马尼亚，但是仍然依附于奥斯曼帝国。1877年5月罗马尼亚宣布独立，1881年改称罗马尼亚王国。第一次世界大战结束后，1918年先后与摩尔多瓦（比萨拉比亚）、布科维纳、特兰西瓦尼亚合并，形成统一的民族国家。

第二次世界大战期间，安东尼斯库政权参加德、意、日法西斯同盟，

1944 年 8 月 23 日被推翻，罗马尼亚转而投入反法西斯战争。1945 年 3 月成立联合政府，1947 年 12 月 30 日成立罗马尼亚人民共和国，1965 年改国名为罗马尼亚社会主义共和国。1989 年 12 月 22 日齐奥塞斯库政权被推翻，罗马尼亚救国阵线委员会接管国家一切权力。12 月 28 日易名为"罗马尼亚"，共和制予以保留。2004 年 3 月，罗马尼亚加入北大西洋公约组织。

罗马尼亚是个历史悠久、民族众多的国家。尽管人们的生活方式现今已经发生了很大的变化，但是他们在许多方面还保留着一些传统的风俗习惯，其中以阿尔巴县"母鸡山"的"姑娘集"最享有盛名。

母鸡山的山名同西喀尔巴阡山出产黄金有着密切联系。相传很久以前，有一位仙女养了一只会下金蛋的鸡，每当山里姑娘出嫁时，仙女都向她们赠送一只金鸡蛋作为她们的嫁妆。一天，一个小偷把仙女装有母鸡和金蛋的篮子偷走了。小偷不小心摔了一跤，结果是鸡飞蛋打，鸡蛋里的金液流得漫山遍野，而金液流过的地方竟然变成了金山。后来，当地的老百姓就把西喀尔巴阡山最漂亮的一座山峰称作"母鸡山"。据说，早在 200 多年前，西喀尔巴阡山区的农牧民就在母鸡山开设集市。每年 7 月，许多农牧民都来母鸡山交换他们的农牧产品和购置一年所需的日常生活用品。赶集的时候，有的家庭全体出动，而姑娘们总是打扮得漂漂亮亮，为的是到集上"亮相"，家长们也把准备好的嫁妆用马驮到母鸡山上。由于罗马尼亚人能歌善舞，他们上山后便围成圈跳起节奏明快的民族舞蹈。趁此机会，小伙子们和姑娘们开始见面、相识。如果男女一见钟情，就会退出舞圈、互表衷心。之后，姑娘便把小伙子带到自己的父母面前，让他们看看是否对自己领来的人满意。当女方父母同意以后，这对年轻人再到小伙子父母那里去征求意见，小伙子的家人则要看看姑娘的嫁妆是否齐全。如果双方家长都点头赞同，这对有情人便开始举行婚礼了。在新人的婚礼上，在场的人应邀来唱歌跳舞，大快朵颐，以示庆祝。这样时间久了，人们便把母鸡山上的集市叫作"姑娘集"。至今，一年一度的"姑娘集"已经失去了原来男婚女嫁的含义，逐渐演变成了一个规模盛大的展示民俗和弘扬民族传统的重要场所。

小牛生长的乐园：意大利

意大利是意大利共和国（Repubblica Italiana）的简称，位于南欧的亚平宁半岛，东面、南面和西面分别为亚得里亚海、爱奥尼亚海、第勒尼安海和利古里亚海所环绕，面积30.1万平方公里，首都罗马（Rome, Roma）。最初，意大利范围很小，仅指半岛南端的"靴尖"部分，后来逐渐扩大，到奥古斯都皇帝时已经指整个半岛了。从地图上看，它的形状很像一只伸入地中海踢足球的大皮靴。在皮靴的上部，阿尔卑斯山似乎成为它的屏障，并与法国、瑞士、奥地利、斯洛文尼亚等国接壤；位于半岛南部"靴尖"的正前方，有一个恰似大足球的地方，就是地中海中的西西里岛。

根据2017年统计资料，意大利全国人口约有6055.1万，其中意大利人占95%，其余为拉丁人、法兰西人、弗留利人、斯洛文尼亚人、奥地利人等少数民族。意大利语是官方语言。90%的居民信奉天主教，少数居民信奉基督教新教、犹太教、东正教、伊斯兰教等。

关于意大利国名的由来，通常有两种说法：一种认为Italia一词来自南部一个古代部落西塞尔人（Sicels）首领意大拉斯（Italus）的名字；另一种认为起源于古时所称的"艾诺利亚""艾斯佩利亚"，后因语音变化而成，为意大利语Vitelia的希腊语化形式，意为"牧羊场"或"小牛生长的乐园"。

生活在石器时代的利古里亚人，是意大利最早的居民。他们大概是从非洲经过今天的西班牙和法国一带来到亚平宁半岛的，科西嘉岛北面

的利古里亚海就是以他们的名字命名的。公元前10世纪，伊达拉里亚人或埃特鲁里亚人（Etrusci, Rasenna）进入意大利。除了希腊人殖民地，伊达拉里亚人曾在意大利半岛中西部地区建立曼图亚、拉文那、帕尔马、麦尔普姆（米兰）、伏尔图农（加普亚）、罗马等城邦国家。公元前7世纪，他们建立的塔克文王朝直接统治着罗马。他们还借用希腊字母，并传授给罗马人，由此产生了为西方人长期使用的拉丁文。此外，他们在吸收古代东方国家和希腊文化的基础上，创造了伊达拉里亚文明，对后来罗马文明的发展产生了重要影响。

公元前2000至公元前1000年，不断有印欧民族迁入意大利。希腊人曾长期殖民于意大利南部地区（阿普里亚、卡拉布里亚、路卡尼亚和西西里岛），并将这里统称为"大希腊"（Magna Graecia）。在西西里岛西部，腓尼基后代迦太基人也建立过一些商业据点。公元前5世纪，高卢人（凯尔特人）曾越过阿尔卑斯山，居住在以波河流域为中心的"山

古罗马竞技场　又名科洛西姆圆形大剧场，公元80年建于罗马皇帝尼禄金殿的废址。它是罗马帝国强盛的象征。

南高卢"一带。①

意大利是罗马帝国和"文艺复兴"的发祥地，人们一提到它，自然就会联想到罗马（永恒之城）、威尼斯（水城）、佛罗伦萨（花城）、米兰、比萨等历史名城，联想到恺撒大帝、奥古斯都皇帝、角斗士斯巴达克、旅行家马可·波罗、诗人但丁、画家达·芬奇、科学家伽利略等文化名人，联想到曾经盛极一时的罗马帝国。

根据希腊神话传说，罗马人原来是东方特洛伊英雄与西方美女相结合的产物。公元前1184年，希腊城邦联军最终通过施展"木马计"，攻下小亚细亚的富裕城市特洛伊，埃涅阿斯从劫难中逃出。这位特洛伊英雄是爱与美的女神阿佛洛狄忒与特洛伊王子安吉赛斯的儿子。他聚集了一群人，历经千辛万苦，一路奇遇，七年后来到意大利中部拉丁姆海岸，在"神"的启示下定居了下来，并娶当地女子，繁衍后代。这样，通过西方女神与东方王子这条线索，罗马人祖先不但成为聪明的东方人后代，也具有了希腊女神的高贵血统。

拉丁族罗马人在亚平宁半岛中部地区定居下来。起初，他们的活动舞台仅限于亚平宁半岛一隅，后来统一意大利，征服整个地中海，逐渐建立起一个地跨欧、亚、非三洲的大帝国。中世纪时期，意大利基本上是一个地理名词。像现代的法兰西和德意志一样，现代意大利的前身也属于法兰克王国。843年《凡尔登条约》签订后，查理大帝的孙

比萨斜塔 位于意大利中部比萨古城的教堂广场上，是一组古罗马建筑群中的钟楼，建于1174年。据说，科学家伽利略曾登上斜塔做自由落体运动实验。

---

① 根据古代人的地理概念，高卢并不属于意大利。

子洛泰尔承袭了加洛林帝号，并领有东、西法兰克之间的土地，北起北海，经由勃艮第、阿尔萨斯、洛林、尼德兰，南到意大利半岛，形成了后来意大利的基础。但是，根据870年的《墨尔森条约》，日耳曼路易和秃头查理瓜分了东、西法兰克之间洛泰尔后代的领地。

意大利半岛分崩离析，连名义上的统一中央政权也不存在，北部的伦巴底、弗里乌尔和维罗那经常为争夺徒有虚名的王位而混战不已。在中部地区，教皇辖区以及托斯坎尼、斯波累托等大封建领地互不相属，各自独立。教皇虽无力统一意大利，但为了保持其独立地位，他千方百计地阻挠这种统一。在南部和西部，意大利起初为拜占庭人与阿拉伯人所分割，11世纪后诺曼人在这里建立了两西西里王国。

意大利不但处于长期的内部纷争之中，而且经常受到外族入侵的威胁。951年，德意志封建主奥托一世占领伦巴底地区，自称意大利国王，后又占领整个意大利北部。在教皇约翰十二世的主持下，962年奥托一世加冕称帝。神圣罗马帝国的建立，似乎就注定了意大利历史的不幸，因为它难以改变其作为这个有名无实帝国属国的命运。967年，奥托三世进军意大利，拥立教皇约翰十三世，从此形成了几方面的历史传统：一是选举教皇必须得到皇帝认可；二是德王同时也是意大利国王，经教皇加冕后称为神圣罗马帝国皇帝；三是意大利是德国人侵略矛头的直接指向，直到霍亨斯陶芬王朝（1138—1254）告终。到12—13世纪，意大利已经分裂成许多王国、公国、自治城市和小封建领地。从16世纪起，它又先后被侵入的法国人、西班牙人、奥地利人所占领。

1861年意大利王国建立，这是意大利民族走向统一的关键一步。1870年攻克罗马，意大利统一最终得以完成。从1922年10月起，墨索里尼法西斯政权在意大利统治了20余年。第二次世界大战期间，意大利与德、日结成法西斯同盟，对英国和法国宣战。结果，1943年墨索里尼统治被推翻，意大利不得不宣布无条件投降。1946年6月2日，意大利共和国宣告成立。

最接近"天主"的先知之地：梵蒂冈

梵蒂冈是梵蒂冈城国（The Vatican City State）的简称，位于意大利境内，面积 0.44 平方公里。它坐落在意大利首都罗马城西北角，包括圣彼得广场、圣彼得大教堂、教皇宫等建筑，并以梵蒂冈城墙为界，与罗马市隔开；而东面的圣彼得广场，同罗马市畅行无阻。2011 年，该国仅有公民 572 人，其中女性 32 人；大部分是意大利人，多是主教、神父、修女等神职人员。约有 3000 名世俗工人，但不住在梵蒂冈。官方语言为意大利语和拉丁语。居民多信奉天主教。

由于地域太小，梵蒂冈城国是世界上唯一的国家与首都合一的特例。这里没有军队，仅有一支人员无几的瑞士卫队负责安全工作；但建有火车站，通过 862 米长的铁路联结罗马城内。梵蒂冈境内既没有田野与农业，又没有矿产与工业，国民的生产生活必需物资和能源，譬如自来水、

梵蒂冈城俯瞰　梵蒂冈是世界上最小的主权国家，四面都与意大利接壤，是一个"国中国"。

163

梵蒂冈圣彼得大教堂　是世界上最大的教堂及罗马天主教的中心教堂，1506 年重建，1626 年才正式建成。

电力、食品、燃料、煤气等，全部由意大利供给。与其他所有基督教国家不同的是，修筑在使徒圣彼得墓地上的大教堂，不仅是全城的中心，也是世界上最大的宗教建筑。虽然这是实体世界面积最小的袖珍国家，却是虚拟世界力量最大的国家，因为梵蒂冈本身就是一个以罗马教皇为核心的教廷（The Holy See）所在的神权国家。

"教皇"（Pope）原意为父亲，源于希腊文，起初为古代基督教会对高级神职人员的一般尊称。在基督教上升为罗马帝国国教时，君士坦丁堡、安条克、耶路撒冷、亚历山大和罗马五个地方主教处于同等地位，都可以被称为"教皇"。从 5 世纪起，这个词开始为罗马主教所专用。6 世纪末叶，罗马主教地位才逐渐提高，凌驾于其他主教之上，成为基督教会至高无上的统治者。

自从 496 年法兰克国王克洛维皈依罗马派基督教以来，教权与王权之间一直保持着相互利用的关系。7—8 世纪，意大利半岛存在着三种政治势力，他们是伦巴底人、拜占庭人和罗马教皇。随着伦巴底人对意大利的入侵，教皇控制的罗马公国受到伦巴底人的直接威胁。面对拜占

梵蒂冈白百合花　梵蒂冈国花。

庭人无力保护自己的情况，教皇积极寻求与西方强大的法兰克人结盟。此时，法兰克宫相矮子丕平为推翻墨洛温王朝披上合法的外衣，也竭力寻求基督教会的支持。754年，教皇斯提芬二世前往法兰克，为丕平加冕施行敷油礼。这不但使加洛林王朝统治者成为神权国王，而且开创了教皇废立世俗君主的先例。为了酬谢罗马教皇的支持，同时应教皇的要求，丕平两次远征意大利，并迫使伦巴底人把他们侵占的拉文那总督区和五城区（Pentapolis）交给罗马教皇，奠定了教皇国（今梵蒂冈城国前身）的基础。查理大帝继位后，不仅确认他的父亲"丕平献土"的事实，而且为教皇国增加新的领土。他还于781年与罗马教皇签订条约，划定教皇国的范围。

后来，教皇国疆域屡有变迁，直辖领土面积最多达到4万平方公里。1870年8月，罗马爆发人民起义，意大利王国吞并罗马，意大利完成统一，教皇权力被剥夺，并被迫退居罗马城内西北角。在拉丁语中，梵蒂冈（Vatican）意为"先知之地"，亦有观点认为取自爱托拉斯克语的"神论""预言"之意。早在4世纪，罗马主教康斯坦丁就在罗

马城西北角耶稣门徒圣彼得殉难处建立了康斯坦丁大教堂以示纪念。1929 年 2 月 11 日，墨索里尼同教皇庇护十一世签订《拉特兰条约》，教皇正式承认教皇国灭亡，另建梵蒂冈城国。意大利承认梵蒂冈为主权国家，主权属于教皇，规定从同年 7 月起梵蒂冈成为独立的城市国家，从而结束了教皇国的历史。今天，梵蒂冈城国是一个政教合一的神权国家，教皇既是集行政、立法、司法三权于一身的国家元首，也是全世界天主教的精神领袖。现在全球天主教信徒约 12.73 亿人（2016 年），教皇作为象征控制着世界各地天主教占统治地位的地区，而梵蒂冈管辖的天主教神职人员竟达 160 万人，因而成为名副其实的世界天主教中心。

高地之人：北马其顿

北马其顿是北马其顿共和国（The Republic of North Macedonia）的简称，位于南欧巴尔干半岛中部，是个多山的内陆国家。它东邻保加利亚，南临希腊，西接阿尔巴尼亚，北依塞尔维亚共和国与科索沃（南斯拉夫联盟共和国的组成部分，1999 年 6 月由联合国和北约接管），面积 25713平方公里，首都斯科普里（Skopje），人口 207.5 万（2017 年）。主要民族为马其顿族（64.2%）、阿尔巴尼亚族（25.2%）、土耳其族（3.9%）、罗姆族（2.7%）和塞尔维亚族（1.8%）。居民大多信奉东正教。官方语言为马其顿语。

马其顿（Macedonia）一词有不同的含义，有人认为，有希腊血统的马其顿人名字，可能源于希腊语 makednos，意思为"高地之人"，得名于在巴尔干地区居住的斯拉夫族马其顿人（Macedonian）。因为马其顿语与保加利亚、塞尔维亚—克罗地亚语和斯洛文尼亚语一样，同属于斯拉夫语系的南斯拉夫语族。也有人认为，他们的名字可能来自古伊利里亚语词maketia, 意即"家畜"。还有人认为，马其顿起源于传说人物Macedo的名字，他是宙斯的儿子，据说他曾在这一地区称王。而另据《圣经地名词典》解释，马其顿是"扩展"的意思。①究竟它是什么意思，我们不得而知。

身穿马其顿传统民族服饰的女子。

　　早在青铜时代，一批操希腊语的部落已经迁至马其顿地区。自公元前7世纪建国起，马其顿王国在以后三百多年间，在希腊文明世界一直是默默无闻的。不仅如此，它还在公元前5世纪初一度受波斯人统治。马其顿人地处希腊东北边陲，由于偏僻落后，被繁荣的希腊称为野蛮人。公元前4世纪后期，腓力二世统治的马其顿走向强盛，并成为希腊世界的霸主。他的儿子亚历山大又通过武力征服，把灿烂的希腊文明传播到东方的小亚细亚、波斯、埃及等地。亚历山大死后，地跨欧亚非三洲的马其顿帝国分裂为马其顿王国（希腊和马其顿）、托勒密王国（埃及）、塞琉古王国（叙利亚）三个王国。公元前148年，马其顿被并入罗马帝国，后由希腊人主导下的拜占庭帝国统治。

　　公元5世纪起斯拉夫人开始进入马其顿地区定居，奠定了现代马其顿南北之分的基础，即南部为希腊人，北部为斯拉夫人。837年，马其顿地区被保加利亚王国征服，该王国由斯拉夫人以及斯拉夫化的保加尔人建立。10世纪末，萨莫伊洛在马其顿地区建立西保加利亚国，定都奥赫里德（Ohrid）。1018年，该国被拜占庭帝国征服。随后几个世纪中，马其顿多次在拜占庭、保加利亚和塞尔维亚之间转手。15世纪初，

马其顿方阵　马其顿国王腓力二世在希腊方阵的基础上创立的阵型，亚历山大大帝将它与骑兵配合，称为钻锤战术。曾经所向披靡，公元前 168 年被罗马军团所破，退出历史舞台。

奥斯曼帝国征服马其顿，并开始了长达五个世纪的统治。19 世纪，马其顿又成为希腊、保加利亚、塞尔维亚之间争夺的目标。在 20 世纪初期的巴尔干战争中，他们的军队占领并瓜分了马其顿地区。从地理上看，属于保加利亚的部分称皮林马其顿，属于希腊的部分称爱琴马其顿，属于塞尔维亚的部分称瓦尔达尔马其顿（现代北马其顿共和国的领土）。第一次世界大战后，瓦尔达尔马其顿并入塞尔维亚－克罗地亚－斯洛文尼亚王国。1946 年，铁托领导下的南斯拉夫联邦人民共和国把塞尔维亚的马其顿地区与塞尔维亚分开，使之成为南斯拉夫的一个加盟共和国。

　　1991 年，马其顿继斯洛文尼亚、克罗地亚之后，宣布脱离南斯拉夫社会主义联邦共和国而独立，定国名"马其顿共和国"。但是，希腊人对这个新国家使用"马其顿"名称表示反对，他们认为，由马其顿斯拉夫族所建立的国家无权使用属于希腊的名称作为自己的国名（至今，希腊仍将其北部地区称为马其顿省）。目前，全世界仅有约 40 个国家承认"马其顿共和国"名称，包括中国、美国、俄罗斯以及前南斯拉夫的其他加盟共和国等。1993 年 4 月，联合国大会通过决议，接纳马其顿为会员国，其国名暂定为"前南斯拉夫马其顿共和国"。虽然 1995 年希腊解除了对它的经济封锁，但是关于国名争议，两国间的僵局持续了 20 多年。为了扫清加入欧盟和北约的障碍，2018 年 6 月，马其顿与希腊达成更改国名协议。2019 年 1 月 11 日，马其顿议会终于通过宪法修正案，同意将国家名称改为"北马其顿共和国"，2 月 12 日，正式更改国名。

避风的港湾：马耳他

马耳他是马耳他共和国（The Republic of Malta）的简称，位于欧洲南部地中海中心，濒临意大利的西西里岛，据南欧、北非和中东三地海上要冲，有"地中海的心脏"之称。马耳他又叫马尔蒂斯群岛，由马耳他岛、戈佐岛、科米诺岛和两个无人居住的小岛礁组成，总面积316平方公里，其中以245.7平方公里的马耳他岛为最大。首都瓦莱塔（Valletta）是基督教文化名城之一，它的名字起源于瓦莱塔建城者，即中世纪的圣约翰骑士团第六任首领拉·瓦莱特（Jean de la Valette，1557—1568在位）。全国人口47.6万（2017年），以马耳他人为主（占90%），其余为阿拉伯人、意大利人、英国人等。马耳他语和英语为官方语言。罗马天主教为国教，信徒约占全部居民的98%，少数人信奉基督教新教和东正教。

马耳他不仅是一个洒满阳光的岛国，而且有着悠久的历史和灿烂的文化。在历史上，凡是雄霸地中海地区的国家都毫无例外地将马耳他牢牢控制在手中。公元前5000年，第一代史前居民由西西里岛迁徙而来。大约1000年后，岛民用巨石建造了宏伟的神殿，供奉着他们所崇拜的大地之母艾胥托特女神。据说，这些巨石神殿不但比埃及的金字塔和英格兰的巨型石柱更为古老，甚至还被考古学家断定为地球上最古老的直立式宗教建筑。公元前8世纪，腓尼基人来到了这片岛屿，

马耳他　位于地中海中部的岛国，有"地中海的心脏"之称。

马耳他海岸城堡　黄色的建筑群与深蓝色的大海交相辉映。

在这里从事贸易活动与繁衍生息。马耳他在古希腊语中叫作 Melite，这个词就源于腓尼基语，意即躲避海上风浪的"避风的港湾"，其拉丁语名 Melita 是与希腊语汇 melita（甜蜜）混淆的结果。

公元前 218 年，提图斯皇帝征服马耳他，开始了罗马人的长期统治。公元 60 年，使徒圣保罗因船队失事，滞留岛上 3 个月，由此将基督教传到了这里。后来，马耳他岛由拜占庭帝国统治。870 年马耳他落入来自突尼斯的阿拉伯人手中。1091 年法国诺曼底人入侵意大利南部，马耳他的阿拉伯人开始向其上贡。1127 年，罗杰二世将马耳他纳入版图。以后，马耳他一直由欧洲王朝统治，直到 1530 年西班牙皇帝查理五世将它赐予圣约翰骑士团为止。在著名的马耳他战役（1565 年）中，马耳他人和骑士团一起抵抗土耳其人入侵。1798 年，拿破仑军队击败骑士团，开始了法国人的短暂统治。从 1800 年起，马耳他被英国人占领并统治长达 164 年。第二次世界大战中，德国和意大利的突袭和轰炸，给马耳他带来了巨大的损失。1964 年，马耳他获得独立和自由，以成员国身份加入了英联邦。1974 年 12 月，马耳他通过宪法修正案，脱离英联邦，成立共和国。

马耳他虽然土地贫瘠，自然资源缺乏，但是有属于自己的"三宝"——阳光、海水和石头。马耳他岛是由一种奇异的岩石构成，这种岩石呈乳黄色，可用普通的木工工具任意切削、刨光，等石内水分蒸发后，它会变得坚硬，经年不蚀。这是一种十分理想的建筑材料，地质学上称为"软泥型石灰岩"，当地人则称之为"马耳他大理石"，岛上的各种建筑都是用这种"宝石"建造的。由于整个马耳他群岛都处于大海深蓝色的背景中，由"阳光、海洋、沙滩"构成的自然风光可想而知。这里风光旖旎，气候宜人，圣约翰大教堂、大骑士宫、曼诺尔剧院等各时期的名胜古迹，在绚丽阳光的照耀下显得格外迷人。而马耳他人更以其热情的阳光、清澈的海水，以及中世纪的骑士文化，迎接着四方游客。

维纳斯女神的故乡：塞浦路斯

塞浦路斯是塞浦路斯共和国（The Republic of Cyprus）的简称，位于地中海东北部，与希腊、土耳其、叙利亚、黎巴嫩、以色列、埃及隔海相望，面积9251平方公里。1974年塞浦路斯分裂后，希腊族、土耳其族分别占有60%和37%的领土，另有3%属于英国的两个主权基地。根据2017年统计，全国共有94.9万人，其中希腊族占72.8%，信奉东正教，主要居住在政府控制下的南塞区；土耳其族占9.6%，信奉伊斯兰教，主要居住在北塞；外籍人占17.6%。官方语言为希腊语和土耳其语，通用英语。

塞浦路斯是地中海第三大岛，自古以来就扼守着亚、非、欧三洲的海上交通要冲，现代人把它比喻为"东地中海不沉的航空母舰"。作为古代地中海世界著名的铜矿产地，塞浦路斯国名可能起源于从黎巴嫩移植过来的丝柏树，希腊文称kyparissos；而在英文中，copper（铜）

一词得名于其希腊语名称 Kypros。这是一个美丽富饶的海岛，因阿佛洛狄忒的关系，塞浦路斯获得了"爱神之岛"的美称。公元前 15 世纪前后，希腊人来到这里，他们带来了希腊的语言、习俗和传统，并在此后与希腊保持了持久且牢固的政治、文化联系。根据希腊神话，大地女神盖娅是万物和众神之源，她与天神乌拉诺斯结合，生六男六女12 个提坦巨神。后因性格不合，天地神间发生冲突，第一代神界主宰乌拉诺斯被自己的儿子克洛诺斯阉割，其生殖器被抛入大海后，泛起了巨大的浪花，并从中诞生了爱与美之女神阿佛洛狄忒。传说她踏着海浪来到了塞浦路斯一带。如今，塞浦路斯人仍然诉说着这个古老的神话，令人痴迷不已。

据考古发现，约在 9000 年以前，塞浦路斯岛就有人类最初活动的痕迹。古希腊人是较早的外来移民，此后有许多外族人侵入或统治该岛，主要有亚述帝国、古埃及、波斯帝国、亚历山大帝国、托勒密王朝、罗马共和国、罗马帝国、东罗马帝国、阿拉伯帝国、拜占庭帝国等。塞浦路斯曾经是古希腊人的世界，十字军东征以前，这里在名义上属于拜占庭帝国，居民以罗马帝国继承者自居。1191 年，狮心王理查一世率领英格兰的十字军征服塞浦路斯，不仅终结了塞浦路斯的拜占庭时代，还把它卖给了来自法国的圣殿骑士团成员。作为一个十字军国家，中世纪

凯里尼亚城堡　塞浦路斯古代海防城堡，位于北部港口凯里尼亚。

晚期的塞浦路斯长期受到法国人统治。1571 年，奥斯曼土耳其帝国吞并塞浦路斯，土耳其人大量移入该岛，在传入东方文化、宗教和生活方式的同时，也埋下了日后塞浦路斯民族矛盾的种子。1878 年土耳其将塞浦路斯租让给英国，1925 年英国将塞浦路斯变成自己的"直辖殖民地"。1959 年 2 月，塞与英、希、土三国签订《苏黎世－伦敦协定》，确定了独立后国家的基本结构和内部两族的权力分配。

拉拉·穆斯塔法清真寺　位于塞浦路斯法马古斯塔，奥斯曼帝国征服此地后，将圣尼古拉斯天主教堂改建为清真寺。

1960 年 8 月 16 日，塞浦路斯宣布独立，成立塞浦路斯共和国，希、土两族组成联合政府，由希族人出任总统，土族人任副总统。1961 年，塞浦路斯成为英联邦成员国。

　　希、土两族因文化传统、宗教信仰和风俗习惯不同，历史上积怨甚深，并于 1963 年底因制宪问题发生严重的流血冲突。1974 年 7 月，希腊军人政权在塞浦路斯策动政变，土耳其以"保证国"名义出兵，占领北部 37% 的领土，并将土族居民全部北移，希族约有 18 万人南迁，南北分裂局面形成。1975 年 2 月，土族宣布成立"塞浦路斯土族邦"，1983 年 11 月成立"北塞浦路斯土耳其共和国"。目前只有土耳其一国认可，并未获得国际社会的承认。至今，塞浦路斯问题仍未解决。2004 年 5 月，塞浦路斯加入欧盟。2018 年 1 月 1 日加入欧元区，此后经济进一步融入欧洲。

海伦人的住地：希腊

希腊是希腊共和国（The Hellenic Republic）的简称，位于巴尔干半岛最南端，爱琴海诸岛环绕四周，北部与保加利亚、北马其顿、阿尔巴尼亚为邻，东北与土耳其欧洲部分接壤，西南濒临爱奥尼亚海，东部面向爱琴海，南部隔地中海与非洲大陆相望。它的领土面积为 13.2 万平方公里，由大陆、半岛和 3000 多个岛屿组成，其中 80% 是山地和丘陵，最高山峰奥林匹斯山（Olympus，海拔 2917 米）位于北部，是神话传说中宙斯神系的领地。根据 2016 年的统计资料，全国共有 1074.7 万人，其中 98% 以上是希腊人，还有马其顿人、土耳其人等少数民族。希腊语为官方语言。98% 的居民信奉东正教，少数人信奉伊斯兰教等。

在碧波万顷的地中海东部，美丽的希腊世界以其宜人的气候、绮丽的风光和魅力深厚的文化，吸引着追求物质与精神文明的人们。作为西方文明的发祥地，希腊充分体现了现代与古典的完美结合。这是一片神奇的土地，境内的大小岛屿和神庙建筑是希腊悠久历史的见证。

希腊人曾创造灿烂的古代文化，在音乐、数学、哲学、文学、建筑、雕刻等方面都曾取得巨大成就。历史名城雅典（Athens）更是执希腊文化昌盛之牛耳，大悲剧家欧里庇德斯，大喜剧家阿里斯托芬，哲学家苏格拉底、柏拉图、亚里士多德，历史学家希罗多德等都在这里诞生或居住过，这些光辉的名字都是希腊人的骄傲。位于伯罗奔尼撒半岛西部的奥林匹亚村（Olympia），与雅典相距 370 公里，是古代希腊城邦举行奥林匹克竞技会的所在地。

古代希腊不是一个国家概念，而是一个地区称谓，至多是个民族或文明区域的名称，其地理范围涵盖面要比今日大得多，主要指以巴尔干半岛（又称希腊半岛）及其周围岛屿的希腊本土为中心的广大地区，北

雅典卫城　古典时代希腊最辉煌的建筑群，坐落在一座近百米高的山岗上，由山门、帕特农神庙、胜利女神庙等建筑组成。

及黑海沿岸，南达北非的埃及地区，东至亚洲西部的小亚细亚，西到地中海的亚平宁半岛（意大利半岛）、西西里岛、马赛利亚（今法国的马赛），直达伊比利亚半岛（比利牛斯半岛）最南端与非洲隔海相望的直布罗陀。

"希腊"本名希拉（Hellas），指海伦人（Hellenes）住地。罗马人称之为 Graecia（希腊的拉丁文名字）。[1]荷马时代（公元前11—公元前9世纪），希腊人自称为亚该俄斯人（Achaeos）或达那俄斯人（Danaos），后来才自称为希腊人（Hellenes），并称自己的国土为"希腊"（Hellas）。[2]最初希腊西北部山区的伊庇鲁斯有一个州叫"希腊"（Gréce），这个名称以后逐渐包括了德萨里及温泉关南部一带地方和伯罗奔尼撒半岛。最后，"希腊"适用于全部伊庇鲁斯，甚至包括伊利里的伊庇丹门

① 何鲁之《希腊史》，商务印书馆1934年版，第3～4页。
② [苏联] В.С.塞尔格叶夫著，缪灵珠译《古希腊史》，高等教育出版社1955年版，第11页。

和马其顿。由于希腊人使用的希腊文拼音字母与承袭自罗马人的拉丁字母的英文是完全不同源的，希腊国名的书写也相差很大，英文通过拉丁文（Graecia）将其译为 Greece，这是国际上的通称。

关于希腊人的起源，至今没有定论，或者来自北方，或者来自东方小亚细亚。公元前 16 世纪，德萨里有个国王名叫丢卡利翁（Deucalion），他的儿子海伦（Hellen）生了两个孩子，长子叫多罗斯（Doros），次子叫爱奥洛斯（Eolos），海伦的两个孙子叫伊翁（Ion）和亚该俄斯（Achaeos）。据说，希腊民族的四个部落就是由海伦的子孙繁衍而来的。无论希腊人来自何方，他们一旦在希腊定居后，都与当地的土著居民融合了。

其实，从公元前 9 世纪大殖民时代起，直到现在，希腊人在东西方都有不同的名称。西方人称其为 Graeci（希腊人），东方的阿拉伯人、土耳其人、波斯人等称其为 Ionians（爱奥尼亚人）。"地中海东部国家和岛屿，以及美索不达米亚人称爱奥尼亚人（Iones）为希腊人，也是很自然的了。因为是爱奥尼亚人成了希腊祖国东部：爱琴海诸岛和小亚细亚的西部海岸的主要居民。"①

希腊是一个文明古国，有三千多年文字记载的历史。克里特岛位于地中海东部，它既是希腊最大的岛屿，也是古希腊文明的摇篮。公元前 3000—公元前 1600 年，克里特岛和伯罗奔尼撒半岛相继出现了米诺斯文明（克里特文明）和迈锡尼文明。公元前 8 世纪—公元前 6 世纪，希腊人在大殖民时代共建立了 200 多个奴隶制城邦。公元前 5 世纪—公元前 4 世纪中期，希腊历史进入古典时代。在这个阶段上，希腊人不仅取得了希波战争的空前胜利，而且把城邦制度推向发展的顶峰，迎来了奴隶经济文化繁荣的局面。然而，以斯巴达为首的伯罗奔尼撒同盟（Peloponnesian League）与以雅典为首的提洛同盟（Symmachia）两大奴隶制城邦集团为争夺希腊世界的霸权而发动的伯罗奔尼撒战争（公元

---

① 《剑桥古代史》第 3 卷第 3 分册，1982 年版，第 1 页。

前431—公元前404年），对希腊文明造成极大的破坏，城邦制度也随之走向衰落。

从公元前338年起，马其顿帝国、罗马帝国、拜占庭帝国和奥斯曼帝国相继在这里建立起殖民统治。在这一千多年时间里，希腊世界一直处于外族人的统治之下。1821年，希腊爆发反对土耳其侵略的民族解放战争，同时宣布独立。1827年成立自治公国，1832年宣布成立希腊王国。第二次世界大战期间，希腊被德国和意大利侵略军占领。1944年10月15日希腊全国解放，1946年恢复君主制度，1967年建立军人独裁政权，1974年改为共和制。

《米洛斯的维纳斯》 又名《断臂的维纳斯》，大理石雕像，约公元前150年为亚历山德罗斯创作，是迄今为止古希腊女性雕像中最著名的一尊，现为巴黎卢浮宫的"镇馆之宝"之一。

附录：欧洲其他国家国名来历

挪威王国：意为"通往北方之路"。

芬兰共和国：一说源于日耳曼语，"寻找"或"游牧"的意思；一说源于芬兰人的自称"索密"，意为湖沼之国。

冰岛共和国：古代北欧海盗为了不让其他人对此地感兴趣，称这里为结冰的土地，故得名冰岛。

白俄罗斯共和国：国名来源于民族名称，因古时这一民族金发灰眼、喜欢穿白色衣服而得名；又有说法，认为"白"指"自由""解放"。

摩尔多瓦共和国：源自民族名称。

爱尔兰：凯尔特语"爱尔"意为"后面"，因该岛偏处欧洲西部。

匈牙利：源自民族名称，有说法认为和匈奴人有关。

摩纳哥公国：一说是腓尼基人对良港的称呼，一说来自腓尼基语"摩纳基"，意为"僧侣""幽静"。

卢森堡大公国：源自首都名，德语意为"小要塞城堡"。

安道尔公国：来自巴斯克语，意为"石楠丛生的荒地"。

列支敦士登公国：因该地为奥地利王子列支敦士登领地，故以此为名。

保加利亚共和国：由民族名称得名。

圣马力诺共和国：得名于创始人圣徒马力诺。

斯洛文尼亚共和国：源自民族名称。

克罗地亚共和国：源自民族名称，意为"山冈之人"。

波斯尼亚和黑塞哥维那：一说来自塞尔维亚语，意为"寒冷""澄清"；一说来自伊利里亚语，意为"流动"。

塞尔维亚共和国：源自民族名称。

黑山：源自民族名称。

阿尔巴尼亚共和国：源自民族名称。

没有严寒的地方：非洲

非洲是"阿非利加洲"（Africa）的简称，位于东半球的西部，东濒印度洋，西临大西洋，北隔大西洋的属海地中海和直布罗陀海峡与欧洲相望，东北隔红海和苏伊士运河与亚洲为邻。大陆最北端为突尼斯的本·赛卡角，最南端为南非的厄加勒斯角，最西端是塞内加尔的佛得角，最东端为索马里的哈丰角。这是一个奇特的高原大陆，北部的撒哈拉沙漠面积多达 906.5 万平方公里，是世界上除了南极洲最大的荒漠；纵贯南北的尼罗河全长 6670 公里，是世界上最长的河流；东非大裂谷延伸5800 公里，被称作"地球上最大的疤"。由于赤道横贯中部，非洲 3/4的土地受到太阳的垂直照射，年平均气温在 20℃以上的地带占全洲的95%，其中一半以上地区终年炎热，因而非洲大陆被称为"没有严寒的地方"。

非洲是仅次于亚洲的世界第二大洲，总面积为 3020 万平方公里，约占世界陆地面积的 20.2%。它还是拥有国家和地区最多的一个洲，习惯上划为北非、东非、西非、中非和南非五部分。其中，埃及、利比亚、毛里塔尼亚、苏丹、阿尔及利亚、摩洛哥、突尼斯、西撒哈拉等八个国家和地区被称为阿拉伯非洲，而将其他国家和地区称为撒哈拉以南非洲。全洲拥有 12.3 亿人（2016 年），约占全球总人口的 1/6，主要是黑种人和白种人，但种族构成非常复杂。撒哈拉以北主要是属于闪—含语系的阿拉伯人，撒哈拉以南主要是苏丹语系的黑人和班图语系的黑人。由于多数人的皮肤、头发、眼睛都是黑色的，头发短而卷曲，嘴唇较厚，属于黑种人，主要居住在非洲南部，所以撒哈拉以南又有"黑非洲"之称。从语言上看，非洲人的语言构成也非常繁杂，约有八百种，分属苏丹语系、班图语系、闪—含语系、马来—波利尼西亚语系等。从宗教上来看，北非地区居民多信奉伊斯兰教，其他地区居民则信奉基督教、天主教，或保持着原始宗教。

关于 Africa 一词的由来，有不少有趣的传说。一种说法认为，Africa 在梵文或北印度语中是"西方"的意思，即非洲是印度西部的大陆；另一种说法认为 Africa 起源于 aprica，这个拉丁文词意指"阳光灼热的地方"，因为与地中海北岸的希腊、罗马相比，北非地区临近烈日炎炎的赤道地带；还有一种说法认为，公元前 2000 年，也门有个名叫 Africus 的酋长，他侵入北非后在那里建立了一座城，称为 Afrikyah，后来人们便把这大片地方叫作 Africa；也有人认为，Africa 一词来自北非柏柏尔人的"阿非利加"，或者说 Africa 是一位为柏柏尔人所崇拜的女神的名字，公元前 1 世纪他们曾在一座庙里发现女神的塑像，她是身披大象皮的年轻女子形象，从此人们便以这位守护神的名字为非洲大陆命名了；再一种说法认为，Africa 由阿拉伯文 afar 演变而来，意思是"尘土"，以该大陆的气候干燥、风沙大而得名；更有一种说法认为，罗马人为了纪念第二次"布匿战争"的胜利，将"阿非利加"的荣誉称号授予了罗马军事统帅西庇阿，被他征服的迦太基（今突尼斯）地区就叫作"阿非利加"了。公元前 146 年，当罗马人彻底战胜迦太基人后，他们在当地新建了 Africa 行省。不过，那时这个名称只限于北非地区，以后才泛指整个非洲大陆。

非洲是人类文明的发祥地之一。19 世纪以来，考古学者在非洲陆续发现了许多远古人类化石，其中 1974 年在肯尼亚与埃塞俄比亚交界地区发现的距今 320 万年前的猿人化石，被认为是世界上第一个走出热带森林、开始直立行走的女性遗骸。一些人类学者利用遗传学技术研究人类的基因，认为全世界的民族共同起源于 4 万—20 万年前的一个非洲原始部落。大约 10 万年前，这个部落开始走出非洲，迁到西亚，然后从西亚迁到世界各地。他们在 6 万年前进入亚洲内地，4 万—6 万年

前到达大洋洲，3.5 万年前到达欧洲，并跨越白令海峡抵达美洲。这些迁徙到世界各地的非洲部落后裔，最终形成了现代人类。

非洲历史悠久，是最早跨入文明社会的地区之一。公元前 5000 年，尼罗河下游的古埃及人掌握了谷物栽培、兴建水利工程的技术，公元前 3500 年又创造了世界上最早的象形文字，公元前 3200 年出现了统一的中央集权的奴隶制国家。在此后近 3000 年中，他们不仅修建了古代七大奇迹之一的金字塔，而且东征西讨，扩大疆域，最盛时南到苏丹，西到利比亚，北至小亚细亚，东及两河上游，把古埃及文化向四周传播。除了埃及，非洲还出现了库施王国、阿克苏姆王国、布尼奥罗王国、布干达王国、刚果王国、加纳王国、马里王国和桑海王国，创造了灿烂的古代文化。

15 世纪，刚刚摆脱阿拉伯人统治的伊比利亚半岛人，为了寻求新的发展空间，开始登上非洲大陆。1487 年，巴托罗缪·迪亚士在葡萄牙国王的鼓励下，组织船队沿着非洲海岸向南航行，最终到达南部的好望角。接着，葡萄牙人达·伽马率领更大规模的船队，循着迪亚士发现的航路，在绕过好望角后折向北航行。1498 年达·伽马在印度领航员的引导下，终于抵达印度西海岸重镇卡里库特城，由此开辟了西欧通往东方的航路。为了牟取暴利，葡萄牙、西班牙、荷兰、法国和英国等欧洲殖民者开始将非洲黑人贩卖到美洲。在黑奴买卖盛行的 1502 年至 1808 年，仅仅被卖到美国的黑奴就多达 600 万人。地理大发现和开辟新航路，给欧洲带来了巨额的财富，但是罪恶和残酷的黑奴贸易，不但严重破坏了非洲的生产力，阻碍了非洲的发展，而且给非洲人民带来了深重的灾难。

19 世纪中后期，已完成或正在进行工业革命的西方国家为了工业原料和广阔市场，加紧了对非洲的殖民侵略，开始从沿海向内陆深入，并掀起了瓜分狂潮。1884 年 11 月至 1885 年 2 月，英、法、德、比、葡、意等 15 个国家在柏林召开会议，以协议形式对非洲进行了瓜分。

这样，到第一次世界大战前，整个非洲大陆除了利比里亚和埃塞俄比亚还保持名义上的独立，其余的国家和地区全部沦为西方列强的殖民地或半殖民地。

第二次世界大战后，非洲大陆的民族解放运动掀起高潮。到1974年，随着安哥拉、莫桑比克等国独立的实现，整个非洲殖民体系宣告瓦解。1990年3月，非洲最后一块殖民地"纳米比亚"摆脱了南非的统治宣告独立，实行种族隔离政策的南非白人政权逐渐放弃了种族歧视政策。1994年，南非举行了历史上第一次不分种族的全国大选，黑人领袖曼德拉当选为总统。纳米比亚共和国的成立和新南非的诞生，标志着非洲人民争取民族独立和政治解放的历史任务胜利完成，非洲的历史翻开了新的一页。

尼罗河的赠礼：埃及

埃及是阿拉伯埃及共和国（The Arab Republic of Egypt）的简称，位于非洲东北部和亚洲的西奈半岛，东隔红海与阿拉伯半岛相望，并与巴勒斯坦、以色列接壤，西边与利比亚为邻，南接苏丹，北濒地中海，面积 100.1 万平方公里，首都开罗（Cairo）。在全国 10450 万人（2018 年）中，阿拉伯人占 87%，科普特人占 11.8%。阿拉伯语为官方语言，中上层通用英语。伊斯兰教为国教，还有基督教徒、犹太教徒。

对于阿拉伯世界而言，埃及处在连接阿拉伯东方和阿拉伯西方的中央位置，可以说居于中东的心脏地区，其战略位置十分重要。尤其自 19 世纪苏伊士运河开凿后，这里更成为沟通红海和地中海，连接印度洋和大西洋的交通枢纽。

尼罗河发源于赤道非洲，全长 6670 公里，它像一条绿色的缎带纵贯南北，把埃及天然地划为两个部分，孟斐斯①以南是狭长的河谷地区，称为"上埃及"；孟斐斯以北则为地势平坦、开阔的尼罗河三角洲地带（约 2.4 万平方公里），称为"下埃及"。在开罗以北，尼罗河分成许多支流，呈扇状展开，形成平坦的三角洲。这里四季常青，风光旖旎，是有名的粮仓，也集中了埃及绝大部分人口。尼罗河以西则是利比亚沙

---

① 孟斐斯是世界上最古老的城市之一，也是传说中古埃及的都城，距今约有5000多年的历史。

埃及最大最有名的祖孙三代金字塔，分别是大金字塔（也称胡夫金字塔）、哈夫拉金字塔和门卡乌拉金字塔。它们位于开罗西南面的吉萨高地上，建于 4700 年前。

漠，以东直到红海边上是一片多山多石的阿拉伯沙漠，西奈半岛上还有蒂赫沙漠。这样，全国有 95% 的地区属于沙漠、半沙漠。

古埃及的最早居民由非洲土著的柏柏尔人和来自阿拉伯半岛的塞姆人（闪米特人）两部分组成，柏柏尔人的语言属于含语（或称哈姆语），塞姆人的语言属于闪语（或称塞姆语），所以他们的共同语言合称"塞姆—哈姆语系"。考古资料证实，古埃及文化具有古代非洲民族文化和古代西亚文化的共同特点。古埃及人的外形基本特征是身材高大，体格健壮，肤色黝黑，黑头发，低额头，密睫毛，黑眼珠，直鼻子，宽脸型，阔肩膀。从公元 7 世纪起，来自西亚的阿拉伯人后裔构成现代埃及人的主体，他们属于白色人种。

"埃及"在阿拉伯语中称为 Misr，在《新旧约全书》中译作"伊及"。我国南宋赵汝适在地理名著《诸蕃志》中称之为"勿斯里"，《西使记》称"密乞儿"，《元史》称"米西儿"或"密昔儿"，《明史》称"米

狮身人面像　紧挨着哈夫拉金字塔，据说人面是古埃及第四王朝的第四位法老哈夫拉的模拟像。

昔儿"或"密思儿"。究竟"埃及"一词从何而来，埃及考古学家、地理学家和历史学家持有不同的说法：第一，由于尼罗河定期泛滥形成了肥沃的黑土地，或当地居民的肤色呈黑色，所以埃及人把自己的国家称为 Kmt，阿拉伯语称为 Kemi，碑铭作 Kem（ham），意为"黑颜色的土地"。第二，帕他神是埃及孟斐斯的主神，古埃及人把他奉为世界的创造者或人类之父，Ga-ka-pta 这一古代国家名字就成为埃及的起源，意为"帕他神的住宅"或"土地的守护神"。第三，埃及国名源于古希腊语 Aigyptos，从孟斐斯城 Hikuptah 一词而来，原意为"普塔神之宫"。还有其他说法，或指"秃鹫之地"（aia 意为"土地"，guptos 意为"秃鹫"），因为秃鹫是古埃及最著名的动物之一；或源于科普特人或科普托斯城（Koptos），该城曾是埃及早期王朝的中心。第四，埃及来源于腓尼基语 Kapther，意思是"岛"，指该国为尼罗河水所环绕。

埃及是一个古老的农业国。早在公元前 5000 年，勤劳而富有智慧的埃及劳动人民就已经掌握了栽培谷物、开挖水渠、兴修水利等农业生产技术。尼罗河三角洲地带土地肥沃，人烟稠密，是埃及最富庶的区域，这里盛产棉花、小麦、水稻、花生、甘蔗、水果和蔬菜等农产品，其中的长纤维棉花和柑橘驰名世界。此外有巴哈利亚、法拉菲莱、哈尔加、达赫莱、锡瓦等绿洲，就像一颗颗绿宝石，镶嵌在西部茫茫沙海中。因大面积种植的棉花是品种优良的长绒棉，纤维长达4厘米，雪白如银，埃及又别称为"棉花之国""白银之国"。

埃及历史悠久，文化古老，名胜古迹众多，素有"世界名胜古迹博物馆"的雅称，所以它同中国、巴比伦和印度一道被誉为"四大文明古国"。一般说来，人们对埃及历史的认识，仅限于辉煌的古代史。事实上，埃及在历史上至少有三次成为世界文化的中心：古埃及时代（公元前3000—公元前322年）、罗马时代（公元前300—公元300年）和阿拉伯伊斯兰时代（公元7世纪以后）。古王国时期，故都孟斐斯及其周围留下了大量的世界文化遗产，其中以位于吉萨的胡夫金字塔和巨大的斯芬克斯像最为著名，金字塔被誉为世界七大奇迹之一。此外，埃及保存着卢克索神庙、哈特谢普苏特女王葬祭殿一类的巨型建筑物。今天，埃及境内反映各个时期独具特色的古代文物比比皆是。14世纪著名历史学家和社会学家伊·本·哈勒杜由衷地赞叹道："世界上没有其他城市有这么多古迹"，无疑"开罗是所有城市之母"。

白人居住之地：利比亚

利比亚是利比亚国（State of Libya）的简称，位于非洲北部，东邻埃及和苏丹，西毗突尼斯和阿尔及利亚，南与尼日尔、乍得接壤，北濒地中海，面积176万平方公里，首都的黎波里（Tripoli）。境内95%的地区是沙漠或半沙漠，因而有"沙漠之国"的称号。全国共有637万人

（2017 年），其中阿拉伯人占 83.8%，埃及人和突尼斯人占 6.9%，柏柏尔人占 5.2%。阿拉伯语为国语。伊斯兰教为国教，95% 以上的居民为穆斯林。

古代利比亚居民基本上是柏柏尔人，此外有图阿雷格人和图布人。"利比亚"一词源于希腊语，意思是"白种人居住的地方"，用以区别撒哈拉（黑种人居住的地方），早在公元前 2000 年，古埃及象形文字就有记载。现名是闪—含语系闪族语 Lehabim 的希腊文形式。古希腊诗人荷马在《奥德赛》诗篇中曾提及利比亚，当时仅指埃及以西的北非地区或泛指整个非洲大陆。公元 300 年左右，罗马皇帝戴克里先在昔兰尼加北部建立上利比亚省和下利比亚省。利比亚一向被作为的黎波里或柏柏里亚的地理别名，泛指北非中部。正是由于这个缘故，1934 年意大利侵占昔兰尼加和的黎波里塔尼亚后，两省合称为利比亚殖民地。关于利比亚的含义，另一种看法认为，它是住在埃及尼罗河流域以西的沙漠部落名，用以指称来布人（Lebu）或赖布人（Rebu），后来，希腊人把除了埃及人的北非人统称为利比亚人。还有一种看法认为利比亚源于希腊文 Liba 或 lips，意为"西南风"，指利比亚位于希腊的西南方，与其隔海相望。

利比亚的历史遭遇是十分不幸的，它曾先后遭受迦太基人、罗马人、拜占庭人以及阿拉伯人、土耳其人、意大利人、英国人、法国人的入侵。公元前 7 世纪，北非古国迦太基最早侵入利比亚。公元前 201 年，利比亚人在反抗迦太基统治的斗争中，建立起统一的努米底亚王国。公元前 146 年，

萨布拉塔考古遗址　位于利比亚首都的黎波里以东 60 公里处，主要建筑物多建于公元 2—3 世纪，这里曾是古代腓尼基人的贸易站。

利比亚又遭到罗马人的侵略，后来沦为罗马帝国的海外领地。从公元 7
世纪起，阿拉伯人前后分三批来到利比亚，打败拜占庭帝国军队，给北
非带来了阿拉伯文化和伊斯兰教，使大部分柏柏尔人阿拉伯化，利比亚
变成强盛的阿拉伯帝国的一部分。16 世纪中叶，奥斯曼土耳其帝国攻
占的黎波里塔尼亚和昔兰尼加，控制了利比亚沿海地区，并宣布利比亚
为帝国的一部分。土耳其衰落后，利比亚于 1912 年又沦为意大利的殖
民地。第二次世界大战期间，英国占领北部的黎波里塔尼亚和昔兰尼加
地区，法国占领南部的费赞地区，并分别成立了军政府。战后由联合国
对利比亚全部领土行使管辖权。

20 世纪 50 年代初，非洲民族解放运动蓬勃兴起，1951 年 12 月 24
日利比亚人民赢得了国家独立，联邦制联合王国宣告成立，从而结束了
长达 2000 多年的异族统治。1963 年 4 月取消联邦制，改国名为利比亚
王国。1969 年 9 月，由卡扎菲领导的"自由军官组织"发动军事政变，
推翻伊德里斯王朝统治，成立了以卡扎菲为首的革命指挥委员会，行使
国家最高权力，并宣布建立"阿拉伯利比亚共和国"。1977 年 3 月，
卡扎菲发表《人民权力宣言》，宣布利比亚进入"人民直接掌握政权的
民众时代"，取消各级政府，建立各级人民代表大会和人民委员会，将
国名改为"阿拉伯利比亚人民社会主义民众国"，同时在全国范围内普
遍建立各级革命委员会。1986 年 4 月，国名再改为"大阿拉伯利比亚
人民社会主义民众国"。2011 年，卡扎菲政权被推翻。2013 年 5 月，
国名改为"利比亚国"。

长期的殖民统治给利比亚人民留下的是贫穷落后和满目苍凉。独立
之初，利比亚只能靠搜集第二次世界大战时遗留下来的废铜烂铁换取一
点点外汇。那时，偌大一个利比亚，全年的外汇总收入只有 50 万英镑，
人均国民收入仅 50 美元，90% 的国民目不识丁。1959 年，当利比亚从
渺无人烟的沙海中第一次钻探出了石油时，它就逐渐成为世界上重要的
产油国。石油储量高达 430 亿桶，主要分布在班加西区北部的宰勒坦、

贝达，米苏拉塔区东南部的达赫拉和盖尔扬区南部的埃姆加耶特等地。其他矿产资源也相当丰富，如已经探明的天然气储量达到1.54万亿立方米。由于石油收入，利比亚是非洲人均国内生产总值最高的国家，不仅居非洲之首，在世界也名列前茅。利比亚政府利用巨额的石油收入，采取一系列措施，积极发展民族经济，改善人民的物质文化生活条件。

光明女神之国：突尼斯

突尼斯是突尼斯共和国（The Republic of Tunisia）的简称，位于非洲大陆最北端，西部与阿尔及利亚为邻，东南与利比亚接壤，北部、东部濒临地中海，隔突尼斯海峡与意大利的西西里岛相望，有"欧洲的钥匙"之称。这个地中海小国的面积只有16.2万平方公里，与中国河南省差不多大。全国共有1170万人（2018年），除了少量柏柏尔人、法国人、意大利人和犹太人等，绝大多数（90%以上）是阿拉伯人。阿拉伯语为国语，通用法语。由于伊斯兰教为国教（主要是逊尼派），除了少数人信奉天主教和犹太教，96%的居民是穆斯林。他们把凯鲁万①同麦加、麦地那和耶路撒冷一起，视为伊斯兰教的四大圣地。

突尼斯国名源于首都突尼斯（Tunis），但是关于突尼斯城的由来，又有几种不同说法。第一，公元前1世纪希腊历史学家波里比阿和提奥多罗的著作中有关于突尼斯的最早记载。据传，当地曾住有一位修士，他的住地被人们称为"突阿尼斯"，这就是突尼斯的由来。第二，相传，腓尼基人在黎巴嫩西海岸建立"提尔国"，在季多娜女王统治时期，她

---

① 凯鲁万（Kairouan），突尼斯中部城市，有"三百清真寺之城"的称号。城东北隅的奥克巴清真寺久负盛名，它不仅是北非历史最悠久、规模最大的清真寺，有"大清真寺"之称，而且与麦加清真寺、麦地那清真寺、耶路撒冷萨赫莱清真寺齐名，并列为世界四大清真寺。

迦太基遗址　公元前814年这里成为腓尼基人建立的迦太基王国的首都，今天见到的街道、剧场、石碑等遗迹，多数是罗马人统治时期建造和留下来的。

的哥哥皮格马里翁[①]扬言要杀掉他所痛恨的妹夫。为了躲避灾祸，季多娜女王和她的丈夫于公元前841年乘船来到突尼斯沿岸地区建立"卡尔法根城"，即迦太基的前身，不久，城东南又建起"塔尼斯城"，这座新城的名字来自城镇守护神——腓尼基人所崇拜的美丽的光明女神塔尼斯（Tanith）。这就是最早的突尼斯城。在历史上，罗马人、阿拉伯人、法国人相继占领塔尼斯，该城名称也逐渐演变，在突尼斯后接上拉丁语地名后缀 –ia，合起来的意思是"突尼斯城之国"。第三，公元698年，哈桑·伊布·努阿曼统率阿拉伯远征军渡海，占领了突尼斯地区，他在

---

　①　皮格马里翁（Pygmalion），曾为塞浦路斯国王。他不喜欢凡间女子，所以一直独身。可他喜爱雕刻，而且雕刻得惟妙惟肖。传说，他曾照着自己心里的样子雕刻了一位少女，而这尊塑像使他惊呆了。他似乎第一次体验到美的存在，便身不由己地抱着塑像，慢慢地跪倒在少女的脚下，竟然真的爱上了她。他请求爱神赋予美少女以生命，并娶她为妻。西方著名的心理学理论"皮格马里翁效应"术语就从这个神话传说而来。

迦太基城遗址不远处新建了都城突尼斯。①

突尼斯是一个历史悠久的文明古国。腓尼基人最早在这里建立了迦太基城，后来这个城市不仅控制着周边的商业贸易活动，而且逐渐发展为地中海西部的一个奴隶制强国。公元前146年，罗马人把它变成了罗马帝国阿非利加省的一部分。这也许就是非洲名称的最早由来。公元5—6世纪，汪达尔人和拜占庭人又先后占领突尼斯。从703年起，穆斯林征服突尼斯，并使之逐渐阿拉伯化。13世纪，哈夫斯王朝建立起强大的突尼斯国家。1574年，突尼斯又沦为奥斯曼土耳其帝国的一个行省。奥斯曼帝国衰落后，突尼斯成为英国、法国、意大利等西方殖民主义者争夺的对象，1881年沦为法国"保护国"。

第二次世界大战后，突尼斯像许多非洲民族一样，掀起了民族独立运动的高潮。1955年，法国被迫同意突尼斯实行内部自治。1956年3月20日，突尼斯民族最终摆脱法国殖民统治而独立，突尼斯王国建立。1957年7月，突尼斯制宪议会通过决议，废黜国王，宣布成立共和国，同时任命哈比卜·布尔吉巴为第一任总统。1958年2月，由于法军袭击平民，突尼斯掀起了声势浩大的要求法军撤离的群众运动，经过5年半的斗争，终于迫使法军在1963年10月全部撤走。根据1959年6月通过的第一部宪法，突尼斯是一个独立、自由的主权国家，实行共和制。同年11月举行第一次普选，布尔吉巴当选为总统。1976年4月，布尔吉巴成为经议会批准的终身总统。1987年11月，宰因·阿比丁·本·阿里总理以健康原因为由，宣布废黜布尔吉巴，总统职位由自己接任。他还宣布继续实行多党制，走民主、开放、法治的路线，同时积极推行经济自由化政策。2010年底2011年初，突尼斯发生政变，本·阿里逃往沙特，突进入政治过渡期。2014年12月，埃塞卜西当选为总统，突尼

---

① 另一说法认为，突尼斯取名于本地的一个同名的古老村落，是腓尼基人命名并流传至今的唯一地名。它在中世纪获得迅速发展，成为阿拉伯国家伊非利基亚的中心。从13世纪起，它又成为哈夫斯王朝（今突尼斯国家雏形）的首都。

斯结束政治过渡进程。

沙漠之狐：阿尔及利亚

阿尔及利亚是阿尔及利亚民主人民共和国（The People's Democratic Republic of Algeria）的简称，位于非洲西北部，东邻突尼斯、利比亚，南与尼日尔、马里和毛里塔尼亚接壤，西与摩洛哥、西撒哈拉交界，北临地中海，面积 238 万平方公里，其中南部的撒哈拉大沙漠占国土面积的 85%。由于阿尔及利亚蕴藏着丰富的石油和天然气资源，因此享有"北非油库"的美誉。首都阿尔及尔（Algiers）依山傍海，景色秀丽，不仅是一座历史古城，也是地中海南岸最大的港口之一。

在全国 4220 万人（2017 年）中，大多数为阿拉伯人，其次是柏柏尔人（约占 20%），少数民族主要有卡比尔人、沙维亚人、姆扎布

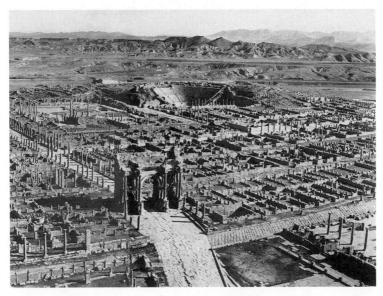

提姆加德古罗马遗迹　北非最大、保存最完好的罗马遗址，建于公元 100 年。公元 600 年，柏柏尔人赶走了罗马人，这座城市随之改名为提姆加德。

人等，另外有少量欧洲人。阿拉伯语为官方语言，通用法语。伊斯兰教是阿尔及利亚的国教，99% 的居民是穆斯林，其余属于基督教徒和犹太教徒。

关于阿尔及利亚国名的由来，主要有两种说法。其一，Algeria 这个词源于阿拉伯语，意为"绿岛"。公元 7 世纪，当阿拉伯远征军来到此地时，他们在茫茫的沙漠中发现有许多被沙海包围的绿洲，犹如海水环抱岛屿一样，阿尔及利亚因而得名。其二，Algeria 一词来源于阿尔及尔。传说，阿拉伯先驱者经长途跋涉后来到这里，看见海面上有一些星星点点的岛屿，海水随风扬起，冲击着岛边的岩石，激起层层白色的浪花。突然，有人脱口大声喊道："杰泽伊尔！杰泽伊尔！"意思是"那些白色的群岛"。最初，阿尔及尔是建在地中海中海湾处四个岛屿上的阿拉伯城镇，阿拉伯语称作 Al Jezayr（群岛）。1525 年西方殖民者进来以后，它们逐渐和大陆连成一体。由于阿尔及利亚长期受法国人统治和影响，Al Jezayr 被读成了 Alger（阿尔及尔）。由于阿尔及利亚是在阿尔及尔市基础上形成的国家，在这个词后面加上拉丁语地名后缀 –ia（之国、之地区），就成为 Algeria。

50 万年以前，在现今的阿尔及利亚生活着大西洋人。公元前 1 万年，柏柏尔人居住在阿尔及利亚一带。公元前 9 世纪，腓尼基人在突尼斯建立迦太基城，并把势力范围扩大到了整个阿尔及利亚沿海地区。公元前 6 世纪以后，在阿尔及利亚东部和西部先后形成努米底亚和毛里塔尼亚两个王国。公元前 3—公元前 2 世纪，阿尔及利亚北部地区还出现了两个由柏柏尔人建立的国家（朱巴一王国和朱巴二王国）。公元前 146 年，罗马人侵占迦太基，统治了整个柏柏尔人居住地区，阿尔及利亚沦为罗马帝国的海外行省。公元 5—6 世纪，它又先后遭到汪达尔人和拜占庭人的侵略。7 世纪中叶阿拉伯人势力崛起后，伊斯兰教和阿拉伯语开始传入。702年穆斯林征服马格里布①，阿尔及利亚被置于阿拉伯人的势力统治之下，尔后成为柏柏尔人的阿尔摩拉维德王朝领地，并逐步完成阿拉伯化。

15世纪，阿尔及利亚先后遭到西班牙和土耳其的入侵。从17世纪起，西方列强纷纷渗透进来，法国（1607）、荷兰（1663）、英国（1681）、西班牙（1791）、美国（1851）先后同阿尔及利亚签订条约和协定，目的就是在这里推行殖民统治。1830年6月，法国军队在阿尔及尔以西约12公里处西迪-法拉吉（Sidi-Fredji）登陆，1834年宣布阿尔及利亚为法国领土。1905年，阿尔及利亚全部沦为法国殖民地。第二次世界大战期间，北非盟军指挥部即设在阿尔及利亚，这里还一度成为在战争初期溃败的法国的临时首都。1954年11月，阿尔及利亚民族解放阵线领导了奥雷斯山区武装起义。1958年9月19日，在战火中诞生了一个崭新的政权——阿尔及利亚共和国临时政府。1962年3月，法国戴高乐政府被迫与阿尔及利亚临时政府签署《埃维昂协议》，承认阿尔及利亚人民的自决权和独立权。7月3日，经过长期斗争的阿尔及利亚人民终于赢得了民族独立。9月25日，阿尔及利亚民主人民共和国宣告诞生。

日落之乡：摩洛哥

摩洛哥是摩洛哥王国（The Kingdom of Morocco）的简称，位于非洲西北角，东面和东南与阿尔及利亚为邻，南面与西撒哈拉接壤，西滨大西洋，北隔直布罗陀海峡与欧洲大陆上的西班牙、葡萄牙相望，扼守大

---

① 马格里布（Maghrib, Maghreb），在阿拉伯语中意为"日落的地方""西方"，指埃及以西的整个北非地区（柏柏尔地区），是阿拉伯人对现今摩洛哥海岸、阿尔及利亚、突尼斯、毛里塔尼亚和利比亚等国家的总称。

瓦卢比利斯遗址（Volubilis） 这里曾是古罗马帝国在摩洛哥最南端的城市，已有2000年的历史，从那些精美的地砖依然可以想见当年的繁华。

西洋进入地中海的门户，因而具有重要的战略地位。

　　除了有争议的西撒哈拉地区，摩洛哥的领土面积有45.9万平方公里，人口3533万（2017年），首都拉巴特（Rabat）。在全国总人口中，阿拉伯人约占80%，柏柏尔人约占20%。作为阿拉伯世界的一部分，摩洛哥把伊斯兰教定为国教，穆斯林占98.7%，另有少量的基督教徒（1.1%）和犹太教徒（0.2%）。阿拉伯语是国语，全国还通用法语。

　　关于摩洛哥国名的由来，大致有三种说法。第一种说法是，古代地中海东岸的腓尼基探险者曾航行到非洲西北角，他们看到这里的冬天虽然山顶上有厚厚的积雪，然而山下阳光灿烂，照得身上暖洋洋的。于是，他们被温和宜人的气候和迷人的海滨风光所吸引，便把这里叫作"摩洛哥"，意思是"休养胜地"。第二种说法是，"摩洛哥"一词源于阿拉伯语"马格里布"的转音，意为"遥远的西方""日落之乡"。古代阿拉伯人征服北非，他们向西行至现今摩洛哥时受到大西洋的阻隔，便以为这里就是西方。第三种说法是，"摩洛哥"是以地区名用作国名，既表示"马拉喀什"之国，也具有"城堡地区"之意。据说在阿拉伯语中，"马拉喀什"和"摩洛哥"是同一个词，可以直译为"被装饰起来的""红色的"。而作为其语源的马拉喀什市①，至今依然存在于摩洛哥中部地区。

摩洛哥作为非洲最古老的国家之一，它的最早居民是柏柏尔人。从公元前15世纪起，摩洛哥一直受到腓尼基人的统治。公元前2世纪到公元5世纪，罗马帝国在征服迦太基以后，取而代之成为非洲的统治者。6世纪，查士丁尼皇帝用兵北非，将摩洛哥纳入东罗马帝国（拜占庭帝国）版图。7世纪，阿拉伯人进入这一地区，并于788年建立第一个阿拉伯王国。他们把该地区称为El Maghreb el Aksa，意思是"大地最西之处"，简称为"马格里布"。阿拉伯人统治时期，伊斯兰世界教派林立，各自为政，王朝多次更替。后来，柏柏尔人在部落酋长阿卜·巴克尔的领导下举行武装起义，在西部的马拉喀什（Marrakech）建立阿尔摩拉维德王朝。柏柏尔人不断向外扩张，不仅吞并了阿尔及利亚地区，而且将直布罗陀海峡对岸伊比利亚半岛的一部分纳入版图。

在西方对外扩张中，摩洛哥首当其冲成为最早的受害者。从15世纪起，摩洛哥先后遭受葡萄牙人、土耳其人、法国人、西班牙人、意大利人、德国人的入侵。1415年葡萄牙在海外建立的第一块殖民地，就是直布罗陀海峡对岸摩洛哥港口城市休达，他们以此作为南下探险和侵占殖民地的跳板。1904年10月，法国人和西班牙人签订了在摩洛哥瓜分"势力范围"的协定。1912年3月，摩洛哥沦为法国的"保护国"。同年11月，法国与西班牙签订《马德里条约》，将摩洛哥北部狭长地

---

① 马拉喀什（Marrakech）是摩洛哥第三大城市，位于首都拉巴特（Rabat）以南，两者相距320公里，被誉为"摩洛哥南部明珠"。马拉喀什是一座历史古城，始建于1062年，曾两度成为摩洛哥王朝的都城。在阿拉伯语中，"马拉喀什"意为"红颜色的"，因为当年的城墙采用赭红色岩石砌成，迄今基本保存完好。

区和南部伊夫尼等地区划为西班牙的"保护地"。1923 年，摩洛哥的丹吉尔港又被划为国际共管区。

第二次世界大战结束后，亚非拉民族解放运动风起云涌，摩洛哥逐渐从殖民地宗主国的统治下赢得独立。1956 年 3 月 2 日和 4 月 7 日，法国、西班牙先后承认摩洛哥独立。1957 年 8 月 14 日，摩洛哥人把自己的新国家定名为"摩洛哥王国"，苏丹也改称国王。1960 年，摩洛哥收回了对丹吉尔港的主权，但是，北部沿海地市休达和梅利利亚等地至今仍然为西班牙所霸占。

皇帝驻跸地：马里

马里是马里共和国（The Republic of Mali）的简称，位于非洲西部撒哈拉沙漠南部边缘，西邻毛里塔尼亚和塞内加尔，北面、东面分别与阿尔及利亚和尼日尔交界，南接几内亚、科特迪瓦和布基纳法索，面积 124 万平方公里，首都巴马科（Bamako）。

马里是一个多民族国家，属于非洲居民中白人和黑人的过渡地带。全国共有 1869 万人（2017年），其中以黑人为最多（90%），此外有少数柏柏尔人后裔和混血种人。而在 23 个部族中，以曼丁哥语系的班巴拉族所占比例最高，达到 34%；另外有班图语系的颇尔族

守护鸟雕刻　鸟是塞努福部族的象征。图中雕刻作品是他们用当地的木材雕刻而成的，展现了西部非洲的独特文化。

（11%）、塞努福族（9%）、萨拉考列族（8%）等。虽然各部族均有自己的语言，但70%以上的居民通用班巴拉语，官方语言则为法语。全国居民中多达80%的人信奉伊斯兰教，18%信奉拜物教，还有2%信奉天主教和基督教新教。

马里地处非洲内陆，是西非最大的一个国家。它原名叫作"苏丹"，1960年9月22日改称"马里"。在曼丁哥语中，"马里"一词意为"河马"。中世纪时期，流经马里的尼日尔河中栖息着成群的河马，土著人便把自己的国家取名为"马里"，希望它像硕大无比的河马一样拥有强大的力量。另有一种说法认为，"马里"是"皇帝驻跸地"的意思，原指13世纪40年代建立的马里帝国[①]，后来逐渐演变为整个国家的名称。

史前时期，马里境内已经有人类繁衍生息。考古学家在许多地方都曾发现新旧石器时代原始人的居住地、劳动工具、武器和其他物品。在今天马里境内出现过三个强盛的帝国，即加纳帝国（700—1200）、曼丁哥帝国（1200—1500，又名马里帝国，一说马里国家名字由此而来）和桑海帝国（1350—1600）。

"加纳"一词意译为"军事长官"，曾为国家统治者的称号，后又成为整个国家的名字，但是它和现在的加纳共和国在地理上和历史渊源上毫无关联。当时，加纳帝国世袭统治者依靠20万军队，统辖了包括现今马里共和国的中部、西部，以及塞内加尔与毛里塔尼亚西部和西南部在内的辽阔疆域。1240年，帝国境内一个省的最高统治者松迪雅塔·凯塔攻占当时的首都昆比萨累，建立了马里国家。14世纪初，马里帝国达到鼎盛，其版图从大西洋海岸一直向东延伸到现今乍得共和国边界，由热带森林区扩及撒哈拉沙漠南部。15世纪后半叶起，马里因内乱以及与邻国间连绵不断的征战而衰落。到15世纪末，过去曾臣服于马里

---

① 马里帝国由松迪雅塔·凯塔建立，它包括今塞内加尔、马里、南毛里塔尼亚、几内亚内地，以及象牙海岸和布基纳法索的一部分。

杰内清真寺　以黏土为材料，用棕榈树干做支架，最早建于 14 世纪，几经毁坏后又予以重建，现已成为西非伊斯兰教的象征。

的桑海帝国成为西苏丹最强盛的国家。由于继承人之间争夺权位，桑海帝国维持的时间也不长久，从 16 世纪 30 年代起逐渐走向了衰败。1600年前后，摩洛哥人消灭桑海帝国，并把它划分为几个弱小的王国，如塞古、卡尔塔、马西纳等，虽然它们未像加纳、马里、桑海等帝国那样强大起来，可是一直存在到 19 世纪中叶。

　　1880 年，在塞内加尔的法国人发现并占领了尼日尔河沿岸地区。1895 年，他们把马里变成法国殖民地，称"法属苏丹"。1904 年，马里并入"法属西非洲"。第二次世界大战后，随着民族解放运动的高涨，"法属苏丹"于 1945 年取得了法国海外领地的地位。1956 年，马里又成为"法兰西联邦"内的"半自治共和国"。1958 年成为"法兰西共同体"内的"自治共和国"，定名为"苏丹共和国"。第二年 4 月，马里与塞内加尔结成马里联邦。1960 年 6 月 20 日，马里联邦从法国独立，数月后塞内加尔退出联邦。同年 9 月 22 日，马里宣布退出"法兰西共同体"而独立，改国名为马里共和国，莫迪博·凯塔担任第一任总统。

马里从独立到1991年，经历了一系列独裁统治。1968年11月19日，穆萨·特拉奥雷中尉发动政变，推翻凯塔政权，成立了全国解放军事委员会。在特拉奥雷的领导下，议会和苏丹联盟党及其所属群众组织被废除。1979年3月，特拉奥雷创立了马里人民民主联盟，同年6月举行总统和立法选举，第二共和国诞生，特拉奥雷当选总统。1991年3月，一批军官发动兵变，逮捕总统穆萨·特拉奥雷，成立了以阿马杜·图马尼·杜尔中校为首的全国和解委员会。1992年4月，阿尔法·乌马尔·科纳雷在马里第一次多党派民主选举中当选为总统，6月宣誓就职，第三共和国宣告成立。

黑人之国：毛里塔尼亚

毛里塔尼亚是毛里塔尼亚伊斯兰共和国（The Islamic Republic of Mauritania）的简称，位于非洲大陆西端、撒哈拉沙漠西部，东邻马里，南毗塞内加尔，东北接阿尔及利亚，西北临西撒哈拉，西濒大西洋，面积103万平方公里，3/5以上地区为沙漠和半沙漠，因而被称为"沙漠之国"。首都努瓦克肖特（Nouakchott）。

全国共有450万人（2018年），总体上分为摩尔族（阿拉伯人）和黑非民族（非洲黑人）两大类。其中，摩尔族中的白摩尔人（阿拉伯—柏柏尔血统）占30%，具有阿拉伯文化语言传统的哈拉廷人（黑摩尔人）占40%，非洲黑人占30%。主要黑非民族是图库勒族、颇尔族、索宁克族、沃洛夫族和班巴拉族。伊斯兰教为国教，约96%的居民是穆斯林。阿拉伯语为官方语言，通用法语，其他民族语言有哈桑语、布拉尔语、索宁克语和沃洛夫语。

由于绝大多数居民是摩尔人（白摩尔人和黑摩尔人），约占全国总

瓦丹古城镇　1996年瓦丹与欣盖提、提希特和瓦拉塔古城镇一起被确定为世界文化遗产。

人口的70%，这一民族名就成了"毛里塔尼亚"国名的由来。其实，"毛里"（Mauri）和"摩尔"（Moor）均源自希腊文，是同一个词汇的两种不同译法，意为"黑色的"，指黑皮肤的人。早在希腊大殖民时代（公元前8—公元前6世纪）以前，地中海沿岸便是黑色人种的土著人居住的地方，希腊人称其为mauros（黑肤色）。罗马帝国时代，该地区被命名为"毛里塔尼亚行省"（Mauretania），也就是"毛里人之国"的意思，因此罗马人把当地居民称为Mauri。[①] 后来，毛里人在阿拉伯人和柏柏尔人的驱赶下，逐渐从该地区消失了。今天，Moors一词已经被人们不分肤色地用作指代非洲西北部地区的阿拉伯居民了。

毛里塔尼亚最早的居民是巴富尔黑人民族，后来北非的柏柏尔人迁入该地区北部。公元前11世纪以前，毛里塔尼亚是古代商队从南摩洛哥到达尼日尔河的主要通道，公元前2世纪臣服于罗马帝国。据说，公

---

① 留明编著《世界文学与风俗的由来》（下），远方出版社2004年版，第14页。

元前 1 世纪，毛里塔尼亚古国存在于现今阿尔及利亚和摩洛哥两国北部一带。但到公元 1 世纪中叶被罗马帝国兼并，并分为两个行省。

公元 7 世纪，伊斯兰教在非洲撒哈拉沙漠西部传播开来，当地摩尔人接受伊斯兰教和阿拉伯语言文学，逐步阿拉伯化，并建立了封建王朝。11 世纪中期，希拉勒部落和萨利姆部落进入马格里布，其中希拉勒部落逐渐进入马格里布最西部。13 世纪末期，摩洛哥苏丹阿布·优素福·雅古卜（1258—1286）把希拉勒部落中的马格尔人赶出摩洛哥。以勇敢彪悍著称的马格尔人人数不多，他们朝南而去，并在毛里塔尼亚北部定居下来，许多寻求其保护的人也加入了进来。因此，马格尔人在这里人数逐渐增多，形成了若干个部落、部族或群体，其中以哈桑部落的影响力最大。自 15 世纪起，他们成了毛里塔尼亚的主人。实际上，哈桑人是外来的阿拉伯人与本地的桑哈查柏柏尔人的混血儿，占毛里塔尼亚居民的大多数。哈桑人的最大功绩在于传播了阿拉伯语即哈桑方言，并于 16—17 世纪创建了国家。

从 15 世纪起，毛里塔尼亚相继遭受葡萄牙、荷兰、法国、英国等西方殖民者侵略。1912 年，毛里塔尼亚沦为法国殖民地，法国人根据罗马时代的古名称，将它命名为"毛里塔尼亚殖民地"。1920 年，他们又把它变成"法属西非洲"管辖下的殖民地。1957 年，毛里塔尼亚取得"半自治共和国"地位。1958 年 9 月成为"法兰西共同体"内的"自治共和国"，11 月，"毛里塔尼亚伊斯兰共和国"宣告成立，意思是"毛里人的伊斯兰共和国"。1960 年 11 月 28 日，毛里塔尼亚人民终于使自己的国家脱离法兰西共同体而独立。

由于毛里塔尼亚是从事传统牧业的国度，世世代代住惯了帐篷，因此尖顶帐篷遍及城镇和牧区，这也成为一道独特的风景。即使在首都努瓦克肖特，拥有高级住宅的富商和显贵也往往在院内或郊区另搭帐篷，作为乘凉休息的场所。当然，在帐篷里招待宾客更被视为"高雅之举"，即便国家元首主持国庆宴会，也照样会在帐篷里举行。因此，毛里塔尼

亚又被誉为"帐篷国家"。

黑人土地：几内亚

几内亚是几内亚共和国（The Republic of Guinea）的简称，位于非洲大陆西部，西濒大西洋，北邻几内亚比绍、塞内加尔、马里，东接科特迪瓦，南与塞拉利昂、利比里亚接壤，面积 24.6 万平方公里，首都科纳克里（Conakry）。全国共有 20 多个民族，约有 1240 万人（2016年），其中富拉族（亦称颇尔族）人数最多，约占 40%，马林凯族约占30%，苏苏族约占 20%。法语为官方语言。85% 的居民信奉伊斯兰教，10% 信奉原始宗教，5% 信奉天主教和基督教新教。

"几内亚"由柏柏尔语 aguinau（黑色的或黑人的土地）一词演变而来，意为"黑人之国"。1440 年，一群葡萄牙人乘船离开欧洲沿着大西洋航行，当他们来到非洲西部的一处三角形地带，发现岸上森林茂密，繁花争艳，风光秀丽，便将船停泊下来。上岸后，他们向一位正在劳动的妇女打听这个地方叫什么名字。这位妇女见来的是一群与当地人肤色不同的白人，加上说她听不懂的语言，也不明白这些不速之客登岸的目的，因而感到异常惊恐。于是，她在躲避不开的情况下，急忙说："几内亚！几内亚！"其实，在当地的苏苏语里，"几内亚"的意思是"妇女"。原来，这位妇人告诉这一群白人，自己是一个妇道人家，什么事情也不知道，你们有什么事情就去找男人们问吧。由于葡萄牙人听不懂当地的苏苏语，当然不明白这位妇女说的是什么，而误认为她是告诉他们这个地方叫"几内亚"。就这样，"几内亚"便出现在葡萄牙人的海图上了。后来，其他欧洲人也加以效仿，将这个地方称为"几内亚"。作为一个国家的名称，几内亚一直沿用了下来。

关于几内亚国名的来源，这里有一个佐证。今天，几内亚有一份发

科纳克里海岸　濒临大西洋，多礁石，少沙滩，岸边多是椰子树和竹林，一派热带风光。

行量较大的杂志，封面上用拼音写作"几内亚—几内亚"，意思就是"几内亚妇女"。非常有趣的是，在非洲的地图上，除了标注"几内亚共和国"这个名称，还有一些含有"几内亚"字样的名词，如"几内亚比绍""赤道几内亚""几内亚森林""几内亚湾""几内亚盆地""几内亚暖流""几内亚气候"等，如同群星闪烁，让人眼花缭乱。

9—15 世纪，几内亚是加纳王国和马里帝国的一部分，15 世纪被葡萄牙殖民者占领，随后西班牙、荷兰、法国和英国人接踵而至。1842—1897 年，法国殖民主义者同几内亚各地部落酋长签订了 30 多个"保护"条约。在 1885 年柏林会议上，几内亚被划为法国势力范围，1893 年被命名为"法属几内亚"。1947 年塞古·杜尔组织几内亚民主党，领导了几内亚民族解放斗争。1957 年，几内亚自治政府成立。1958 年 9 月 28 日，几内亚通过公民投票方式，拒绝留在法兰西共同体内。同年 10 月 2 日，独立的几内亚共和国宣告成立，从而成为非洲第二个独立的黑人国家。1978 年 11 月改名为几内亚人民革命共和国，1984 年 4 月第二

共和国建立时恢复原国名（几内亚共和国）。1992 年几内亚开始实行多党制。1994 年，几内亚第三共和国成立。

几内亚是世界上少数几个最不发达的国家之一，也是民族风情特别浓郁的国家。虽然物质方面比较匮乏，但人们的精神上显得很富足，在他们的心中有真主替他们主宰一切，平时文化娱乐活动很多，过着无忧无虑的生活。几内亚人能歌善舞，无论在城市还是乡村，周末村村有舞会；每逢传统节日、公众集会、举行婚礼、孩子出生和命名，从年轻人到老人、小孩，人人都乐于狂欢，去跳那热情豪放的非洲舞蹈。几内亚人还酷爱足球，即使走在乡村，也到处可见一群群在踢足球的孩子。城乡赛事不断，让人看到了非洲足球的希望。

长期的共同生活，使几内亚的各民族之间保持着基本相同的民族习惯和生活方式。大多数居民信仰伊斯兰教，每个成年男子可以娶四个妻子。男女之间的社会地位并不平等，女人生来就是带小孩、做家务和伺候丈夫的，一夫多妻和女孩受"割礼"就是男女不平等的明显例证。女孩没有决定自己婚姻的权利，结婚后的女人不允许跳舞，尤其限制她们同别的男人跳舞，而丈夫却不受限制。由于极高的婴儿死亡率和多子多福传统的影响，每个妻子至少要生四个孩子；加之，同胞的兄弟姐妹居住在一起，因而二三十人规模的大家庭并不少见。按照当地的法律，兄弟过世后，其他兄弟必须承担起抚养死者年幼子女的义务，同时他们还得接纳其兄弟的遗孀。这样，年轻的嫂子或弟媳就自然地成了他们的妻子，家庭规模也就更庞大了。

黄金之国：加纳

加纳是加纳共和国（The Republic of Ghana）的简称，位于非洲西部，南濒大西洋的几内亚湾，西邻科特迪瓦，北接布基纳法索，东毗多哥。

地形南北长、东西窄，领土轮廓呈长方形，面积23.9万平方公里，首都阿克拉（Accra）。全国共有2880万人（2017年），主要有四大部族，各有自己的语言：阿肯族占全国人口的52.4%，莫西—达戈姆巴族占15.8%，埃维族占11.9%，加—阿丹格贝族占7.8%。官方语言为英语。69%的居民信奉基督教新教和天主教，15.6%信奉伊斯兰教，8.5%信奉拜物教。

清真寺内的加纳妇女　加纳有15.6%的居民信奉伊斯兰教。

　　加纳是非洲最古老的国家之一。在9世纪初的阿拉伯文著作中，已经有了关于加纳的详细记载。公元3—15世纪，西非内陆地区曾经出现几个强大的王国，加纳就是其中最强盛的一个，其版图在今天的马里和布基纳法索一带。10—11世纪加纳王国势力达到极盛，其领土范围从现今马里境内的廷巴克图一带，一直延伸到塞内加尔河流域。正值此时，撒哈拉地区的柏柏尔人侵入境内，一部分当地居民不愿意接受外族人的统治，便向南迁移，在现在的加纳定居下来，他们就是加纳居民的祖先。在伊斯兰教传入前，加纳古王国出现过22个国王，13世纪时因受到马里王国的入侵而渐趋衰落。

　　"加纳"一词原意为"战时领袖""军队统帅"，是当地居民对统治者的一种尊称。每当人们谈到加纳这个国家时，会非常自然地联想到黄金。自古以来，加纳就是世界上著名的黄金产地，当地人从事淘金活动有数千年的历史。目前，加纳的黄金总储藏量超过20亿盎司（一盎司约等于31.1克），接近南非共和国。如果按每年开采270万盎司计算，加纳的黄金储藏量可以连续开采740年，因而是名副其实的"黄金之国"。这既是加纳人的骄傲，也是他们的不幸所在。

15 世纪，正当加纳各族人民平静安宁地生活，争取社会、经济和文化发展的时刻，西方殖民主义的侵略矛头指向了这块地方。1471 年，葡萄牙人首先来到这里，随后荷兰人、法国人、英国人也蜂拥而至。西方殖民者发现加纳的黄金蕴藏量非常丰富，因而竞相在此掠夺黄金、钻石，贩卖黑奴，并从 1482 年起开始把当地称为"黄金海岸"。1897 年，黄金海岸全境沦为英国殖民地。

1957 年 3 月 6 日，加纳宣告独立，取消了带有殖民主义痕迹的黄金海岸称呼，重新启用象征西部非洲古代文明的"加纳"作为国名，同时将原英国托管的"西多哥"并入其中。加纳是英国在非洲的殖民地中第一个获得独立的国家，但它依然是英联邦成员国。1960 年 7 月 1 日，加纳共和国成立。1966 年首任总统恩克鲁玛政府被推翻后，加纳军事政变不断，政权更迭频繁。1981 年 12 月罗林斯发动政变上台后，奉行民族和解和经济复兴政策，政局一直较为稳定。1992 年加纳实行多党制，罗林斯领导的全国民主大会党分别赢得总统和议会选举，顺利实现了由

泥土清真寺　和西非国家一样，加纳大部分清真寺是用泥土修建的。

军政府向民选政府的过渡。

加纳是西非几内亚湾的一个很有特色的国家。除了黄金，加纳还有一种可以同黄金相媲美的物品，即被称为"绿色金子"的经济作物可可。加纳种植可可已经有 100 多年的历史，半个多世纪以来，加纳一直是世界上最大的可可生产国和出口国之一，可可出口收入占加纳出口外汇总收入的 65%，它同木材和矿产品一道组成加纳经济的三大支柱。据说，世界上每三块巧克力糖中就有一块是用加纳的可可制作的，因而人们又风趣地将加纳称为"世界可可之乡"。

赤道黑人土地：赤道几内亚

赤道几内亚是赤道几内亚共和国（The Republic of Equatorial Guinea）的简称，位于非洲中西部几内亚湾，西濒大西洋，北接喀麦隆，东面和南面与加蓬交界，面积 2.8 万平方公里，领土分成大陆和海岛两部，大陆部分叫姆比尼河地区，海岛部分由比奥科、安诺本岛、小埃洛贝、大埃洛贝、科里斯科等十来个岛屿组成。首都马拉博（Malabo）是赤道几内亚独立后命名的，以纪念 19 世纪下半叶领导当地人民反抗殖民统治的布比族同名领袖。

根据 2017 年统计资料，赤道几内亚全国共有 130 万人，其中 85% 居住在姆比尼河区，主要部族是分布在大陆上的芳族和分布在比奥科岛上的布比族。在比奥科岛上，除了土著人布比族，还居住着从尼日利亚迁来的伊博族移民，在南部森林里居住着身材矮小的巴本加族。除了官方语言西班牙语、第二官方语言法语和第三官方语言葡萄牙语，大陆地区通用芳语，海岛上通用布比语。居民中有 82% 的人信奉天主教，其余信奉原始宗教和伊斯兰教。

1471 年，葡萄牙人费尔南多·波发现比夫拉湾的比奥科岛，并且

总统府　赤道几内亚政府所在地。通常情况下，每年政府部门也到第二首都巴塔办公半年。

宣布对该岛屿的占领。当时，葡萄牙人没有在那里设立殖民机构，只是长期占据而已。后来，他们又侵入几内亚湾沿海地区，以及科里斯科和安诺本等岛。根据 1778 年的《帕尔多条约》，西班牙用巴西南面的两个西属殖民地，向葡萄牙换取比奥科岛和安诺本岛。由于可怕的黄热病的袭击，比奥科岛上居民中的幸存者纷纷逃离，这里就变成了荒芜之地。1781—1827 年，西班牙人将岛上的基地让给英国舰队使用。1843 年西班牙人卷土重来，重新占领该岛，进而扩大到姆比尼河地区，并且在 1845 年建立了殖民统治。可以说，西班牙人曾经对这一地区的开发做出一定的努力。1900—1958 年，姆比尼河地区和比奥科岛归属一个政权管辖，两地统称"西属几内亚"。根据 1959 年西班牙颁布的新法规，西属几内亚采用"西班牙海外省"名称。1963 年西班牙行政当局将该省改称为"赤道几内亚"，并于同年 12 月在这里举行公民投票，通过"内部自治"法规。1968 年 10 月 12 日，赤道几内亚正式宣告独立，称为"赤道几内亚共和国"，马西埃·恩圭马出任终身总统。

恩圭马虽然身披全国统一党领袖的外衣，骨子里却是一个彻底的亲西班牙的份子。在他当政期间，赤道几内亚国内存在着受西班牙政府支持的费尔南多·波分离主义势力，他们企图将比奥科岛分裂出来而并入西班牙，但终因逆潮流而动走向破产。而且，总统和政敌、西班牙侨民领袖以及周边邻国矛盾重重，杀戮不断，大约5万几内亚人惨死，15万人流亡国外。1979年，原军队总参谋长兼国家革命人民武装力量部副部长奥比昂中校发动军事政变，处死了恩圭马总统。1982年8月通过宪法，规定赤道几内亚是一个主权独立、民主、统一的共和制国家，实行行政、立法和司法三权分立。奥比昂在大选中获胜，成为新总统，1989年和1996年又两次连任总统。

"赤道几内亚"因靠近赤道而得名。这里多实行一夫多妻制，尤其在上层社会和富裕人家，有的男人多达十几个妻子，几十个子女。第一位妻子，不管年纪多大，她总是正室，称为"第一夫人"。丈夫若是官员或名人，在一些重要场合，他总是让"第一夫人"出面，只有在晚会上，才把最年轻的妻子带在身边。在日常生活中，也是"第一夫人"对家庭的经济财产拥有支配权和管理权。一般情况下，正室对其他几位年轻妻子都非常好，甚至亲如姐妹、母女。

赤道几内亚人能歌善舞，每逢节假日或丰收喜庆之时，他们都要跳热情豪放的非洲舞蹈，尤其是木鼓舞。这是赤道几内亚人民十分喜爱的一种民间集体舞蹈。妇女们穿上传统的兽皮"裙衣"，头上插满各种颜色的羽毛，小腿上绑上成串的贝壳、龟甲片和小铃铛等装饰品；男人则上身赤裸，胸部和四肢涂上传统的花纹。他们在木鼓和各种打击乐器的伴奏下，有节奏地扭动着四肢、腹部和臀部，展现各种优美的舞姿。在灯光的映衬下，羽毛和兽皮闪闪发光，贝壳和铃铛叮当作响，呈现出一派欢乐的景象。

黑人之国：苏丹

苏丹是苏丹共和国（The Republic of the Sudan）的简称，位于非洲东北部，地处红海西岸、尼罗河中游，北部同利比亚、埃及接壤，东部与埃塞俄比亚、厄立特里亚相连，南部同肯尼亚、乌干达、刚果（金）为邻，西部同中非、乍得毗连，尼罗河南北纵贯全境，面积188万平方公里。全境属热带沙漠气候和热带草原气候，最热季节气温可达50℃，因而是世界上最热的国家之一。首都喀土穆（Khartoum）[①]更是有名的"世界火炉"，地表温度最高可达70℃。

苏丹是一个多民族国家，在4078万人（2017年）中，包括19个种族，597个部族。其中，北部以阿拉伯人、努比亚人、贝贾人、富尔人和努巴人等民族为主，南部则以尼罗人、尼格罗人和苏丹人等黑种人为主。在110多种民族语言中，阿拉伯语为官方语言，通用英语。逊尼派穆斯林居住在北部，约占居民总数的70%，原始拜物教占25%，基督教徒居住在南部（5%）。

苏丹是一个文明古国。早在公元前4000年前后，苏丹北部尼罗河流域就有原始部族居住。公元前2800年至公元前1000年，努比亚[②]一直处于古埃及统治下。公元前750年，逐渐强大起来的努比亚人终于统一众部落，建立起独立的库施王国。库施统治者逐步占领了从上埃及到地中海岸的广大地区，还于公元前725年统一苏丹和埃及，建立了埃及

---

① 喀土穆（Khartoum）是阿拉伯语"象鼻"的译音。当15世纪大批阿拉伯人迁入时，他们发现此地狭长的形状恰似一条伸向青尼罗河和白尼罗河交汇点的大象鼻子，这个称呼便沿用至今。

② 努比亚（Nubia）这个词来自埃及语中的金（nub），是对埃及尼罗河第一瀑布阿斯旺与苏丹第四瀑布库赖迈之间的称呼，为现今埃及南部和苏丹北部。

博尔戈尔山及那巴塔地区遗址　包括那巴塔（Napatan）文化遗址、麦罗埃（Meroe）
文化遗址和库施（Kush）的第二个王朝遗址。

第二十五王朝。库施人统治埃及近80年后，由于抵挡不住亚述人的进攻，
被迫退出埃及，往南向中苏丹地区扩展，并迁都麦罗埃。公元1—3世纪，
库施王国走向繁荣，成为苏丹古代历史上一颗灿烂的明珠。6世纪末，
基督教传入苏丹。7世纪时，信奉伊斯兰教的阿拉伯人发动"圣战"，
大举入侵非洲大陆北部地区；接着，他们又以破竹之势挥戈西进，直抵
大西洋沿岸。13世纪，阿拉伯人征服苏丹，他们与当地人通婚，并于
15世纪末建立了芬吉和富尔两个伊斯兰王国。

　　苏丹国名源于阿拉伯语Suda，是阿拉伯人对撒哈拉沙漠以南的黑人
居住区的统称。阿拉伯人在征战途中，曾遇到一些皮肤漆黑的纯非洲人，
并称之为"苏丹"（黑人），把土著人居住的土地叫作"比尔亚得·埃
斯·苏丹"，即"黑人之国"。从此以后，"苏丹"作为人种名和地理
学专用语，沿用至今。同一时期，侵入非洲大陆东部的另一股阿拉伯
人，定居在水源丰富、易于生存的尼罗河上游地区。他们排挤信仰基督

马赫迪陵　位于苏丹乌姆杜尔曼城
（Omdurman）。马赫迪是苏丹民族英雄，
原名穆罕默德·艾哈迈德。

教的当地人，推广、传播伊斯兰教，并和信奉伊斯兰教的土著黑人通婚。在经过若干代以后，一个信仰伊斯兰教、讲阿拉伯语、肤色黝黑、身材高大的新民族出现了。他们被其他阿拉伯人亲切地称为"苏丹"（黑人），他们所居住的地方则被称为"苏丹国"（黑人之国）。

19世纪初，奥斯曼土耳其帝国驻埃及总督穆罕默德·阿里侵入苏丹。从1821年到1885年，苏丹一直处于埃及的统治之下。19世纪70年代，英国势力也由埃及向苏丹扩张，并逐渐控制了苏丹。1881年，宗教领袖穆罕默德·艾哈迈德领导了"马赫迪（救世主）起义"，武装反抗英、埃入侵，并于1885年打败英国侵略者，建立马赫迪王国。但是，独立的马赫迪国家不断遭到比利时、意大利、法国和英国等欧洲殖民者的骚扰和蚕食。尤其是英国人，他们不但自己派军大举进攻东部地区的马赫迪军队，而且利用武装起来的埃塞俄比亚人进攻马赫迪国家。到1898年，英国重新占领了苏丹。从1899年1月19日起，苏丹进入英国和埃及"共管"时代。1953年2月，苏丹自治政府成立。1956年1月1日，苏丹正式宣布独立，成立共和国。

独立以后，苏丹政局不稳，国名也几经变化。1969年5月25日，加法尔·穆罕默德·尼迈里上校发动军事政变，将"苏丹共和国"改为"苏丹民主共和国"。1985年4月，苏瓦尔·达哈卜将军通过军事政变上台，12月再改国名为"苏丹共和国"。2005年，苏丹北南双方签署《全面和平协定》，并据此成立民族团结政府。2011年7月9日，南苏丹共和国独立建国。

非洲中央之地：中非

中非是中非共和国（The Central African Republic）的简称，位于非洲大陆中央，国名由此而来。这是一个远离海洋的内陆国家，东接苏丹，南同刚果（布）和刚果（金）相依，西连喀麦隆，北邻乍得，面积62.3万平方公里，首都班吉（Bangui）。

中非共有474万人（2017年），包括60多个民族，其中最大的是班达族（Banda），占总人口的31%，主要分布在中部和东部；巴雅族（Gbaya）占29%，分布在西部地区；泰戈族（Sango）占10%，主要居住在乌班吉河一带；其他有曼吉阿族、萨拉族、雅科马族、姆巴卡族等少数民族。官方语言为法语、桑戈语。大部分居民信奉基督教（约50%），其余信奉原始宗教（35%）、伊斯兰教（15%）。

16世纪以前，中非地区先后出现过班加苏、腊法伊和宰米奥三个部落王国。16—18世纪，随着西方殖民者的入侵和奴隶贸易的开展，当地人口大大减少。1885年中非遭法国入侵，1891年沦为法国殖民地，1910年被划为法属赤道非洲四个领地之一，称"乌班吉沙立"（Oubangui-Chari）领地，这个名字源于乌班吉河和沙立河。法国为了换取德国对其"保护"摩洛哥的承认，遂于1912年将乌班吉沙立划归德国，

世界上最矮的人卑格米人　卑格米人（Pygmies）是中非的矮人，被称为"袖珍民族"，他们仍然居住在丛林，过着狩猎采集的原始生活。

第一次世界大战结束后重归法国。此后，中非处于法国的统治下，1946年成为法国海外领地。第二次世界大战后，非洲民族独立运动蓬勃发展，巴泰勒米·波冈达创立"黑非社会发展运动"，开展争取民族独立的斗争。1957年初，根据法国《海外领地根本法》，乌班吉沙立取得"半自治共和国"地位。1958年12月1日，它成为法兰西共同体内的"自治共和国"，正式称为"中非共和国"。当时曾考虑采用"赤道共和国"或"赤道国"等名称。可是拉丁美洲已经有了一个赤道国（厄瓜多尔），最后便以乌班吉沙立所处的非洲中心位置确定了新国名。1960年8月13日，中非共和国宣告独立，但仍然留在法兰西共同体内。

1966年1月，陆军参谋长让·贝德尔·博卡萨发动政变，自任总统。1976年12月，博卡萨修改宪法，自封为皇帝，称博卡萨一世，将"中非共和国"改名为"中非帝国"。1979年9月，在法国的支持下中非发生政变，博卡萨被推翻，中非共和国国名恢复，中非帝国不复存在。到1980年底，中非共和国法庭经过五天的缺席审判，最终判处博卡萨死刑，复辟帝制的闹剧告终。1981年9月1日，武装部队总参谋长安德烈·科林巴率军队接管政权，成立国家复兴军事委员会，行使行政、立法权力。1985年9月21日，科林巴宣布解散军事委员会，成立新政府。1986年11月21日公民投票，通过新宪法并正式选举科林巴为共和国总统。实行多党民主制后，中非局势陷入动荡，1996—1997年先后发生三次兵变。1997年1月25日，中非政府同反对派和兵变军人签署《班吉协议》，决定结束兵变，重组政府。1999年9月，中非举行总统大选，昂热·帕塔塞当选总统。

中非共和国是联合国宣布的世界最不发达国家之一。近年来，中非政府重视农业发展，实行有计划的自由经济政策，鼓励发展私营经济，推行商业自由化，积极吸引外国投资和援助。1986年，中非开始执行世界银行和国际货币基金组织倡导的经济结构调整计划，农业产量逐年增加，经济状况有所好转。

阳光普照之地：埃塞俄比亚

埃塞俄比亚是埃塞俄比亚联邦民主共和国（The Federal Democratic Republic of Ethiopia）的简称，位于非洲东北部广阔的埃塞俄比亚高原（被誉为"非洲屋脊"）上。东与吉布提、索马里接壤，西与苏丹交界，南邻肯尼亚，北接厄立特里亚，面积110.36万平方公里，首都亚的斯亚贝巴（Addis Ababa）。

据2017年统计，全国共有1.05亿人，包括80多个民族，其中奥罗莫族人占40%，阿姆哈拉族占30%，提格雷族占8%，此外有阿法尔族、索马里族、古拉格族、锡达莫族和沃莱塔族等。埃塞俄比亚的语言属于亚非语系（闪—含语系）的闪米特语族和库施特语族，阿姆哈拉语为联

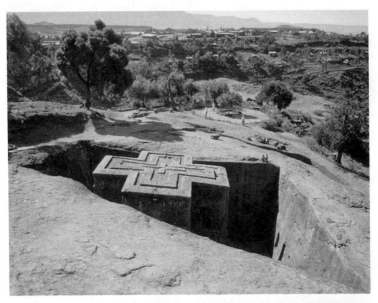

拉利贝拉圣乔治教堂　12世纪埃塞俄比亚国王拉利贝拉花了24年的时间凿出了11座岩石教堂，人们便将这里称为拉利贝拉。图中这座圣乔治教堂是其中唯一被凿成十字架形状的岩石教堂。

217

邦工作语言，通用英语。埃塞俄比亚是基督教和伊斯兰教并立的国家，其中，居民中 45% 信奉埃塞俄比亚东正教，40%—45% 信奉伊斯兰教，5% 信奉基督教新教，此外有少数人信仰原始宗教等。

在埃塞俄比亚，绝大多数居民属黑色人种，面容黝黑，古代人误认为是阳光照射的结果。在古希腊语中，"埃塞俄比亚"由 aithos（被晒黑的）和 ops（脸）两个词合成，原意是"晒黑了的脸孔""烧面"，引申义为"被太阳晒黑的人聚居的地方"。1941 年，埃塞俄比亚国名正式启用，又译为衣索比亚或衣索匹亚，就是指"被太阳晒黑的人民居住的土地"。然而有趣的是，埃塞俄比亚使用的历法和一般国家不一样：他们将每年分为 13 个月，前 12 个月每月 30 天，最后 1 个月仅有 5 天，闰年 6 天，所以它又被人们称为"十三个月里阳光普照的国家"。

埃塞俄比亚是一个具有三千多年文明史的非洲古国。公元前 975 年，孟尼利克一世称王。公元前 8 世纪，建立努比亚王国。公元初，阿克苏姆王国兴起，3 世纪初阿克苏姆城名噪一时，城内许多古迹都是这个非洲文化中心的历史见证。10 世纪末，阿克苏姆王国衰落下去。13—16 世纪，阿姆哈拉人建立了强盛的阿比西尼亚（Abyssinia）王国，其领土即现今的苏丹和索马里。所以，阿比西尼亚成为埃塞俄比亚的旧称。根据犹太人《圣经》记载，有一位埃塞俄比亚女王名叫示巴，她曾去耶路撒冷向以色列王所罗门王问智慧。传说所罗门因为女王美丽而神魂颠倒，并与之发生了关系，后来他们的儿子建立埃塞俄比亚王国。所以，

阿克苏姆方尖碑　碑高 24 米，已有 1700 多年的历史，是埃塞俄比亚文明的象征。

现今有一小部分人还宣称他们拥有示巴女王和所罗门的血统，而且埃塞俄比亚的语言也和《旧约全书》后期使用的文字很接近。

自地理大发现时代起，埃塞俄比亚曾几度沦为西方人的殖民地。16世纪，葡萄牙和奥斯曼帝国相继入侵埃塞俄比亚，19世纪初这里分裂成若干公国。1889年，绍阿国王孟尼利克二世称帝，统一全国，并建都亚的斯亚贝巴，从而奠定了现代埃塞俄比亚疆域的基础。1890年意大利侵占埃塞俄比亚，并宣布埃塞俄比亚受其"保护"。1896年，孟尼利克二世在阿杜瓦大败意军，意大利被迫承认埃塞俄比亚独立。1928年海尔·塞拉西一世登基，1930年11月加冕为皇帝。1936年，意大利再次入侵埃塞俄比亚，直到1941年被埃塞俄比亚盟军击败。1941年5月，流亡英国的塞拉西一世归国复位。从此，埃塞俄比亚人彻底赶走了西方殖民主义者。

1974年9月，一批少壮军官发动政变，成立临时军事行政委员会，接管政权，废除宪法，废黜皇帝，解散议会。1977年2月，门格斯图·海尔·马里亚姆中校发动政变成功，自任国家元首。1979年，埃塞俄比亚成立了以军人为主的"埃塞俄比亚劳动人民党组织委员会"，并宣布实行一党制。1987年9月，门格斯图宣布结束军事统治，成立埃塞俄比亚人民民主共和国。1988年3月，埃塞俄比亚爆发内战。1991年5月，门格斯图政权被推翻。1994年12月，制宪会议通过新宪法，第二年举行全国大选，并成立了埃塞俄比亚联邦民主共和国。在2000、2005、2010、2015年四次大选中，埃塞俄比亚人民革命民主阵线都以绝对优势蝉联执政。

埃塞俄比亚是世界最不发达国家之一。尽管它蕴藏着丰富的水资源和其他天然资源，已探明的矿产资源有石油、天然气、煤、金、铂、铜、钾盐、硅、铁、镍等，但是大部分未得到开发。农牧业是它的国民经济和出口创汇的支柱，而工业基础相当薄弱。尤其数十年来内乱不断，人祸加上天灾，其国民经济临近崩溃的边缘。2000年5月，埃塞俄比亚

和厄立特里亚军事冲突停止后，将工作重心转移到经济建设上来。同时，国际社会恢复了对它的经济援助，埃塞俄比亚经济很快恢复并迅速发展。

奶牛或山羊之国：索马里

索马里是索马里联邦共和国（The Federal Republic of Somalia）的简称，位于非洲大陆最东部的索马里半岛上，被人们称为"非洲之角"。它北临亚丁湾，东濒印度洋，西与肯尼亚和埃塞俄比亚接壤，西北与吉布提交界，面积637660平方公里，首都摩加迪沙（Mogadishu）。

索马里人是索马里最大的种族，可以分为两大族系，其中萨马莱族占全国人口1430万（2017年）的80%以上，包括达鲁德、哈维耶、伊萨克和迪尔四大部族；萨布族由迪吉尔和拉汉文两大部族组成。官方语

索马里　索马里一直处于内战状态，国内武装冲突导致大量的难民无家可归，图中是一个小型的难民营。

言为索马里语和阿拉伯语，通用英语和意大利语。伊斯兰教为国教，穆斯林占总人口的 99%。

索马里源于索马里语"索马尔"一词，意为"奶牛或山羊的乳汁"。索马里是干旱的大草原，北部沿海的古班平原就是一个名副其实的"火烧之地"。那里特别干燥，年降雨量很少。当地人迫于气候条件和环境的需要，不得不带着成群的牛羊和骆驼无休止地寻找水源和牧场。由于索马里人特别钟情于作为其重要食物的牛乳、羊乳，他们干脆用它们来称呼自己的国家。事实上，索马里是世界上饲养骆驼最多的国家，也是世界上人均占有牲畜最多的国家之一，大多数居民以畜牧业和半农半牧业为生，所以用"索马里"称呼他们的国家是比较贴切的。当然还有一种说法，认为索马里国名可能得名于古埃塞俄比亚语，意思是"暗色的""黑色的"，即指当地人的肤色。

早在公元前 1700 年前，非洲之角就出现了以出产香料著称的"邦特"古国。在索马里沦为西方殖民地以前，那里已经形成了一个具有特殊的生活方式、语言和文化的自治社会。从公元 7 世纪起，阿拉伯人和波斯人不断移居于此，在亚丁湾和印度洋沿岸建立贸易点和若干个苏丹国。13 世纪时，自称是属于阿拉伯血统的瓦拉什马王朝，统治着这里的伊法特穆斯林国。而阿达勒穆斯林酋长国，同日益扩张的阿比西尼亚王国之间一直摩擦不断。14 世纪早期，伊法特的苏丹哈克·阿德丁对阿比西尼亚"异教徒"发动全面战争，并取得了胜利。但是 1415 年，穆斯林被击溃了，阿德丁在他的最后一个据点中被杀死。这次惨败和阿德丁殉教发生在阿比西尼亚国王耶沙克统治时期（1414—1429），当时"索马里"这个名字第一次在庆祝耶沙克战胜穆斯林的赞歌中出现。从那时起，阿拉伯的编年史家便把阿达勒称为"萨德·阿德丁之国"了。

16 世纪以后，葡萄牙、英国、意大利等西方殖民主义者相继入侵索马里。1885 年，法国入侵西北部地区，形成"法属索马里"。1887年，索马里北部沦为英国的"保护地"；而 1885 年意大利人开始侵

入索马里南部，至 1925 年完全占领。这样，索马里被肢解为"英属索马里"和"意属索马里"两部分。1941 年，英国占领"意属索马里"，控制了整个索马里。1949 年，联合国决议将原"意属索马里"交意大利托管。1960 年 6 月 26 日，英占区（索马里北部）宣告独立，7 月 1 日意托管区（索马里南部）也宣布独立，同日实现南、北两部分合并，索马里共和国成立。

1969 年，索马里国民军司令穆罕默德·西亚德·巴雷发动政变上台，10 月 21 日将国名改称"索马里民主共和国"。1979 年 8 月 25 日议会通过宪法，规定索马里是"工人阶级领导的社会主义国家"，实行总统制。1991 年 1 月西亚德政权被推翻，索马里从此陷入军阀割据的内战状态。（1）1991 年 2 月，阿里·迈赫迪·穆罕默德成立新政府，自命为"临时总统"，改国名为"索马里共和国"。（2）1991 年 5 月 18 日，索马里北部宣布独立，成立"索马里兰共和国"，由阿卜杜拉赫曼·艾哈迈德·阿里·图尔担任"总统"；1993 年 5 月，穆罕默德·易卜拉欣·埃加勒继任"总统"。（3）1995 年 6 月 15 日，索马里当时最大的武装派别"索马里和解与恢复委员会"领导人穆罕默德·法拉赫·艾迪德宣布在首都摩加迪沙成立临时政府，自任"总统"；1996 年 8 月 4 日，其子侯赛因·穆罕默德·艾迪德继任"临时政府总统"。（4）1998 年 7 月，阿卜杜拉希·优素福·艾哈迈德在索马里东北部成立"邦特兰"地方割据政府并任主席。（5）2002 年 3 月 31 日，拉汉文抵抗军（RRA）宣布成立"索马里西南国"，并选举夏尔古杜德为主席。

几百年来，为民族独立而不懈奋斗的索马里人，力图建立一个单一的主权国家，实际上却形成了多个政权并存的局面。国内各派打打停停，经过不断分化组合，逐渐导致索马里兰、邦特兰、拉汉文兰和艾迪德等摩加迪沙派别四分天下的格局，而国际社会并未承认 1991 年 2 月以来成立的上述政权。显然，索马里要真正实现和解，还有待时日。

溪流汇合的黑人土地：坦桑尼亚

坦桑尼亚是坦桑尼亚联合共和国（The United Republic of Tanzania）的简称，位于非洲东部、赤道以南，由坦噶尼喀（大陆）和附近的桑给巴尔岛及 20 多个小岛组成，面积 94.5 万平方公里。不仅东非大裂谷纵贯全境，而且西部有著名的三大湖，即世界第二大淡水湖维多利亚湖，世界第二深湖坦噶尼喀湖以及尼亚萨湖（马拉维湖）。东北部的乞力马扎罗山（Kilimanjaro，意为"闪闪发光的山"）素有"非洲屋脊"之称，其主峰乌呼鲁峰（基博峰）是非洲最高峰，海拔 5895 米。故都达累斯萨拉姆（Dares Salaam）是全国最大的港口城市，新都多多马（Dodoma）尚在建设中。

桑给巴尔王宫　这里是历代桑给巴尔苏丹的王宫，也曾是英国殖民者的办公大楼。

由于坦桑尼亚联合共和国主要由"坦噶尼喀"（Tanganyika）和"桑给巴尔"（Zanzibar）两部分合并而成，所以国名也就由此而来。坦噶尼喀东临印度洋，南连赞比亚、马拉维和莫桑比克，西邻卢旺达、布隆迪和刚果（金），北接肯尼亚和乌干达。它得名于坦噶尼喀湖，湖名源于班图语，意为"无数溪流在此汇合""许多部落在湖岸集居"。桑给巴尔一词源于阿拉伯语 zanj（黑人）和波斯语 bar（地区、国家），全称意为"黑人的土地"或"黑人的国家"。

坦桑尼亚是一个以属于含米特人和黑人混血的班图人为主的多部族社会。根据 2018 年统计资料，全国共有 5910 万人，其中非洲人占 99% 以上，分属 126 个民族，较大的有苏库马、尼亚姆维奇、查加、赫赫、马康迪和哈亚等，此外有少数阿拉伯人、印巴人和欧洲人后裔。斯瓦希里语为国语，与英语同为官方通用语。坦噶尼喀（大陆）内地信奉原始宗教（38%），城市信仰天主教和基督教新教（32%），沿海地区多信奉伊斯兰教（30%），而 99% 以上的桑给巴尔人信奉伊斯兰教。

大约 200 万年以前，人类祖先就在坦桑尼亚地区繁衍生息。1959 年在奥杜瓦伊发现的"东非人"和"能人"遗址说明，坦桑尼亚是古人类发源地之一。公元前 1000 年，黑人和白人的混血种族库什特人已经从事粮食生产。从两千多年前开始，黑人种族班图人和尼罗特人经过不断的移民和扩张来到了坦桑尼亚。公元 1 世纪，《红海回航记》是坦桑尼亚历史最早的文字记录。而早在公元前，坦桑尼亚就与阿拉伯、波斯和印度等地有了贸易往来。公元 7—8 世纪，又有大批阿拉伯人和波斯人迁入境内。10 世纪末，阿拉伯人在此建立了伊斯兰王国。在欧洲人中，葡萄牙人最先涉足现今坦桑尼亚沿海地区：1498 年达·迦马率领的葡萄牙船队到达非洲东岸。19 世纪中叶，德、英等国的殖民势力侵入该地区。1886 年，坦噶尼喀内陆划为德国势力范围，后被并入"德属东非"。第一次世界大战结束后，坦噶尼喀处于国际联盟的托管下，由英国行使统治权。1890 年，桑给巴尔沦为英国"保护地"。1917 年 11 月被英军

乞力马扎罗山　位于坦桑尼亚东北部，海拔 5895 米，是非洲最高的山峰。它在坦桑尼亚人心中无比神圣，很多部族每年都要来到山脚下举行祭礼等活动。

占领，1920 年划为英国"委任统治地"。

　　根据 1946 年联合国大会决议，坦噶尼喀成为英国的"托管地"。1961 年 5 月 1 日实行"内部统治"，同年 12 月成为独立的共和国。1963 年 12 月 10 日，桑给巴尔宣告独立，成为苏丹王统治下的君主立宪国。1964 年 1 月，苏丹王在桑给巴尔的封建统治被推翻。同年 4 月 26 日，坦噶尼喀和桑给巴尔组成联合共和国，10 月 29 日改国名为坦桑尼亚联合共和国，仍留在英联邦内。1995 年 10 月，坦桑尼亚举行首次总统选举，逐渐摆脱英国的控制。

　　坦桑尼亚作为古代人类的发祥地之一，拥有光辉灿烂的古代文化。由于各族居民之间长期的交往融合，文化、宗教、生活的相互影响，逐渐形成了富于民族特色的风俗礼仪。在坦桑尼亚，90% 的农民生活在传统的村庄里。这些村庄大多数位于农田或牧场中间，用围墙或篱笆围起来。住宅一般呈圆形，屋顶是圆锥形。通常是一户一座房子，而由于现在仍保留一夫多妻制，不少家庭拥有几间住宅。青年妇女最喜爱一种长到膝盖的无褶长裙，穿着舒适、美观，称之为"加鸟花"。在身上从胸或腰一直到腿踝部围着一块花布，上面印有椰树或田园风光等图案，称

之为"康加"。以赛族男性穿一种在肩上打结的宽大外袍,外袍的下面装饰着涂上颜色的贝壳类。马萨伊族人以女剃光头、男子梳辫子为美,有的部族妇女还以纹面为美。甸丁拉姆人盛行"迷藏婚",其新婚仪式别具一格。陪送新娘的人不是把新娘送到新郎家,而是送到新郎的邻居家中藏起来,然后新郎去找。如果连找三家未找到,陪送新娘的人就把新娘接回,7天后再送来,直到新郎找到新娘为止。另外,哈察人的"姐妹共夫",马赛族的"指腹为婚""婚前考验"以及很多部族的"一夫多妻制"等,都展现了坦桑尼亚别具特色的婚俗。

巨大的河流:赞比亚

赞比亚是赞比亚共和国(The Republic of Zambia)的简称,位于非洲中南部,东邻莫桑比克和马拉维,南接津巴布韦、博茨瓦纳和纳米比亚,西临安哥拉,北靠刚果(金)、坦桑尼亚,面积752614平方公里。赞比亚国名源于赞比西河(Zambezi River),这是非洲第四大河,也是从非洲大陆流入印度洋的第一大河。在当地土语中,"赞比西"意为"巨大的河流"。

全国共有1760万人(2018年),包括大小73个民族,大多属于班图语系黑人,主要为奔巴族(占33.6%)、通加族(占10%),还有洛兹族、恩戈尼族和隆达族等少数民族。官方语言为英语,另有31种部族语言,其中奔巴语通用于北部、通加语通用于南部。80%的居民信仰基督教新教和天主教,其余信仰原始宗教。

远古时期,赞比亚境内已经有人类居住。从公元9世纪起,班图语系部族先后建立了一些部族王国。12—18世纪,多数赞比亚人的祖先从现今刚果(金)偏北部的卢巴(Luba)、隆达(Lunda)等王国迁徙而来。16世纪前后,班图语系一些部族开始在赞比亚定居,先后建立过隆达王国、卡洛洛王国和巴罗兹王国。由于特殊的地理条件，赞比亚人几乎与世隔绝，并以独特的方式生活在赞比西河与坦噶尼喀湖之间广袤的热带草原上。

18世纪，葡萄牙最先在这片土地上进行贸易和奴隶贩卖，从而打破了赞比亚人的宁静生活。1855年，英国探险家利文斯敦（David Livingstone）踏上了赞比亚土地。他发现了举世闻名的维多利亚大瀑布，较为详尽地考察了赞比亚的自然资源。之后，英国、德国、比利时等殖民者相继侵入赞比亚。1888年，英国人谢西尔·罗得斯（Cecil Rhodes）从当地酋长手中取得了开矿权，并负责对赞比亚的日常管理。当时，赞比亚分为南罗得西亚（现在的津巴布韦）和北罗得西亚（现在的赞比亚）两部。1911年，英国把北罗得西亚称为"北罗得西亚保护地"。罗得斯的"英国南非公司"修建了公路、铁路和其他基础设施，对赞比亚日后的经济发展起了重要作用。1924年，英国政府派总督对赞比亚

维多利亚瀑布　世界上最大的瀑布之一，最宽处达1690米，它是由一条深邃的岩石断裂谷横切赞比西河而形成的。

实行直接统治。为了与南罗得西亚的白人进行合作，殖民政府不顾当地黑人的反对，于 1953 年 9 月 3 日把南罗得西亚、北罗得西亚和尼亚萨兰（Nyasaland，现名马拉维）强行合并，成立了"罗得西亚和尼亚萨兰联邦"，又称"中非联邦"。此后，南罗得西亚变成了政治中心，而北罗得西亚由于铜资源而变成了经济中心。但是，联邦制使北罗得西亚和尼亚萨兰愈来愈不能接受，"中非联邦"遂于 1963 年 12 月解体。第二年 1 月，北罗得西亚实行内部自治，由联合民族独立党组成"内部自治政府"，10 月 24 日正式宣布独立，定国名为"赞比亚共和国"，仍然是英联邦成员国。

赞比亚资源丰富，尤其以铜矿而著称，素有"铜的王国"之称。首都卢萨卡（Lusaka）是赞比亚最大的城市，也是世界闻名的"铜都"。城内到处可见铜铸的纪念碑、用铜皮包成或用铜片镶嵌的建筑物、摆满各种铜制工艺品的商店。著名的铜花盛开在公园里，铜花状如龙舌兰，花呈蓝色，其生长处，地下必有铜。人们不仅居住在铜装饰的房子里，而且家中的杯、壶、盘、碗、锅等物什无一不是铜制品。尤其令人眼界大开的是，铜器还成为一种媒介物品，在日常生活中可以起到增进友谊、联络感情的作用：男子求婚时送上一件祖传的铜制工艺品是最受欢迎的礼物，女儿出嫁时陪送一只精雕细刻的铜质梳妆盒是终身珍藏之物；亲朋好友分别时馈赠一件铜制品则是情深意浓的最佳纪念物；离开这座城市的人，一般会买上几件铜盘作为纪念品等。

赞比亚拥有悠久的历史和古老的文化，其风俗礼仪因地区、民族、宗教的不同而有差别。总体上看，绝大多数人的姓名属于传统名称，亦称"土称"，其结构为前面为本人名字，后面为其父的名字。有些人喜欢在自己的名字后面加上出生地点、欧洲色彩（亦称洋名）以及所信奉的某种物品或者热衷的职业等，还有些人喜欢在自己的名字上反映出所信奉的宗教。妇女的名字是婚前由本人名加父亲名构成，婚后便将父亲名换成了丈夫名。

在非洲许多国家中，社交活动中的尊老敬长是一种良好的社会风俗。在赞比亚，年龄大被视为威望和权力的象征。特别是在那些农村或者偏远地区，几乎每一个家庭、每一个家族、每一个村庄，均是由成员中年龄最大的男性当家主事，决策定案。年轻人无论在任何地方、任何场合，遇见年长者时，均要毕恭毕敬地主动打招呼，行礼致意，随后恭恭敬敬地站立在一旁，请年长者先行。此外，赞比亚流行一种普遍使用的、有趣的敬称，就是当地人见到男外宾时统称为"爸爸"，见到女外宾时统称为"妈妈"，而且往往同客人来自的国家相关联，如"中国爸爸""英国妈妈"等，用来表示对客人的极大尊重。

鸵鸟：肯尼亚

肯尼亚是肯尼亚共和国（The Republic of Kenya）的简称，位于非洲东部，赤道横贯中部，东非大裂谷纵贯南北，因而素有"东非十字架"之称。它东与索马里为邻，北与埃塞俄比亚、南苏丹接壤，西与乌干达交界，南与坦桑尼亚相连，东南濒印度洋，面积 58.3 万平方公里，首都内罗毕（Nairobi）。全国共有 5100 万人（2018 年），包括 44 个民族，其中以基库尤族为最大，占总人口的 17%；其次是卢希亚族（14%）、卡伦金族（11%）、卢奥族（10%）、康巴族（10%）等，此外有少数印巴人、阿拉伯人和欧洲人。约有 45% 的居民信奉基督教新教，33%信奉天主教，10% 信奉伊斯兰教，其余信奉原始宗教和印度教。斯瓦希里语为国语，与英语同为官方语言。

在当地班图语中，"肯尼亚"的意思是"鸵鸟"。那么，这个国家为什么会以"鸵鸟"的名字来称呼呢？原来，肯尼亚名称是与境内东部的肯尼亚山紧密相连的。它是全国最高峰、非洲第二高峰，海拔高达5199 米，峰顶终年积雪。从远处眺望，山峰好似头顶雪帽，身披黛衣，

黑白相间，活像一只骄傲的鸵鸟，其景象蔚为壮观。于是，当地居民就将这黑色山石与白雪相间的地方比喻为鸵鸟，肯尼亚便由此得名。非常有趣的是，肯尼亚境内野生动物种类繁多，它们在这天堂般的生存环境中展现出丰沛的生命力，使人们能够与无数美丽的生灵保持亲密的接触。所以，肯尼亚又被趣称为"鸟兽的乐园"。

当然，肯尼亚还是人类发祥地之一，其境内曾出土大约250万年前的人类远祖头盖骨化石，因而又享有"人类的摇篮"的美誉。据史料记载，公元前600年前后，地中海东岸的腓尼基人最早到达肯尼亚。公元7世纪，肯尼亚东南沿海已形成一些商业城市，阿拉伯人通过海路到这里经商，和当地人通婚，并定居于此。15世纪初，我国明代航海家郑和率船队"下西洋"时到达这里。15世纪末，葡萄牙人开始在肯尼亚沿海登陆。1593年在蒙巴萨建立耶稣堡，据点逐渐遍布沿岸地区。直到1720年全部撤离，葡萄牙人结束了在非洲的统治。

19世纪30年代，桑给巴尔苏丹将其统治版图扩张到肯尼亚沿海的部分地区。19世纪中叶，英国和德国在肯尼亚和东非其他地区展开激烈的争夺。1890年英、德殖民者瓜分东非，肯尼亚和乌干达直接划归

内罗毕国家公园　建于1946年，占地117平方公里，园中有100多种哺乳动物和400多种特有的候鸟。

英国管辖。五年以后，英国宣布肯尼亚为其"东非保护地"，1920 年改为"殖民地"。

从 20 世纪 20 年代起，肯尼亚民族解放运动蓬勃发展。1948—1956 年，肯尼亚爱国组织通过发动"茅茅"运动等，展开了大规模的反殖民主义武装斗争。50 年代后期，肯尼亚及整个非洲的独立运动达到高潮。随着 1956 年和 1957 年苏丹与加纳的相继独立，西方的殖民统治已难以长期维持下去。1960 年 1 月，英国宣布取消在肯尼亚长达七年多的"紧急状态"，并在伦敦召开第一次肯尼亚制宪会议。同时，殖民当局宣布允许肯尼亚非洲人重新组织全国性政党，不再要求是"多种族的"。1960 年 3 月，肯尼亚非洲民族联盟（KANU，简称肯盟）和肯尼亚非洲民主联盟（KADU，简称民主联盟）相继成立。1962 年 4 月在伦敦召开肯尼亚制宪会议，决定由肯雅塔为首的"肯盟"和加拉为首的"民主联盟"两党组成联合政府。1963 年 12 月 12 日，肯尼亚终于赢得了国家独立。1964 年 12 月 12 日，肯尼亚共和国成立，但仍留在英联邦内。独立以前，肯尼亚曾是白人的乐园，电影《走出非洲》就是肯尼亚殖民时期的生动写照。

1966 年 12 月，肯尼亚撤销参议院，成立了一院制的立法机关。1982 年 6 月通过宪法修正案，实行"一党制"。进入 20 世纪 90 年代，"多党民主"浪潮不断冲击着肯尼亚政坛。1991 年 12 月，执政党"肯盟"迫于国内外压力，决定废除宪法中的一党制条款，恢复多党制，于是"恢复民主论坛""民主党"等反对党纷纷成立。在 1992 年和 1997 年的多党选举中，"肯盟"两度获胜，莫伊蝉联总统。2002 年大选是肯尼亚自 1991 年实行多党制以来的第三次选举，也是 1963 年肯尼亚独立以来最激烈的一次选举。结果执政党"肯盟"失利，由姆瓦伊·齐贝吉领导的反对党联盟"全国彩虹同盟"赢得胜利，齐贝吉宣誓就任自肯尼亚独立以来的第三位总统。2013、2017 年的两次大选中，朱比利联盟领袖乌胡鲁·肯雅塔当选为肯尼亚第四任总统。

光明到来之地：莫桑比克

莫桑比克是莫桑比克共和国（The Republic of Mozambique）的简称，位于非洲东南部，南邻南非、斯威士兰，西临津巴布韦、赞比亚、马拉维，北接坦桑尼亚，东濒印度洋，隔莫桑比克海峡与马达加斯加相望，面积 799380 平方公里，首都马普托（Maputo）。

"莫桑比克"旧译为"莫三鼻给"，在斯瓦希里语中意为"光明到来"。全国有 60 多个民族，绝大多数属班图语系黑人，主要民族有马库阿—洛姆埃族（约占总人口的 40%）、佐加族、马拉维—尼扬加族、绍纳—卡兰加族、尧族等。此外，有少量白人（其中葡萄牙人占 0.2%）、混血人和印巴人。葡萄牙语为官方语言，各主要民族都有自己的语言。在 2886 万（2017 年）人口中，有 28.4% 的居民信奉天主教，17.9% 的居民信奉伊斯兰教，其他多信奉原始宗教和基督教。

莫桑比克人曾经创造了相当发达的古代文化。10 世纪，索法拉成为输出黄金的重要港口。13 世纪，班图语系绍纳人的一支卡伦加人建立莫诺莫塔帕王国，统治着现津巴布韦和莫桑比克一带。当时，该王国内大量开采铁、铜和黄金，首都也成为冶炼的中心。凭借雄厚的经济实力，该王国建造了许多大城市，阿拉伯人、印度人受到吸引，前来进行贸易活动。至今，莫桑比克的矿业仍较为兴旺，铀、铜、金、镍、钴等矿藏丰富，其中钽矿的储量居世界之首。15 世纪末，莫诺莫塔帕王国实力下降，大规模的征服活动逐渐停止。1480 年国王马托佩死后，莫诺莫塔帕王国陷入内乱之中。在阿拉伯商人的鼓动下，昌加人首先发难，于 1506 年自称埃米尔，建立昌加埃米尔王国。随后，马尼卡、巴卢伊、托格瓦等属邦也相继独立。

1498 年 3 月，葡萄牙探险家达·伽马在探寻去东方的航路上，首

马普托教堂　位于首都马普托市内。

次到达莫桑比克岛，晚于中国明朝航海家郑和远航莫桑比克半个多世纪。
1503 年，达·伽马在莫桑比克岛上建立第一个殖民据点。当葡萄牙殖
民者来到莫桑比克海岸时，昔日威震四方的莫诺莫塔帕大帝国已变成了
偏安一隅（今赞比西河南岸）的弱小王国。与此同时，在今莫桑比克北
部，兴起了三个马拉维人契瓦族国家：卡伦加在今马拉维与莫桑比克
交界处；马甘加在今希雷河右岸，其势力向东直达莫桑比克东海岸；昂
迪在今莫桑比克西北太特地区。15 世纪末 16 世纪初，这三个国家由今
刚果（金）南部卡坦加（今索巴）地区迁徙到赞比西河北部，它们的社
会发展基本处于早期奴隶制阶段，宫廷中还不曾有固定的官吏制度，主
要靠顾问议事会执政，但地方上已形成酋长制。此外，在鲁伍马河以南
约 100 公里处，还存在一个比较强大的马津巴人国家，大致也属于部落
军事联盟制。

　　起初，莫诺莫塔帕王国对于葡萄牙使者以礼相待，对于天主教传教
士视如宾客，准予传教与贸易，甚至给予葡萄牙商人收取该地的贸易

蒙德拉纳　莫桑比克民族解放组织——解放阵线的首任领导人。1969年2月3日被害，这一天后来被定为英雄日。

税、调解纠纷、惩治违法者和管理商业事务等多项特权，而对他们的要求，只限于与穆斯林商人一样，每年仅需交纳1000克鲁萨多（约200镑）经营税。但是，土著人的友善换来的是殖民者变本加厉的侵略。1505年，莫桑比克遭到葡萄牙殖民者入侵，1700年沦为葡萄牙的"保护国"。1752年，葡萄牙总督对莫桑比克行使直接统治权，称之为"葡属东非洲"。1951年，葡萄牙人甚至还将莫桑比克改为葡萄牙的"海外省"。

在外族殖民统治时期，莫桑比克人为争取民族独立进行了顽强的斗争。1962年6月成立了莫桑比克解放阵线，这是全国性的民族解放组织，简称"解阵"。1964年9月，"解阵"开始领导人民进行反对葡萄牙殖民统治的武装斗争；1974年9月，"解阵"同葡萄牙政府签署了关于莫桑比克独立的《卢萨卡协议》；9月20日成立了以"解阵"为主体的过渡政府。1975年6月25日，莫桑比克正式宣告独立，由"解阵"主席萨莫拉任总统。根据宪法，新成立的莫桑比克人民共和国实行社会主义和一党制，莫桑比克解放阵线党是国家和社会的领导机构。1990年11月莫桑比克议会做出决定，将国名改为莫桑比克共和国。

刚刚摆脱殖民统治的莫桑比克，又深深地陷入了一场旷日持久的内战。在西方势力的支持下，武装组织"全国抵抗运动"一直进行着反政府的武装斗争。1992年10月，莫桑比克政府和全国抵抗运动在罗马签署和平总协议，结束了长达17年之久的内战。1994年10月，莫桑比克顺利举行首次多党制议会和总统选举。解阵党获胜继续执政，其主席希萨诺蝉联总统，全国抵抗运动等参选政党均表示接受大选结果。大选后政局基本稳定，莫桑比克进入了和平建设的新时期。

马尔加什人之地：马达加斯加

马达加斯加是马达加斯加共和国（The Republic of Madagascar）的简称，位于印度洋西部、非洲大陆东南，有着漫长的海岸线，隔莫桑比克海峡与非洲大陆相望，在莫桑比克海峡最窄处，该国与非洲大陆相距只有 400 公里。马达加斯加是世界第四大岛，仅次于格陵兰岛、新几内亚岛和加里曼丹岛。包括附近岛屿在内，面积 59 万平方公里，首都塔那那利佛（Tananarive）。

根据 2017 年统计，马达加斯加总人口达到 2520 万，其中 98% 以上是马尔加什人，即马达加斯加岛的主人。在马尔加什文中，Madagaskara 或 Malafasy 意即"马尔加什人"的土地。马尔加什人由 18 个民族组成，其中较大的有伊麦利那族（26.1%）、贝希米扎拉卡族（14.1%）、贝希略族（12%）、希米赫特族（7.2%）、萨卡拉瓦族（5.8%）、安坦德罗族（5.3%）、安泰萨卡族（5%）等。另外，有少数科摩罗人、印度人、巴基斯坦人、法国人以及华侨。官方通用法语，民族语言是属马来—波利尼西亚语系的马达加斯加语。52% 的居民信奉原始宗教，41% 的居民信奉包括天主教和新教在内的基督教，还有 7% 为穆斯林。

非洲大多民族为黑人，而马达加斯加人是例外，他们属于黄色人种，是两千多年前从东南亚迁移过去的。在公元最初一千年中，蒙古人种的马来亚—印度尼西亚人逐渐移入该岛，并同当地人融合形成马尔加什人。7 世纪，阿拉伯商人最早发现马达加斯加岛，并在西北方海岸建立贸易点，马达加斯加从此开始了有文字记载的历史。13 世纪以前，阿拉伯人绘制的地图上已有这个岛屿，他们称之为"月亮岛"或"野猪岛"等。葡萄牙航海家迪耶戈·迪亚斯是最早踏上这个岛屿的西方人。1500 年 8 月 10 日，他率领船队绕过非洲最南端的好望角向亚洲航行的途中，因

女王宫　始建于 1610 年，历史上先后有四位女王在此执政，因而得名。1897 年，法国殖民政府将其改建为博物馆。1995 年，毁于大火，仅留下这段残壁。

遇到风暴被吹到岛屿的北部海岸，由此发现了该岛。由于当天正值欧洲人庆祝圣劳伦斯节，该岛即被称为"圣劳伦斯岛"。葡萄牙国内得到消息后，认为此岛就是《马可·波罗游记》中所说的位于非洲东海岸的摩加迪沙王国（现索马里），再加上拼写失误，所以"马达加斯加"作为国名一直误用至今。

16 世纪，马达加斯加岛处于诸王国割据状态，重要势力有西部的萨卡拉瓦（Sakalava）王国、东部的贝齐米萨卡（Betsimisaraka）王国，而在南部及中部地区则为贝齐雷欧（Betsileo）王国。16 世纪末，伊麦利那人（Imerina）在中部建立王国。到 18 世纪 90 年代早期，包括海岸在内，岛屿大部分地区处于伊麦利那王国的控制下。19 世纪初伊麦利那人统一全岛，建立了马达加斯加王国。1817 年，伊麦利那统治者与毛里求斯的英国殖民统治者达成协议，废除了奴隶交易。作为回报，岛国接纳了英国军队和经济援助，英国人的影响逐渐增强，甚至伊麦利那皇室也因此而改变信仰，开始信奉长老会、公理会、英国国教会等基督教新教。

葡萄牙人、法国人、英国人曾多次企图在马达加斯加建立殖民地，由于当地人的反抗而屡遭失败；加之，当时西方殖民侵略的重点在东方，马达加斯加一直保持着独立状态。然而，17世纪末，法国人开始在马达加斯加东海岸建立贸易站。1885—1896年法国人用武力完全控制了马达加斯加，使之变成殖民地，并废除伊麦利那王国君主制。这样，末代君主拉那瓦罗娜（Ranavalona）被迫流亡阿尔及利亚。第二次世界大战期间，马达加斯加人组成军队，参加了在法国、摩洛哥和叙利亚的战斗。1942年英军占领了这个具有战略意义的岛屿，1943年又将它交还给法国人。经过长期的斗争，1957年初，马达加斯加成为"法兰西共同体"内的一个"半自治共和国"，1958年10月成立自治共和国。1960年6月26日，马达加斯加完全独立，成立了"马尔加什共和国"，亦称第一共和国。

1975年12月，改国名为"马达加斯加民主共和国"，亦称第二共和国。拉齐拉卡总统试图建立马达加斯加式的社会主义制度，但是迫于西方压力，1990年开始实行多党民主和经济自由化。1992年8月19日，马达加斯加举行全民公投，将国名改为"马达加斯加共和国"。在1993年2月首次举行的多党大选中，阿尔贝·扎菲战胜拉齐拉卡当选总统。1997年4月，拉齐拉卡在总统大选中获胜，重掌政权。2002年4月，原首都塔那那利佛市市长拉瓦卢马纳纳在总统竞选中胜出，就任马第四任总统。2019年1月，拉乔利纳在大选中胜出，当选新一任总统。

马达加斯加是世界最大的石墨产地之一，经济以农牧业为主，重要经济作物有咖啡、丁香、剑麻、甘蔗、花生等，其中香草产量和出口量都居世界首位。但是，它至今还是联合国所认定的最不发达国家之一。

印度洋上的明星和钥匙：毛里求斯

毛里求斯是毛里求斯共和国（The Republic of Mauritius）的简称，位于非洲东南方的印度洋上，西距马达加斯加岛约 800 公里、非洲大陆东岸 2200 公里，东距澳大利亚 4827 公里，由主岛（毛里求斯岛）和罗德里格岛、圣布兰登群岛、阿加莱加群岛，以及查戈斯群岛（现由英国管辖）和特罗姆兰岛（现由法国管辖）等 20 多个大小岛屿组成，面积 2040 平方公里，首都路易港（Port Louis）。

毛里求斯居民主要为印度人和巴基斯坦人后裔，在全国 126.56 万人口（2018 年）中占 69%，欧洲人和非洲人混血的克里奥尔人占 27%，华裔和华侨占 2.3%，欧裔占 1.7%。多数人讲印地语和克里奥尔语，官方语言为英语，法语也普遍使用。约有 52% 的居民信奉印度教，30% 信奉基督教，17% 为穆斯林，另有少数人信奉佛教。

毛里求斯海滩　毛里求斯是最受海滩旅游者欢迎的国家之一。

毛里求斯国名含义是"印度洋上的明星和钥匙"（The Star and Key of Indian Ocean）。打开非洲地图，顺着马达加斯加边缘朝东寻找，就可以发现一个不起眼的小岛，那就是毛里求斯。它本是非洲的海岛小国，由于地处印度洋西南部，是亚洲、非洲、欧洲之间航运的中转站，因而具有重要的战略位置。毛里求斯风光优美，海景独特，那里有金色的沙滩、湛蓝的海水、明媚的阳光，以及碧绿的蔗田，简直是令人神往的人间天堂，这一切无不使其成为举世闻名的旅游胜地。马克·吐温曾满怀深情地称赞说："上帝先创造了毛里求斯，再创造了伊甸园。" 这位美国大文豪的意思是，毛里求斯是天堂的原型，天堂就是仿照这个小岛打造出来的。这是为毛里求斯的美丽和天然所做的最好注解。

然而殊不知，毛里求斯原是一个荒岛！公元 10 世纪以前，阿拉伯人来过此地，他们发现岛上荒无人烟，便匆匆离去了。这片岛屿有一个梵文名字，叫作"阿比鲁"，意为"浩瀚海面上的一群岛屿"。1505 年，当葡萄牙航海家马斯克林等人到来时，岛上除了鸟类和虫类，几乎全是蝙蝠，"蝙蝠岛"一名便逐渐流传。1598 年荷兰探险家以莫里斯王子的名字为"毛里求斯"命名，荷兰人在这里统治了一个多世纪。1715 年法国人占领毛里求斯后，将其易名为"法兰西岛"。约一个世纪后，即 1810 年，英军打败法国人，实现了对毛里求斯岛的占领。根据 1814 年巴黎和约，该岛正式成为英国殖民地，同时恢复"毛里求斯"名字。从 1842 年起，英国从美洲、非洲、印度移入大批奴隶、囚犯和自由民到此拓荒垦殖，主要从事蔗糖生产。

第二次世界大战后，毛里求斯人通过各种方式寻求独立，为此进行了长期不懈的努力。1961 年 9 月，毛里求斯人获得"内部自治"权，这是通向民族独立道路上的关键一步。1968 年 3 月 12 日，毛里求斯正式宣告独立，但仍留在英联邦内。1992 年由君主立宪制改行共和制，同年 3 月改称"毛里求斯共和国"。

除了以上各种称呼，毛里求斯还有一个绰号叫作"糖岛"。一踏上这个海岛，满眼望去，你就可以看到那没有尽头的绿色甘蔗林。当地人不光吃蔗糖，还把它当作动力燃料使用。由于90%的耕地被用于种植甘蔗，这里的蔗糖产量居世界前列。在毛里求斯的国徽上，你就可以看到一只渡渡鸟和一只野鹿，它们嘴里各叼着一根粗壮的甘蔗。

毛里求斯素有"移民者天堂""民族万花筒"之称。除了历史上西方殖民者为了开发岛上的土地，先后将非洲大陆的奴隶和印度人移居此地，抗日战争年代，有一些中国人为求生而漂洋过海，来到毛里求斯。因此，今天你在毛里求斯的街道上，不但可以看到头发卷曲的非洲人，衣着华丽的印度人和巴基斯坦人，法非混血的克里奥尔人，皮肤白皙的欧洲人，还可以看到许多黄皮肤的华人。

遥远的干燥平地：纳米比亚

纳米比亚是纳米比亚共和国（The Republic of Namibia）的简称，位于非洲大陆西南部，北邻安哥拉、赞比亚，东与博茨瓦纳为邻，南、东南与南非接壤，西濒大西洋，面积82.4万平方公里，首都温得和克（Windhoek）。根据2017年统计资料，纳米比亚有253万人，黑人约占88%，白人和有色人约占12%。其中，奥万博族是黑人中最大的民族，约占总人口的一半，还有卡万戈、达马拉、赫雷罗以及卡普里维、纳马、布什曼、雷霍伯特、茨瓦纳等民族。官方语言为英语，通用阿非利卡语（南非荷兰语）、德语、广雅语、纳马语及赫雷罗语。绝大多数居民（约90%）信仰基督教，其余信奉原始宗教。

纳米比亚国名源于纳米布沙漠（Namib Desert），在当地霍屯督语中意思是"遥远的干燥平地"或"大平原"。纳米布沙漠大约有8000

万至 1 亿年的历史，是本格拉寒流的杰作。在数亿年以前，一股强大的西风漂流在大西洋海岸转向而形成本格拉寒流。由于温度低，海水不仅不蒸发，还吸收了从海中吹来的湿气。经过上亿年大自然的变迁，干燥的热风将岸上山中的岩石风化为细沙和粉尘，纳米布逐渐化为一片沙海。纳米布沙漠是世界上最古老、最干燥的沙漠之一。它北起安哥拉和纳米比亚的边界纳米贝（原称木萨米迪什），南经纳米比亚至奥兰治河，沿非洲西南大西洋海岸延伸 1900 公里，宽约 80—130 公里，为一狭长带状沿海平原沙漠。"纳米布"原是当地霍屯督人对沃尔维斯湾[①]和斯瓦科普蒙德以东的干旱、平坦地区的称呼，后来成为这里浩瀚沙漠地区的通称。

早在 2500 年前，纳米比亚就有人类居住，最早的居民是布什曼人。后来，纳马人、达马拉人和奥万博人及赫雷罗人也定居在这块土地上。15 世纪，葡萄牙冒险家先于其他欧洲人到来，他们试图征服西南非洲大陆。但是，无边无际的荒凉沙漠令他们望而却步。正是由于纳米比亚沙漠的阻挡，荷兰人、英国人、德国人等欧洲殖民主义者到 19 世纪末叶才将入侵势力推进到纳米比亚的腹地。1878 年，英国驻南非开普殖民地总督派兵占领沃尔维斯湾。有人早在 1876 年就向俾斯麦首相建议，德意志帝国应当在布尔人的土地上建立起自己的殖民地。于是，"德国非洲协会"和"德国殖民地开拓协会"于 1878 年、1884 年相继成立。这里固然土地贫瘠，但它可以作为德国人深入非洲腹地的跳板。正当布尔人和英国人在南部非洲忙于争斗之际，1883 年德国人在西南非洲的卢得立次建立贸易站，第二年乘机在纳米比亚沿海建立保护地，1890

---

① 沃尔维斯湾又称鲸湾港，是纳米比亚唯一的深水港，位于纳米比亚海岸中西部，面临南大西洋。1890年纳米比亚沦为德国殖民地后，沃尔维斯湾成为开普殖民地在纳米比亚境内的一块"飞地"。1910年南非联邦成立后，这块"飞地"转到南非手中，成为南非好望角省的一部分。1978年8月，联合国安理会通过432号决议，裁定沃尔维斯湾属于纳米比亚。直到1994年2月28日，纳米比亚正式拥有对它的主权。

福音路德大教堂　首都温得和克的标志性建筑，始建于 19 世纪末。

年占领全境，称之为"西南非洲"。

　　第一次世界大战爆发后，英国于 1915 年指令南非当局占领原德属西南非洲（纳米比亚）。根据国际联盟 1920 年的决定以及在日内瓦签订的德属西南非洲委任统治书，西南非洲成为南非的委任统治地。1949 年 4 月，南非单方面中止向联合国履行国际托管的义务，非法吞并纳米比亚。1960 年 4 月西南非洲人民组织成立，开始了争取民族独立的武装斗争。1966 年 10 月，联合国大会通过决议，取消南非对该地的"委任统治"。1967 年 5 月，联大特别会议决定成立西南非洲理事会（后改为联合国纳米比亚理事会）作为该地行政当局，负责结束南非的非法占领。根据当地人的意愿，1968 年 6 月联合国决议将西南非洲改名为"纳米比亚"。1973 年，联合国和非洲统一组织承认西南非洲人民组织是纳米比亚人民的唯一合法代表。1978 年 9 月，联合国安理会通过了关于纳米比亚独立的 435 号决议。根据 1988 年 12 月安哥拉、古巴和南非在纽约签署的和平协议，纳米比亚独立进程从 1989 年

4月正式实施。在联合国监督及有关各方努力下，1989年7—11月，纳米比亚举行了由各政党组织参加的竞选活动，选举产生了制宪议会和总统。

1990年3月21日，在纳米比亚首都温得和克升起了一面由一轮金色太阳和蓝、红、绿三色彩条组成的新国旗，宣告纳米比亚共和国正式诞生。纳米比亚是非洲大陆最后一块殖民地，它的独立彻底结束了自1915年以来南非在这块土地上的殖民统治，是非洲历史上的一座里程碑。独立后，纳米比亚成为非洲统一组织第52个成员国和联合国第160个成员国。1994年，被南非霸占的沃尔维斯湾及其他几个小岛回到纳米比亚的怀抱，纳米比亚人民完成了维护祖国领土统一和完整的神圣使命。这标志着非洲大陆非殖民化过程的最终完成。

石头之家：津巴布韦

津巴布韦是津巴布韦共和国（The Republic of Zimbabwe）的简称，位于非洲大陆东南部，东临莫桑比克，南接南非，西和西北与博茨瓦纳、赞比亚毗连，面积39万平方公里，首都哈拉雷（Harare）。全国共有1690万人（2018年），其中绍纳族约占84.5%，恩德贝莱族占14.9%，另外有少量的欧裔人、亚裔人和混血人。官方语言为英语和班图语系的绍纳语、恩德贝莱语。

公元3—4世纪，绍纳人从北方迁居津巴布韦，1100年前后开始形成中央集权国家。13世纪，莫诺莫塔帕王国由卡伦加人建立起来，15世纪初达到鼎盛。"莫诺莫塔帕"这个词是"矿山领主"的意思，原来只是统治者的称号，后转为国名。在西方殖民者入侵之前，津巴布韦人就已经创造出灿烂的古代文明。

16世纪初，葡萄牙人到达非洲东海岸不久，就开始沿赞比西河向

非洲内地深入。1560 年，他们曾派贡萨洛·达·西尔维拉等耶稣会士到莫诺莫塔帕王国传教，迫使土著统治者改信基督教。由于 1607 年帮助莫诺莫塔帕国王镇压一次叛乱，葡萄牙人还得到了开采金矿的垄断权。他们还干涉莫诺莫塔帕内政，参与王位争夺，扶植皈依基督教并忠于葡萄牙的附庸登上王位。但是，由于士兵水土不服和土著人的顽强抵抗，葡萄牙人最终不得不放弃征服这个国家的梦想。

19 世纪 30 年代，荷兰人的非洲后裔布尔人从南非迁入境内定居。经过几次殖民战争，势单力孤的布尔人终于不敌强大的大英帝国。1890 年，津巴布韦正式沦为英国南非公司殖民地。1895 年，英国殖民者以公司创建者谢西尔·罗得斯的名字来命名这片土地，称为"南罗得西亚"（称赞比亚为北罗得西亚）。1923 年该殖民地由英国政府接管，并取得了"自治领地"地位。1953 年，它与北罗得西亚（今赞比亚）和尼亚萨兰（今马拉维）合并，共同组成"中非联邦"。1963 年"中非联邦"解体后，南罗得西亚白人右翼势力组成的政府于 1965 年单方面宣布独立。1970 年改名为罗得西亚共和国。

20 世纪 60 年代，津巴布韦非洲人民联盟（简称人盟）和津巴布韦非洲民族联盟（简称民盟）先后成立，他们领导了反对白人种族主义统治的斗争。1979 年 6 月，合法的黑人政党"统一的非洲人全国委员会"领导人通过"内部解决"谈判，出任"黑人多数"内阁总理，将国名改为"津巴布韦罗得西亚共和国"。不久，为了清除殖民主义影响，又去掉了"罗得西亚"字样。1980 年 4 月 18 日，津巴布韦获得独立，定国名为"津巴布韦共和国"。

津巴布韦既是非洲大陆上年轻的独立国家，又是非洲历史上古老的文明国家，迄今境内仍然遗留着许多古代遗迹，其中最享有盛名的当是保存至今的"大津巴布韦遗址"。其实，你可以在津巴布韦国徽图案上看到，中间为盾徽，盾面上部是蓝白相间的波纹，象征津巴布韦广阔的水域；下部为非洲古老文明的象征，即举世闻名的津巴布韦"石头城"

大津巴布韦遗址　由 90 多万块花岗石砌成。这是撒哈拉以南非洲大陆最重要的古代遗迹，其代表的古代非洲文明被称为“津巴布韦文化”。

文化遗址。在班图语中，津巴布韦是“石屋”或“受敬仰的石头城”的意思。

据考证，津巴布韦及其周边共有一百多座规模不同的石头城，其中“大津巴布韦”遗址位于津巴布韦的马斯温戈省，距离首都哈拉雷 350 公里。它是撒哈拉沙漠以南非洲地区规模最大、保存最完好的石头城建筑群体，是不可多得的人类文化瑰宝。1986 年，联合国教科文组织将其列入“世界文化与自然遗产保护名录”。

大津巴布韦遗址建于公元 600 年前后，为马卡伦加古国文明的见证。1869 年，一个叫作亚当·劳伦斯的猎人无意中发现了它。后来，这里陆续出土了城墙、围圈、祭祀塔等遗迹与遗物，对于考察远古非洲文明具有重要价值。古城分为外城和内城两部，外城筑在山上，城墙高 10 米，厚 5 米，全长 240 米。内城建在山坡谷地，呈椭圆形，城内有锥形高塔、神庙、宫殿等，而这些建筑的入口、甬道和平台等，

津巴布韦鸟石雕　大津巴布韦遗址中最珍贵的文物，现被视为津巴布韦的象征，印在国旗和硬币上。

往往是在花岗岩巨石上就地开凿出来的。在整个大津巴布韦遗址中，最为引人注目的，非那只站立于围墙顶部、长约50厘米的"津巴布韦鸟"莫属了。它是采用淡红色的皂石雕刻而成的，鸟身如雄鹰，头部似鸽子，翅膀紧贴身子，雕像手工精美，造型生动、逼真。这是马卡伦加人所崇拜的一种神鸟。今天，它依然受到人们的崇敬，被印在了国旗和硬币上，俨然成为津巴布韦国家的象征！

彩虹国度：南非

　　南非是南非共和国（The Republic of South Africa）的简称，位于非洲大陆最南端，东、西、南三面为印度洋和大西洋所环抱，北部自西向东分别与纳米比亚、博茨瓦纳、津巴布韦、莫桑比克和斯威士兰为邻，并将莱索托包围在其中。非常有趣的是，南非同时存在着三个首都，这是世界上独一无二的：（1）行政首都比勒陀利亚（Pretoria）是中央政府所在地；（2）立法首都开普敦（Cape Town）是国会所在地；（3）司法首都布隆方丹（Bloemfontein）为全国司法机构所在地。

　　南非国土面积122万平方公里，人口5652万（2017年），包括黑人、白人、有色人和亚裔四大种族，分别占总人口的80.7%、8.8%、8%和2.5%。黑人中有祖鲁、科萨、斯威士、茨瓦纳、北索托、南索托、聪加、文达、恩德贝莱等9个部族，主要使用班图语。荷兰血统的阿非利卡人和英国人后裔是南非白人的主体，主要使用英语和阿非利卡语。有色人主要指殖民时期白人、土著人和奴隶的混血人种，约有 497 万人，主要使用阿非利卡语。此外，有 141 万亚裔，其中印度人超过 90%。南非官方语言有 11 种，英语和阿非利卡语（南非荷兰语）为通用语言。今天，南非赫然位列六大英语国家（美国、英国、加拿大、澳大利亚、新西兰、南非）之中。在宗教信仰方面，这里的白人、大多数有色人和 60% 的黑人信奉基督教新教或天主教，亚洲人约有 60% 信奉印度教，20% 信奉伊斯兰教。

南非地处两大洋的航运要冲，西南端好望角航线历来是世界上最繁忙的海上通道之一，素有"西方海上生命线"之誉。由于南非位于非洲南部，当地人称之为"阿扎尼亚"（Azania）。在阿拉伯语中，"zanj"指皮肤黑色的非洲人。阿拉伯语"阿扎尼亚"意为"黑人的土地"，原指东非沿岸及附近岛屿，后被南非非洲人国民大会用作国名。由于这里盛产黄金和钻石，也被称为"黄金之国""钻石之国"；因国民肤色迥异，又被称为"彩虹国度"。

好望角　位于南非开普敦最南端，1488 年葡萄牙航海家迪亚士首次发现时，称之为"风暴角"，后葡王若奥二世将其改为"好望角"。

早在十万年以前，土著黑人就在南非这块土地上生活了，最早的土著居民是桑人、科伊人，以及后来南迁的班图人。大约1000年前，农牧部族渐渐取代了游猎部族。公元1400年，南非境内散落着许多由酋长统治、实行一夫多妻制的黑人部落，他们日出而作、日落而息，过着慢节奏的农牧生活。直到15世纪末，葡萄牙航海家发现了绕过好望角、通向东方的航路以后，南非土著人原来平静的生活才被打破。

1488年，航海家迪亚士率领船队第一次驶进了格拉汉姆斯顿附近的莫塞尔湾。起初，土著黑人对于白人的到来是欢迎。殖民地的开发吸引了大批欧洲移民，他们中不仅有荷兰人，还有比利时人、法国人、英国人和德国人。当黑人看到白人在这里不断地修建堡垒，大量地圈占土地和建造房屋之后，他们开始明白原来白人要永远地在这里住下去了，因而产生了不满和反抗情绪。

1652年荷兰人侵入南非，在开普地区建立第一个殖民地，并多次对当地黑人发动殖民战争。经过百余年的开拓，早期荷兰移民已经土著化，被称为"布尔人"（Boer）。他们与南非这片土地结下不解之缘，反而与他们的母国关系变得非常疏远了。1795年6月11日，殖民地总督斯吕斯肯斯接到报告，又有一支大型的船队来了。顿时，他有些慌张起来，因为大量英国人的到来势必打乱布尔人的平静生活。

从1795年占领开普殖民地那一刻起，英国人施行了一系列比荷属东印度公司更为开明的统治政策，如废除了令土著人十分痛恨的奴隶制度。而这一做法直接触动了布尔人的利益，因为他们多年来一直是依靠奴隶劳动来聚敛钱财的。在英国的压力下，1806年布尔人被迫向内地迁徙，去寻找新的定居之地。1867年和1886年南非相继发现钻石和黄金，其后大批欧洲移民蜂拥而至。为了争夺对南非的控制权，英国人通过"英布战争"（1899—1902）吞并了由布尔人建立的"奥兰治自由邦"（1852年建立）和德兰士瓦共和国（1854年建立）。1910年5月，英国殖民者将开普省、德兰士瓦省、纳塔尔省和奥兰治自由邦合并成"南非联邦"，成为英国的自治领地。

　　1948 年国民党执政后，全面推行种族隔离制度。1961 年 5 月 31 日，南非退出英联邦，成立南非共和国。1989 年德克勒克出任国民党领袖和总统后，顺应时代潮流，积极推行政治改革，取消对黑人解放组织的禁令，并释放曼德拉等人。1994 年 4—5 月，南非举行了首次不分种族的大选，非国大与南非共产党、南非工会大会组成的三方联盟获胜，曼德拉出任南非首任黑人总统。这标志着种族隔离制度的结束和民主、平等新南非的诞生。1994 年 6 月 23 日，联合国大会通过决议，恢复南非在联大的席位。

曼德拉　南非第一位黑人总统，1994—1999 年在职。

附录：非洲其他国家国名来历

佛得角共和国：葡萄牙语"绿色的海角"的意思。

几内亚比绍共和国：几内亚比绍是当地土著语言"往前走"的意思，因葡萄牙人来到此地，询问土著居民前面村庄的名字，当地人以为问怎么到村子里，回答："往前走。"葡萄牙人以为是村庄的名字，遂沿用至今。

塞拉利昂共和国：源自葡萄牙语，意为"狮子山"，塞拉利昂为音译。

利比里亚共和国：来自拉丁语，意为"自由"。

布基纳法索：在当地语言中意为"有尊严的国家"。

科特迪瓦共和国：旧名"象牙海岸"，科特迪瓦为法语"象牙海岸"的音译。

多哥共和国：在当地语言中，"多"意为"水"，"哥"意为"岸边"，指当地的地理特征。

贝宁共和国：贝宁原意为"奴隶"，欧洲奴隶贩子将贝宁和多哥一带称为"奴隶海岸"。

塞内加尔共和国：葡萄牙人发现此地后，问当地的渔夫河流的名字。渔夫以为问他乘坐的是什么船，遂说是"萨纳加"，当地语言意为"独木舟"。葡萄牙人即将此河命名为"萨纳加河"，后演化为塞内加尔，并成为国家名称。

冈比亚共和国：来自境内的冈比亚河。

尼日尔共和国：源自流经境内的尼日尔河。"尼日尔"在拉丁语中意为"黑河"或者"黑人之河"。

尼日利亚联邦共和国：得名于尼日尔河。

喀麦隆共和国：在葡萄牙语中意为"龙虾"。

圣多美和普林西比民主共和国：葡萄牙人将一年中的每一天都用天主教圣徒的名字命名，葡萄牙人在圣多美日发现该岛，故命名之；普林西比岛因葡萄牙国王将该岛赐给太子而得名，"普林西比"在葡萄牙语中意为"太子"。

乌干达共和国：国名由"布干达"转化而来，在班图语中"布"指"国家"，"干达"指当地的一个部族，合起来意为"干达人的国家"。后来的阿拉伯商人按照阿拉伯语发音，读为"乌干达"。

卢旺达共和国：源自古卢旺达王国。

布隆迪共和国：得名于境内主要民族龙迪人，旧名乌隆迪。

乍得共和国：因乍得湖而得名，在当地语言中意为"大积水潭"。

厄立特里亚国：源自希腊语，意为"红色的"或者"红海"。

吉布提共和国：在当地土著语言中，意为"我的锅"。殖民者来到此地碰到一在做饭的老人，问这是什么地方。老人以为问用什么做饭，就回答："布提（锅的意思）。"殖民者又问了一次，老人又说："吉布提（我的锅）。"遂得名吉布提。

加蓬共和国：1473年，葡萄牙人来到当地的科莫河河口，发现河口形状和水手们的服装"卡膀"很像，遂称此河为"卡膀河"。后泛指全境，并被读成"加蓬"。

刚果共和国：源自刚果河，在当地语言中意为"大河"。

刚果民主共和国：源自刚果河。

安哥拉共和国：来源于古代国王恩哥拉的名字，葡萄牙人将其读成"安哥拉"。

马拉维共和国：得名于马拉维湖，"拉维"在当地的奇契瓦语中意为"火焰"，"马拉维"意思是太阳照在湖面如同火焰般闪光。

科摩罗联盟：来自阿拉伯语，意为"月亮国"。

塞舌尔共和国：1756年，法国国王路易十五以当时财政大臣的名字命名该岛为塞舌尔。

博茨瓦纳共和国：源自当地部族茨瓦纳人，"博"在茨瓦纳语中意为"国家""土地"。

斯威士兰王国：源自最大部族斯威士族，意为"斯威士人的国家"。

莱索托王国：源自当地语言，意为"低地"。

南方大洋中的陆地：大洋洲

大洋洲（Oceania）位于太平洋中部和西南部的赤道南北的广大海域中，介于亚洲和美洲之间，南部遥对南极洲，许多国际海底电缆均通过这里，因而成为沟通太平洋和印度洋，联系各大洲海、空航线的重要桥梁。大洋洲是指不属于其他大洲的太平洋岛屿的总称，为岛屿最多的一洲，在太平洋中有大大小小、形态各异的岛屿一万多个。然而，它是七大洲中最小的一个洲，陆地总面积约为897万平方公里，仅占地球陆地总面积的6%。由于全洲的人口仅有2900万，除了没有国家、没有固定居民的南极洲，它还是世界上人口最少的洲。

根据现有资料，"大洋洲"这一名称最早出现于1812年前后，由丹麦地理学家马尔特·布龙命名，当时仅指美拉尼西亚、密克罗尼西亚和波利尼西亚三大群岛。英文中的Oceania一词意指"大洋中的陆地"，其中"Ocean"表示"大海"，后缀–ia则表示土地。在地理学上，大洋洲可以划分为六个区，即澳大利亚、新西兰、新几内亚、美拉尼西亚、密克罗尼西亚和波利尼西亚。共有14个独立国家，其余十几个地区为美、英、法等国的属地。

大洋洲有狭义与广义的区分，狭义指美拉尼西亚、密克罗尼西亚和波利尼西亚三大群岛，广义则指不属于其他大洲的太平洋岛屿，即除了上述三大岛群，还包括澳大利亚、新西兰和新几内亚岛（伊里安岛）[1] 等太平洋岛屿。由于澳大利亚占了全洲总面积的85%，所以大洋洲也常被称为"澳大利亚洲"，简称"澳洲"。

关于大洋洲的实际范围，一般认为它位于太平洋的中部和西南部，

---

① 新几内亚岛（New Guinea）又称"伊里安岛"或"巴布亚岛"，面积仅次于北美洲东北部的格陵兰岛，为世界第二大岛。

由一块大陆和一大片岛屿地区组成，其范围大致如下：北至夏威夷群岛北部的库雷岛，南到澳大利亚的麦夸里岛，而东、西两端的极点目前尚有争论。大多学者认为复活节岛①应为东至点，而我国的权威性学术著作《中国大百科全书·世界地理》将迪西岛定为大洋洲的东至点。其实，大洋洲西部边界也相当复杂。具体来说，由于大洋洲和亚洲之间岛屿众多，犬牙交错，双方的分界线争论可想而知。

目前，较多的学者认为大洋洲西部南段岛屿地区的界限，从赤道和东经130°接合处开始，沿着东经130°经线南下，中分哈马黑拉海，向南穿越斯兰岛与新几内亚岛之间的海峡，折向东南的阿鲁群岛东面海峡，再向西南行至美丽的帝汶海，与200米海深线基本一致。这样分界可将马来群岛较完整地划归亚洲，而新几内亚及其西岸沿海诸岛屿则归属大洋洲。相对而言，大洋洲的北段界限就比较简单了。虽然密克罗尼西亚群岛的马里亚纳群岛与日本的硫黄列岛（又称"火山列岛"）相近，却是隔海相望，自成一个单元；南部的帕劳群岛邻近菲律宾，但有千里海洋相隔，又无连续关系，也自成一体。

大洋洲历史悠久，首先到达这里的是东南亚人，而不是欧洲人。大约三万年以前，东南亚渔民前来捕鱼、采集海参等水产，有的在这里定居下来，繁衍生息。由东南亚人形成的大洋洲原住民，其体形特征和亚洲人一样，肤色呈棕黑色，普遍长得浓眉细目，宽鼻厚唇。从地理大发现时代起，西班牙人、葡萄牙人、荷兰人、英国人、法国人、德国人和美国人陆续来到大洋洲，主要目的是找寻金银、香料，攫取各种自然资源以及侵占领土。其中，1519年，由航海家斐迪南·麦哲伦率领的西班牙船队环球航行，是欧洲人对大洋洲的最早探险活动。紧随其后，1526年葡萄牙冒险家梅内塞斯对大洋洲进行了第二次探险考察。从此，大洋洲逐渐被纳入西方殖民体系之中。

① 复活节岛（Easter Island）归属南美洲的智利，当地人称之为"拉帕努伊岛"（Rapa Nui），意即"石像的故乡"。

未知的南方大陆：澳大利亚

澳大利亚是澳大利亚联邦（The Commonwealth of Australia）的简称，位于南太平洋和印度洋之间，北临帝汶海和阿拉弗拉海，与印度尼西亚隔海相望，东北隔珊瑚海与巴布亚新几内亚毗邻，西濒印度洋，东、南临塔斯曼海，面积 769.2 万平方公里，人口 2520.9 万（2019 年），首都堪培拉（Canberra）。这是一个移民的国度，尤其近 50 年以来，来自近 200 个国家的 500 多万移民定居澳大利亚。英语为官方语言。居民中约 63.9% 信奉基督教，5.9% 信奉佛教、伊斯兰教、印度教等其他宗教。

艾尔斯巨石　它本身是一块巨大的红色砂岩石，是澳大利亚的象征之一，代表着这个国家远古时期的历史。

　　早在 4 万多年以前，土著居民就在这块古老的土地上生息繁衍。一位澳大利亚历史学家认为，澳大利亚和美洲一样，可能到最后一次冰河期才有与以前种属不同的真人初次移殖到来。[①] 截至 1788 年英国"第一舰队"到澳大利亚，大约有分属 700 个部落的 30 万土著人分散在澳洲各地，他们拥有相近或相关的语言和风俗。

　　欧洲人很早就猜想，南半球必定存在着一块大陆，它应当是欧洲的对拓地。公元 150 年左右，埃及裔希腊天文学家、地理学家托勒密凭着想象，在印度洋南面画了一块不知其名的大陆，以拉丁文标注为 Terra Australis Incognitia，意即"未知的南方大陆"。从 1519 年起，葡萄牙频频派出探险船队进入太平洋，苦苦探索那块想象中的大陆。葡萄牙史学家认为探险家们在航程中曾发现了"南方大陆"，但是并没能提供足够的直接证据。1567 年，西班牙探险船队首次前往南太平洋，发现了"南方大陆"周围的诸多岛屿，但未登上大陆。1606 年，皮德罗·基罗斯率领一支西班牙探险队上岸考察，发现这块陆地上森林茂密，散落着土著人村落，还盛产咖啡果、香蕉、番薯、柑橘、豆蔻等植物。他以为这就是那块神秘的"南方大陆"，便首次用 Australia 一词来称呼它。实际上，他发现的并不是真正的澳洲大陆，而是新赫布里底群岛。

　　16 世纪末 17 世纪初，荷兰人和英国人开始涉足南太平洋，他们误以为这是一块直通南极的陆地。1606 年，荷兰人威廉·扬茨对澳大利亚西海岸进行了考察，但他并不知道这就是南方大陆。17 世纪中叶，

袋鼠　主要分布于澳大利亚大陆和巴布亚新几内亚的部分地区，许多种类的袋鼠为澳大利亚独有，所以袋鼠也常被视为澳大利亚的象征。

---

　　① 　[澳] 曼宁·克拉克著，中山大学《澳大利亚简史》翻译组译《澳大利亚简史》，广东人民出版社1973年版，第3页。

荷兰东印度公司派遣航海家阿贝尔·扬松·塔斯曼（1603—1659）出航，他发现了今塔斯马尼亚岛和新西兰岛及其他一系列岛屿，并探明澳大利亚是独立存在的一块大陆，没有与南极相连。1665年，荷兰探险家宣布对他们勘查过的南方大陆西部地区的占领，并取名为"新荷兰"。从此，"新荷兰"和"南方大陆"（音译为"特拉·澳大利亚"）两个名字一直并存到19世纪初。

英国人威廉·丹皮尔（1651—1715）曾把他的澳大利亚探险经历写入《新环球航海记》一书中，后来构成著名讽刺作家乔纳森·斯威夫特（1667—1745）的世界名著《格列佛游记》的一个章节。1768年8月，海军上尉詹姆士·库克受英国海军部和皇家学会的委托，前去塔希提岛执行任务，他发现新西兰由南、北两岛组成。南北之间的海峡后来被命名为库克海峡。1770年4月，库克发现了澳洲东海岸，之后又到达澳大利亚最北角，他以英王乔治三世的名义宣布对澳大利亚东部的占领，并取名为"新南威尔士"（New South Wales）。1779年，曾随库克前往澳大利亚探险的植物学家约瑟夫·班克斯第一次提出建议，欲将东澳大利亚的植物湾辟为罪犯流放地。1784年英国议会通过议案，决定在"新

悉尼歌剧院　澳大利亚的标志性建筑，也是世界著名的表演艺术中心，1973年10月落成。

荷兰"建立罪犯流放地。1786 年 8 月，内务大臣托马斯·悉尼正式宣布植物湾为英国新的罪犯流放地。1788 年 1 月 26 日，由海军上校阿瑟·菲利普船长率领的一支包含 6 艘运送囚犯（约 800 人）船只的船队抵达澳洲，第一面英国国旗在这里升起。从此，澳大利亚开始了罪犯流放殖民地时期，这也是澳大利亚建国史的起点。为了纪念内政大臣悉尼，英国人将登陆之处命名为"悉尼"。1790 年第一批自由民移居澳洲，他们以悉尼为中心，逐步向内陆发展。

1788 年，英国占领东澳以后，澳大利亚被分割为新南威尔士和新荷兰两部分。后者名义上属于荷兰，但未移民，英国也一直想吞并它。为独占澳洲，英国航海家和探险家展开了历时 80 年的对澳大利亚内陆的探险与勘查。在 1814 年 7 月 17 日出版的《南方大陆之行》一书中，航海家马修·弗林德认为，从西海岸的新荷兰到东海岸的新南威尔士之间有一条连续不断的南海岸线。直到此时，英国人才意识到澳大利亚原来是一块大陆。据此，弗林德提出修改澳洲大陆名称的建议，认为应将旧名称 Terra Australis Incognitia 修改为 Australia（南方的大陆）。他说这个名称听起来很响亮，而且可以和地球上其他大陆的名称相提并论。1817 年，澳大利亚总督麦阔里采纳了这个建议，"澳大利亚"开始成为官方文件用名，并沿用至今。

当英国在澳洲的第一个殖民地"新南威尔士"逐渐成为一个独立的殖民地后，塔斯马尼亚（1825）、西澳大利亚（1829）、南澳大利亚（1836）、维多利亚（1851）和昆士兰（1859）相继作为独立的殖民地建立了责任政府，继而取得了完全自治权，这就为澳大利亚摆脱宗主国的政治控制、建立独立国家打下了基础。19 世纪 50 年代，新南威尔士和维多利亚两州发现金矿，来自欧洲、美洲和中国的大批淘金者蜂拥而至，澳洲人口从 1850 年的 40 万人激增至 1860 年的 110 万人。民族意识的增强，近代无产阶级运动的发展，以及政党的频繁活动等一系列因素的综合作用，最终促成 1901 年澳大利亚联邦的建立，原来的六块殖民区分别成为联

邦下属的六个州，澳大利亚由此揭开了历史的新篇章。1927年，首都迁往堪培拉。1931年英国议会通过《威斯敏斯特法案》，澳大利亚获得内政外交自主权，成为英联邦中的一个独立国家。

澳大利亚的行政体制是模拟英美两国建立的，各地方行政机构实行高度自治，但外交和国防是受英国控制的。1918年以前，澳大利亚同其他国家之间的关系必须经由英国处理。第二次世界大战前后，澳大利亚的军事战略地位逐渐增强，大英帝国却日薄西山，澳大利亚在军事、外交和经济方面最终摆脱了英国的控制，逐步发展为一个真正的独立国家。战后的恢复与发展，为澳大利亚在20世纪60年代迈进高度发达的工业化国家行列铺平了道路。现在，澳大利亚对外贸易十分发达，国内高度工业化，普遍实行社会福利。虽然它仍然位于英联邦内，并在名义上仍然称英国女王为国家元首，但是，民主进程的广泛和深入是大势所趋。20世纪末以来，澳大利亚联邦内的共和主义呼声不断高涨，一个独立的"澳大利亚共和国"呼之欲出。

白云的故乡：新西兰

新西兰（New Zealand）是南太平洋上一个景色如画的岛国，它的形状很像一只倒悬的长筒高跟皮靴，介于南极洲和赤道之间，西隔塔斯曼海与澳大利亚相望，两地相距1600公里，北邻汤加、斐济。新西兰由北岛、南岛两个主岛和斯图尔特岛、坎贝尔岛等几十个小岛组成，又好像一叶扁舟航行于碧海蓝天之中；北岛与南岛之间隔着库克海峡，前者多火山和温泉，后者多冰河与湖泊。国土面积26.8万平方公里，与英国相近。现有人口491万（2019年），每平方公里仅18人，约相当于世界人口密度的1/3。英国移民后裔占全国人口的66%，毛利人占15%，还有7%的太平洋岛国人，以及来自中国、越南、日本等国的亚裔（12%）。大

新西兰海岸　新西兰海岸线长达15800公里，漫长的海岸线是该国最重要的旅游资源。

多居民信奉基督教新教和天主教，约占 48.9%。主要语言是毛利语和英语。惠灵顿（Wellington）是世界上地理位置最南的首都。

　　新西兰是最晚有人定居的主要岛屿之一，也是毛利人最多的国家，有"毛利人群岛"之称。公元 14 世纪，波利尼西亚人到达新西兰岛屿定居，并创造了独特的毛利文化。传说，他们用波利尼西亚语 aotearoa 给新西兰取了名字，意思是"白云的故乡"（The land of the long white cloud）。为什么取这个名字呢？一种说法是，新西兰岛屿长短不一，看起来就像朵朵白云；另一种说法是，有位叫库普的毛利人撑着独木舟远航至此，将要靠岸时发现天空有几块独特的云。由于波利尼西亚语不够严密，这个词还可以解释为"连续透明的光""不夜之乡"或"长白世界"。

　　新西兰大部分地区一年四季气候温和，阳光充足，雨量丰富，植物茂盛，蓝天、白云、绿草是它最吸引人的地方，素有"南太平洋的翡翠""南半球的瑞士""海角乐园""人间天堂""最后的乌托邦"等诸多美誉。

　　1642 年，荷兰航海家阿贝尔·塔斯曼在远洋冒险中发现了新西兰

的西海岸区，他将这块土地称为 Staaten Land，意思是"我国之地"。但是，荷兰东印度总督建议他效仿荷兰一个省份名字为其命名。塔斯曼认为这里与荷兰那个由海中岛屿组成的泽兰省相似，遂在"泽兰"前冠以"新"，便成了 Nieuw Zeeland，意为"新的海中陆地"。塔斯曼绘制了西海岸地图，但他并没有登陆。

1769—1777 年，英国人库克船长先后 5 次到新西兰，他测量和绘制了较为精确的地图。随后，捕捞海豹和鲸鱼的人们来到这里，传教士也接踵而至。英国人开始向新西兰大批移民并宣布对新西兰的占领，将荷兰文名字改成英文"New Zealand"。1840 年 2 月，英国皇室迫使毛利人酋长在怀唐伊镇签订《怀唐伊条约》（又译《威坦哲条约》），主要内容有：第一，毛利人各酋长让出其领土主权，凡岛上出生者，均受英国法律管辖；第二，保证新西兰各部落酋长的土地、森林、渔场及其他财产不受侵犯，如出售土地，则应优先出售给英国女王；第三，许诺毛利人可得到英国女王的保护，并可享有"英国国民所享有的一切权利和特权"。该条约有新西兰的"建国文献"之誉，因为它为毛利人和非毛

基督城　新西兰南岛（South Island）最大的城市，具有浓郁的英国风格，一直以来都有"比英国更加英国化的城市"的说法。

利人共同居住在这个国家提供了法律依据，从而奠定了新西兰英式制度的基础。但是，许多移民对政府限制土地买卖的做法表示不满，毛利人更是不愿意外来人限制自己对土地的随意使用权。同年 5 月 21 日，新西兰副总督 W.霍布森宣布新西兰成为英国领地，并把奥克兰定为首府。

殖民者带给土著居民的首先是灾难，1843—1872 年，英国政府一直与土著人进行血战，将他们挤压到新西兰环境极为恶劣的地区居住，屠杀了几乎一半毛利人。在反对英国殖民统治的斗争中，毛利人也由自发走向了自觉，由分散走向了联合。1857 年 6 月，怀卡托部落高级首领特维罗·维罗被选为毛利国王，称波塔陶一世。1862 年 6 月，国王在部落会议上宣布王国臣民独立，不受英国法律和不列颠王室的管辖。1907 年英国被迫同意新西兰独立，但是新西兰的政治、经济与外交仍然受制于英国。1931 年英国议会通过《威斯敏斯特法案》，新西兰根据该法案于 1947 年获得完全独立，同时成为英联邦成员。

最大的岛：斐济

斐济是斐济共和国（The Republic of Fiji）的简称，位于南太平洋美拉尼西亚群岛东南部，介于赤道与南回归线之间，东南离汤加 290 公里，东北离萨摩亚 805 公里，西南距悉尼 2735 公里。它由维提岛和瓦努阿岛等 332 个岛屿组成（其中 106 个岛有人居住），多为珊瑚礁环绕的火山岛，面积 18333 平方公里，首都苏瓦（Suva）。全国共有 88.5 万人（2017年），其中 53% 为土著人（包括斐济族人和罗图马人），43% 为印度族人，其余为欧裔、华人和太平洋其他岛屿人。英语、斐济语和印地语同为官方语言，通用英语。52.9% 的人信奉基督教，38.1% 信奉印度教，7.8%信奉伊斯兰教。

斐济地跨东、西两半球，地处子午线上，180 度经线贯穿其中，既

是世界上最东的国家，又是世界上最西的国家。由于它是澳洲和新西兰前往北美的必经之地，故有"南太平洋的十字路口"之称。这里充满着海洋的原始美感，海岸多开发为现代化的休闲度假区，甚至被誉为"全球十大蜜月度假地之一"。

斐济人世居于斐济群岛（维提群岛），而他们的祖先据说是来自非洲，公元前7000—前5000年，先民们经新几内亚和所罗门群岛到达斐济。考古学家在维提岛西部的辛加托卡镇沿海地区，发现了公元前1290年的陶器，又在维提岛其他地方发现了石头城堡痕迹，这说明很久以前，岛上就有人居住。但是，斐济也像许多文明发展相对落后的地区一样，很晚才为旧大陆所认识。荷兰航海家阿贝尔·扬松·塔斯曼是最早发现斐济的欧洲人。1642年8月，他奉命前往太平洋地区探测"南方的陆地"，从爪哇岛的巴达维亚（今雅加达）扬帆启航，第二年在返回东印度群岛途中发现了汤加和斐济。还有一种看法认为，在塔斯曼之前，西班牙航海者就已经到过斐济。

斐济民居　这些茅草民居多为圆形或曲线形，轻结构，在气候不同的地区，斐济人也会做不同的建筑处理。

　　1774年，英国探险家库克船长发现了斐济东南角的一个叫"瓦托阿"的小岛。1789年，航海家威廉·布莱真正发现了维提岛（Viti）。一直以来，斐济人以其高超的造船技术闻名太平洋。当英国船只驶近雅沙瓦群岛时，遭到驾独木舟的土著人驱赶。1797年，威尔逊船长发现了劳群岛。不久，一些英国的海盗、商人和落魄分子落户于此，从澳大利亚潜逃出来的囚犯也来到斐济，他们与土著人通婚。1826—1844年，英法等欧洲国家的传教士进来传教，现在52.9%的斐济人信奉基督教。1840年美国海军军官查理·威尔克斯（1798—1877）在前往南极探险途中航行到了斐济。据说，当初欧洲航海者到达主岛维提岛后，根据土著人的发音将此地记录为"斐济"，其意义不得而知。也有说法认为，"斐济"一词是当地土语中最大岛的意思。

　　当欧洲殖民主义者对太平洋地区展开轰轰烈烈的"探险""考察"时，土著人尚处于野蛮的原始状态。随着西方人的侵入，这里也逐渐被纳入西方文明体系之中。1854年，斐济东部的萨空鲍部落皈依基督教，他们还借助于洋枪洋炮来壮大自己的势力。第二年，萨空鲍酋长通过卡巴之战稳固了统治地位。1857年，英国任命普里查德为首任驻斐济领事，他也就成为第一位外国驻斐济领事。有一次，萨空鲍酋长借了美国船长45000元，因无力偿还而不得不向英国人求援，英国人普里查德则提出把整个斐济割让给英国，英国才同意代其偿还债务。1871年卡考鲍酋长平息部族冲突，控制了斐济的大部分地区。迫于英国殖民主义者压力，1874年10月10日，萨空鲍、劳群岛大酋长马阿福以及其他11个主要部落酋长，集体在英国人事先草拟好的割让文书上签字画押，将斐济割让给英国。斐济正式沦为英国殖民地。

　　1879年5月，英国将第一批共498名印度籍合同劳工运抵斐济。此后一直持续到1916年，英国每年大约输送2000名印度人到斐济种甘蔗。这样，印度移民在斐济岛上扎下根来，人数不断增加。目前，印度族人所占比例超过斐济族人，所以斐济又有"太平洋上的小印度"之称。

长期以来，由于蔗糖生产几乎为主导性的单一经济，斐济还获得了"太平洋的甜岛"称号。

1904 年，斐济设立了由 6 名欧洲人和 2 名斐济族酋长组成的行政委员会。1966 年制订了第一部独立前宪法，规定立法委员会由 40 人组成，4 名由总督任命，其余经选举产生（斐济族 14 名、印度族 12 名、欧洲人 10 名）。1970 年 10 月 10 日，斐济最终摆脱英国的殖民统治，成为英联邦中的一个独立国家。1987 年政变后改称共和国。1990 年通过新宪法，确立国名为"斐济主权民主共和国"。1997 年 7 月通过宪法修正案，并改国名为"斐济群岛共和国"。2009 年改国名为"斐济共和国"。

平安与和平之地：所罗门群岛

所罗门群岛（Solomon Islands）位于太平洋西南部，属美拉尼西亚

所罗门美丽风光　湛蓝的海水，白色的沙滩，浓绿的棕榈树和掩映在丛林中的村庄，构成一幅诗意般的图画。

群岛，西南距澳大利亚1600公里，西北离巴布亚新几内亚485公里，东南与瓦努阿图隔海相望。该国由6个大岛和900多个小岛组成，包括地理上的大部分所罗门群岛（它的西北部为巴布亚新几内亚的一部分）、圣克鲁斯群岛、翁通爪哇群岛等，面积2.84万平方公里，首都霍尼亚拉（Honiara）。全国仅有60万人（2016年），其中94.5%属美拉尼西亚人，波利尼西亚人占3%，密克罗尼西亚人占1.4%，白人占0.4%，还有一千多名华人。通用皮金语，英语为官方语言。居民95%以上信奉基督教新教和天主教，圣公会信徒约占45%。

　　整个群岛分布在太平洋的地震火山带上，共有34座火山，6个大岛都是火山岛。但是，它们没有东邻瓦努阿图的火山活动频繁，也不及西边的布干维尔和俾斯麦群岛的火山喷发剧烈，对当地居民的定居和生产并未产生严重的影响，加上地震通常也不强烈，因而被称为"幸运之岛"。所罗门群岛几乎为终年常绿的森林所覆盖（90%），素有"森林之国"的称号。

议会大楼　位于首都霍尼亚拉，面对港口，建筑别致，富有特色。

在 16 世纪第一批欧洲人到达之前，所罗门群岛还没有文字记载。一些文字学家认为，由于这里有多种语言和马来语相似，其原始居民可能是数千年以前移居而来的马来人，他们身材矮小，属于黑色人种，原来居住在新几内亚和太平洋一些岛屿上。随后而来的是亚洲地区的美拉尼西亚人，人类学家认为他们的到来标志着所罗门群岛进入了史前时期。现在，岛民中的 94.5% 为亚美拉尼西亚人，他们是黑皮肤、卷头发的美拉尼西亚人和身材高大、深褐色皮肤、头发比较直的波利尼西亚人这两个民族的混血种族。虽然亚美拉尼西亚人在岛上居住时间比较久远，但是这个群岛的名字与他们无关，而是起源于圣经故事。传说"上帝"赐给希伯来人国王所罗门巨大的财富，所罗门修筑了"耶和华神庙"，并在神殿中央的"亚伯拉罕神岩"下修建了地下室与秘道，用于存放那些数不清的金银珠宝。但是耶路撒冷被新巴比伦王国攻陷（公元前 586年）后，所罗门宝藏从此下落不明。据《旧约全书》记载，所罗门王平均每三年出海远航一次，每次归来总是金银满舱。当时人们怀疑所罗门宝藏藏在茫茫大海中的某个地方，但具体贮藏在何处，是否真的存在，这些都是不解之谜。不管怎么说，由于所罗门财宝对世人的诱惑实在太大，所以寻宝活动持续不断。这些传言也曾在南美洲广泛流传，西班牙人佩德罗·萨明托·德·甘博雅花了 7 年时间，详细研究了秘鲁有关太平洋各岛屿的稗史，并一手促成在秘鲁的西班牙人对太平洋的远航探险。1567 年，西班牙驻秘鲁和智利总督洛皮·加得亚·德·卡斯特罗的侄子阿尔瓦罗·德·门德纳率领两艘远征船驶往未知的海中陆地，受命在那里建立一个殖民地，并争取把"所有不信宗教的人变成基督教徒"。第二年 1 月 15 日，当船队经过 62 天海上航行已经缺粮少水时，他们终于看见了岛屿，这就是埃利斯群岛（今图瓦卢群岛）中的纽库费陶岛，继而他们又发现了圣伊莎贝尔岛及所罗门群岛中的最大岛屿瓜达尔卡纳尔岛。门德纳以为找到了《圣经》故事中的"所罗门宝藏"，便给这里取名为"所罗门群岛"。后来，土著人同入侵者多次发生冲突，西班牙人在这里寻找黄金宝藏的梦想也化成了泡影。回国后，一位官员在给国王的报告中是这样轻蔑地论及这些岛屿的："根据我接到的报告，尽管他们听说那里有更好的陆地，我认为这些岛屿是不重要的，因为在发现这些岛屿的过程中，他们没有找到任何样品，不论香料、金银、赏物或其他财源，而那里所有的土人都是裸体的野蛮人。"大约就是在这个时候，那些未知的岛屿首次以"所罗门群岛"的名称在印刷品上出现了："南海的西群岛，统称为所罗门群岛。"

在整个 17 世纪，只有两艘荷兰船只接近过所罗门群岛，但他们是否曾登陆上岸，便不得而知了。此后直到 18 世纪下半叶，才有一位欧洲人再次来到太平洋西南部海域。那时西班牙已经衰落，后起的殖民主义者出现在所罗门群岛。由于已经绘制出通往群岛西部地区的地图，1769 年法国人瑟维尔在圣伊莎贝尔岛登陆环游附近岛屿，他将这些岛屿称为"不祥的暗杀岛屿"。之后，欧洲人又从这里消失了。

从 19 世纪起，所罗门群岛才真正结束了孤寂状态。来访的船只日益增加，首先是捕鲸队，接着是从事檀香贸易的商船，后来是其他种类的商船。很快，各国传教士及欧洲移民也相继来到这里。1877 年英国枢密院颁发敕令，把不列颠法律扩展到它在所罗门群岛的臣民，以保护英国移民的权利。1886 年，英国和德国达成协议，确认不列颠对南所罗门的占领，承认北部岛屿布干维尔、布喀、希瓦泽尔和圣伊莎贝尔为德国的势力范围。1893 年，英国宣布南所罗门是一块英国保护地，包括新乔治亚群岛、圣克里斯托瓦尔岛、瓜达尔卡纳尔岛和马莱塔岛，1898 年又扩大到东部外围岛屿。1889 年根据萨摩亚三国会议，作为英国放弃对萨摩亚统治权的条件，圣伊莎贝尔、希瓦泽尔、肖特兰群岛和翁通爪哇这些原属德国管理的所罗门岛屿地区，一并归属英国。

1942 年，当日本人开始横越太平洋时，所罗门群岛第一次真正显示出其重要的战略地位。群岛处于日军攻击斐济、澳大利亚和新西兰的通道中间，也是盟国进行反攻的理想位置，因而成为太平洋战场上

日军与美军反复争夺的目标。1945年日本最后的分遣队在希瓦泽尔岛投降，美军在两三年后才完全撤离了所罗门群岛。此后英国继续接管了这里，但是岛上掀起了持续性的民族独立运动。1963年地方政府被赋予更广泛的权力，1976年1月实行内部自治。1978年7月7日，所罗门群岛最终获得独立，现为联合国、英联邦和太平洋岛国论坛成员国。

圣地与神岛：汤加

汤加是汤加王国（The Kingdom of Tonga）的简称，位于太平洋西南部、国际日期变更线西侧，西距斐济290公里，西南距新西兰1770公里，由北部的瓦瓦乌群岛、中部的哈派群岛和南部的汤加塔布群岛共173个岛屿（其中36个有人居住）组成，面积747平方公里，首都努库阿洛法（Nuku'alofa）。全国仅有10.8万人（2017年），其中98%为汤加人，属波利尼西亚人种，其余为欧洲人及其后裔和太平洋其他岛屿人，还有少数华人和印度人。居民讲汤加语和英语，多信奉基督教。

最初，汤加仅指汤加王国的主岛Toryn Tahu，土著语意思是"圣地""神岛"。后来，汤加泛指整个群岛，并逐渐确定为国名。因其距日界线最近，太阳最早从这里升起，汤加人把自己看作"太阳的儿子"，故又称"日出之国"。

汤加是大洋洲一个历史悠久的国家，也是太平洋上唯一的王国。3000多年前，这里已有人居住。约从公元950年起，汤加前后共出现过四个王朝。在经历了长期的部族战争后，1845年陶法阿豪统一全国，号称图普一世，这个王朝一直延续至今。

在近代西方殖民扩张过程中，1616年荷兰人雅各布·勒梅尔首先发现了汤加群岛。1773年和1777年，英国航海人库克先后两次到这里"探险"，受到善良岛民的热情接待，于是他将汤加称为"友谊之岛"。至今，不少汤加旅行手册中还使用这一称呼。1900年英国宣布汤加是它的保护国，实际上汤加成了英国的殖民地。第二次世界大战期间，美国和新西兰的军队在汤加建立补给基地。1970年6月4日，汤加宣布独立，成为英联邦成员国。

汤加人属于波利尼西亚人种，他们自认为是亚洲蒙古族后裔，其外表特征是浓眉大眼，头发黑直，而皮肤

国王 Poulaho　出自汤加1784年使用的明信片。

略呈黑色。在汤加，人们把肥胖作为美的标准。这是他们最突出、最与众不同之处，所以他们崇尚体格魁梧的男人和身材丰满的女人。据统计，汤加的男人平均身高1.8米，平均体重82公斤；女人平均身高1.6米，平均体重73公斤。如特别标致的妇女必须肥胖，脖子要短，腰身不能细。这种"以胖为美"的审美观，接近于唐代中国人对美的看法。那么，汤加人为什么认为越胖越美呢？主要有这样几个原因：一是种族关系，波利尼西亚人一般长得高大魁梧；二是食物因素，他们吃的都是淀粉含量高、热量高的食品；三是习惯使然，汤加人受气候的影响，不爱活动，睡眠时间过长，造成体内脂肪大量积聚；四是刻意效仿的结果。每年各地民众要向贵族进贡最好吃的食物，贵族们再选其中最好的奉献给国王。所以，历代国王能吃遍全国最好的食物，结果导致身体肥胖无比。例如，曾经的国王陶法阿豪·图普四世的体重在140公斤以上，最重时竟然达到200公斤。国王长得胖，老百姓也群起效仿。加之，人们不爱运动而食量很大。久而久之，汤加就形成了独特的"以胖为美"的风俗。

附录：大洋洲其他国家国名来历

巴布亚新几内亚独立国：发现该岛的葡萄牙人根据岛上居民卷发的特征命名该岛为"巴布亚"，马来语"卷发"的意思。后来荷兰人发现该岛气候、居民都像非洲的几内亚，故又称这里为"新几内亚"。

瓦努阿图共和国：当地语言"海上升起的岛屿"的意思。

基里巴斯共和国：国名来自1788年到此的英国冒险家吉尔伯特的名字。

瑙鲁共和国：以当地的民族命名。

密克罗尼西亚联邦：源自希腊语，"密克罗"意为"小"，"尼西亚"意为"岛"。

马绍尔群岛共和国：1788年一艘英国商船勘测该岛，船长名为马绍尔，故得名。

帕劳共和国：源于当地土语，意为"群岛"。

图瓦卢：波利尼西亚语"八岛之群"的意思，因图瓦卢9个岛中8个有人居住。

萨摩亚独立国：在当地语言中，"摩亚"指"鸡"，"萨"指"禁止"，意即"禁止偷鸡"，这来自当地的一个传说。另一种说法认为萨摩亚意为"恐鸟之乡"，因为最初这一地区栖息着大量的恐鸟。

最幸运的『新大陆』：美洲

　　美洲是"亚美利加洲"（America）的简称，南美洲和北美洲的合称，位于西半球，共有 35 个国家，总面积 4220 万平方公里，人口 9.5 亿。由于地域辽阔，尤其南北跨径大，人们便以巴拿马海峡东端为界，把它划分为北美洲和南美洲。后来，又有人觉得这样划分还不能详细表达美洲的地理概念，再把北美洲的南部，即从危地马拉到巴拿马之间的地区别称为中美洲①。此外，人们普遍使用拉丁美洲②这个术语。除了美国和加拿大两个国家，其余 33 个国家在内的美洲地区，均属于拉丁美洲的范畴。

　　1492 年 10 月，热那亚航海人哥伦布到达了加勒比海的一些岛屿，发现了美洲。后来由于偶然的原因，人们却把他的同乡亚美利哥与这块新发现的大陆名称联系了起来。1499 年，亚美利哥随同西班牙人奥赫达率领的船队驶往印度，他们沿着哥伦布所走过的航路抵达美洲。亚美利哥对南美洲东北部沿岸做了详细考察，确信哥伦布所到达的地方并不是东方的印度，而是不为旧大陆的人们所知晓的一块新大陆，是世界的另一个大洲，他由此绘制了最新地图。1507 年，亚美利哥在《海上旅行故事集》一书中详细叙述了发现新大陆的经过，还向世人宣布了新大

---

　　① 　中美洲是一个地理概念，范围划分大致有两种说法，一是指北自危地马拉、南至巴拿马的北美洲地区，包括伯利兹、哥斯达黎加、萨尔瓦多、危地马拉、洪都拉斯、尼加拉瓜、巴拿马7个国家；二是除了上述7个国家，还包括墨西哥及西印度群岛。文中使用了第一种划分方法。

　　② 　拉丁美洲（Latin America）是对北美洲美国（除外）以南的部分与南美洲所有国家的通称，简称"拉美"，包括墨西哥、中美洲、西印度群岛和南美洲。这些国家都以印欧语系拉丁语族的语言为官方语言，主要是西班牙语和葡萄牙语。

陆概念。这一下子冲垮了中世纪西方地理学权威普多列米制定的地球结构体系。于是为了表彰亚美利哥对人类认识世界所做的杰出贡献，几个法国学者在修改和补充普多列米的名著《宇宙学》（*Kosmographie*）的同时，以亚美利哥的名字为新大陆命名。该书出版后，人们在地图上也加上了亚美利哥洲，这是新大陆——"亚美利哥"首次出现在地图上。后来依照其他大洲名称的构词形式，"亚美利哥"改成了"亚美利加"（亚美利哥的拉丁语读音）。当然，最初以亚美利加命名的范围很小，仅以南美洲东北部一隅为限。后来，当比利时裔德国地图学家墨卡托（Gerardus Mercator，1512—1594）出版世界地图集时，西半球那片辽阔的大陆已经全部被称为亚美利加了。

近来还有一种说法认为，美洲得名于新大陆的部族或山岭的名称。在今尼加拉瓜湖东北的琼塔莱斯省有一座亚美利加山，居住着亚美利斯哥部族，那里盛产黄金的消息被哥伦布等人传到欧洲。从那时起，人们开始用"亚美利加"来称呼新大陆的东南岸地区，并渐渐将这个名称扩展到整个美洲大陆。

在距今大约4万—5万年以前，美洲已经有人类居住。科学家提出了各种各样的假说和推断：其一，美洲土著人就是《圣经》上所说的神秘消失了的以色列"摩西"十二族，或传说中的"亚特兰蒂斯"（大西洋国）居民的后裔；其二，他们来自埃及和地中海地区，或来自俄罗斯中南部，或来自蒙古、中国和东北亚地区；其三，他们源于欧洲，是穿越冰岛移居美洲的；其四，起源于马来亚—波利尼西亚人种或澳大利亚原始土人；其五，他们就是土生土长于美洲这块土地上的人。随着宇航事业和宇宙学的大发展，甚至有人大胆地认为原始美洲人是当时造访地球的"外星人"的后代。

北美洲是北亚美利加洲的简称，位于西半球北部，东滨大西洋，西临太平洋，北濒北冰洋，南以巴拿马运河为界，同南美洲分开。全洲面积约2423万平方公里，占世界陆地总面积的16.2%，是世界第三

大洲。现有 23 个独立国家，还包括丹属格陵兰岛（世界第一大岛）、荷属阿鲁巴岛、荷属安的列斯群岛（不含阿鲁巴）、英属开曼群岛、英属安圭拉、英属百慕大、英属特克斯和凯科斯群岛、英属维尔京群岛、美国联邦领地波多黎各、法国海外省瓜德罗普、法国海外大区马提尼克、美属维尔京群岛等地区。全洲人口 5.5 亿，主要居民为英、法等欧洲移民的后裔，其中以盎格鲁撒克森人最多，其次是黑人、印第安人、混血种人，此外有格陵兰人、因纽特人、波多黎各人、犹太人、日本人和华侨等。主要信奉基督教和天主教，通用英语和西班牙语，其次是法语、荷兰语、印第安语等。

南美洲是南亚美利加洲的简称，位于西半球南部，东临大西洋，西濒太平洋，北滨加勒比海，南隔德雷克海峡与南极洲相望。面积约 1797 万平方公里，占世界陆地总面积的 12%。人口约 4 亿，其中以印欧混血人最多，其次是白人和印第安人，黑人最少。绝大部分居民信奉天主教，少数信奉基督教。印第安人用印第安语，巴西的官方语言为葡萄牙语，法属圭亚那的官方语言为法语，圭亚那的官方语言为英语，苏里南官方语言为荷兰语，其他国家均以西班牙语为国语。

在政治地理上，人们把南美洲及其以北的墨西哥、中美洲和加勒比海地区（西印度群岛）称为拉丁美洲。面积为 2070 多万平方公里，占世界陆地总面积的 13.9%。1492 年 8 月 3 日，哥伦布带着西班牙王室致中国皇帝的国书和两名阿拉伯语翻译人员，率领"圣玛利亚""冰达"和"尼娜"号 3 艘帆船和 87 名船员，经过两个多月的航行，于 10 月 12 日终于发现了加勒比海中巴哈马群岛的华特林岛。后来，这一天就确定为拉丁美洲诞生的日子。

南美洲境内的安第斯山是世界上最长的山脉，也是最高大的山系之一。巴西高原为世界上最大的高原，面积超过 500 万平方公里。亚马孙河全长为 6480 公里，是世界上流域面积最广、流量最大的河流，也是仅次于尼罗河的世界第二长河。亚马孙热带雨林面积也是世界之最，这里生活着包括食人鱼在内地球上约 30% 的生物物种，有"生物科学家的天堂"和"地球之肺"的美誉。伊瓜苏瀑布群位于巴西和阿根廷交界处，为世界最宽的瀑布，被联合国教科文组织称为全球"最具动态美的地方"（最具静态美的地方是美国的科罗拉多大峡谷）。

美洲是典型的移民大洲，大部分移民来自欧洲。北美洲保持着欧洲人的文化传统和风俗习惯，拉丁美洲部分国家由于种族的混居与融合而形成别具一格的人文风情。美洲也是一块人文荟萃的大陆，玛雅人、印加人的古代遗址诉说着令人着迷的印第安文明。众所周知，印第安人原是美洲的主人，一般认为他们是从亚洲东北部通过白令海峡到达美洲的。如果说北美洲具有浓厚的现代文化气息，那么，南美地区则更加体现出印第安文明与其他文明相融合的多样化情调。

枫叶之国：加拿大

加拿大（Canada）位于北美洲北部，除了美国阿拉斯加州和格陵兰岛，整个北美洲北半部均为加拿大领土。它东濒大西洋，西临太平洋[1]，北滨北冰洋，南接美国，西北与美国的阿拉斯加州接壤，东北隔巴芬湾与格陵兰岛相望，面积998万平方公里，仅次于俄罗斯，为世界第二大国。这是个多元文化并存的移民国度。在全国3707万人（2018年）中，外来移民及其后裔占绝大多数（97%），土著居民占3%。在外来居民中，英、法等欧洲后裔所占比重最高。英语和法语均为官方语言，天主教徒占居民总数的45%，基督教徒占36%。首都渥太华（Ottawa）。

加拿大素有"枫叶之国"的美誉，枫树是该国的国树，枫叶是加拿大民族的象征。关于加拿大国名来源，有两种不同说法：其一，来自北美印第安人易洛魁族Kanata[2]一词，用以称呼圣劳伦斯河沿岸一处印第安人住地，意为"村落、小房或棚屋"。16世纪初，开发加拿大的先驱和圣劳伦斯河的发现者，法国探险人雅克·卡蒂埃（Jacques Cartier，1491—1557）问土著人此地名称，印第安人酋长答Kanada，意指附近的棚屋、村落。卡蒂埃误认为是指整个地区，从此便将此地称为加拿大。

---

① 加拿大国徽图案底端的绶带上用拉丁文写着"A Mari Usque Ad Mare"，意为"从海洋到海洋"，表示加拿大的地理位置，即西濒太平洋，东临大西洋。

② 今天，加拿大有个安静的小城镇叫作卡纳塔（Kanata），位于首都渥太华国会山庄以西25公里的地方。它是加拿大的高科技之都，有"北方硅谷"（Silicon Valley North）之称。

加拿大总督府　坐落在渥太华，名为丽都厅，建于 1838 年，是历届总督的官邸。

直到 1547 年，世界地图上 Canada 一词还是用来表示圣劳伦斯湾和圣劳伦斯河以北的所有地方。到了 1550 年，在地图上 Canada 一词也代表了圣劳伦斯河以南的一些地区。1867 年联邦建立时，Canada 正式成为这个新国家的名字。其二，1500 年葡萄牙或西班牙探险者曾经在查洛斯湾寻找黄金，结果什么也没有找到。他们见到一片荒凉的加拿大土地，便脱口说道"Acanada"，意思是"这里什么也没有"。

　　加拿大的土著人是几百年前由亚洲渡过白令海峡而来的因纽特人和印第安人，他们属于蒙古人种。大多数考古学家认为，大约 2.5 万年前，这些人是从亚洲大陆东北部经白令海峡进入美洲的。11 世纪时居住在格陵兰岛的挪威人发现了加拿大东北部。如今，印第安人分散在全国各地，而因纽特人仍然生活在加拿大境内的北极圈内。

　　14—15 世纪，一些国家的航海者到达纽芬兰和拉布拉多沿岸。随着资本主义萌芽的出现，许多欧洲封建君主和新兴商人开始狂热地追求黄金和财富，他们带着对金钱的渴望，漂洋过海，来到了北美海岸。16 世纪上半期，现今的加拿大东岸就被当时的法国航海者叫作"新法兰西"。

1603年，法国探险家萨缪尔·德·尚普兰在加拿大建立了第一个居留地——亚加地亚，后来又建立了魁北克城。由于尚普兰的开拓之功，法国人尊其为"新法兰西之父"。在殖民者的鼓动下，最初移居到新法兰西的主要是商人、士兵、官吏和传教士。后来，农民和工匠也迁来了，他们在这里开垦土地、从事农业和园艺。1663年以后，从事加拿大殖民活动的"法兰西公司"被改为法国的一个海外行省。

17世纪初，英国人向北美大规模地殖民，并对法国、荷兰等国的北美殖民地构成威胁。于是，英、法之间在17世纪80年代爆发了争夺殖民地的武力冲突。1713年，根据英、法《乌特勒支条约》，法国被迫将亚加地亚居留地割让给英国，并放弃对哈得孙湾和纽芬兰的一切要求。虽然该条约维持了北美和平，但是英、法之间的争霸斗争并没有结束。1763年法国在欧洲七年战争中兵败，在北美大陆上也溃不成军，最终同英国签订了《巴黎和约》，又被迫放弃了加拿大和密西西比河以东的全部领土。从此，加拿大为英国人独占，成为大英帝国的重要部分。18世纪70年代，虽然十三州起义军一度进军加拿大，可惜最后都失败了，

魁北克古城　北美洲唯一的有古城墙环绕的城市，图中的古堡大酒店是该城的标志性建筑，它原是魁北克总督官邸。

加拿大也失去了在北美独立战争中摆脱英国殖民统治的机会。19 世纪中期工业革命完成后，英国的殖民政策有所改变，1846 年同意加拿大资产阶级组成责任政府。1854 年英国立法议会通过法案，取消了加拿大的封建土地制度。19 世纪 50 年代以后，加拿大成立了自己的两大政党——自由保守党和自由党。1867 年 7 月英国议会通过《不列颠北美法案》，这是加拿大第一部宪法，它将加拿大省、新不伦瑞克省和诺瓦斯科舍省合并为联邦，成为英国最早的一个自治领，称加拿大自治领。1871 年，英属北美领土除了纽芬兰，全部都纳入了加拿大联邦，使分散的北美成为统一的加拿大。1926 年，加拿大在国际谈判和国际事务上的主权获得承认，因而获得了外交独立。1931 年，加拿大成为英联邦成员国，其议会也获得了同英国议会平等的立法权，但仍无修宪权。

目前，加拿大还保留着英国的宗主国地位，英国女王伊丽莎白二世为加拿大国家元首。根据 1982 年 3 月英国上院和下院通过的《加拿大宪法法案》，加拿大已经获得了立法和修宪的全部权力。

山姆大叔：美国

美国（U.S.A.）是美利坚合众国（The United States of America）的简称，位于北美洲中部，东临大西洋，西抵太平洋，北与加拿大为界，南和墨西哥接壤。除了本土 48 州，还有紧邻加拿大西部的阿拉斯加州，以及数千公里之外的太平洋上的夏威夷群岛，共计 50 个州。另外，有不属于任何一个州的首都华盛顿哥伦比亚特区（Washington D.C.）。美国国土面积 937 万平方公里。

美国是世界上最大的移民国度，在约 3.3 亿人口（2019 年）中，非拉美裔白人和拉美裔合占 77.5%，黑人是人口最多的少数民族，约占 13.2%，亚裔占 5.4%，混血占 2.5%，另有约占 1.2% 的美国印第安人和

阿拉斯加州原住民，约占 0.2% 的夏威夷原住民或其他太平洋岛民。在美国，54.6% 的居民信奉基督教新教，23.9% 信奉天主教，1.7% 信奉犹太教，4% 信奉其他宗教。

北美洲的原始居民是印第安人。15 世纪末，西班牙、荷兰、法国、英国等开始向北美移民，并建立了许多殖民地，如西班牙人的新西班牙（包括墨西哥和美国西南部的广大地区）、法国人的新法兰西（包括圣劳伦斯河流域下游大湖区，密西西比河流域等处）等。英国虽然起步较晚，1607 年才建立第一个殖民据点（詹姆士城），但它后来居上，到 1773 年已有了 13 个殖民地。北美独立战争爆发后，1776 年 7 月 4 日，第二次大陆会议在费城召开，组建了由乔治·华盛顿任总司令的"大陆军"，并通过了反对英国殖民统治的纲领性文件《独立宣言》，正式宣布建立美利坚合众国。1787 年 5 月，在华盛顿主持下召开的费城制宪会议上，代表们批准了世界上第一部成文宪法《美利坚合众国宪法》。严格说来，

白宫　美国总统官邸。位于首都华盛顿，建于 1792 年，1800 年开始成为总统的官邸。1902 年美国总统罗斯福首先使用"白宫"一词，后成为美国政府的代称。

美国是第一个正式立宪的国家，它的宪法是以《独立宣言》和联邦条例为基础制定的。根据这部宪法，美国成为一个由各个拥有主权的州组成的联邦制国家。1789 年，华盛顿当选为第一任总统。为了纪念开国元勋华盛顿和美洲发现者哥伦布，美国将它的首都命名为"华盛顿哥伦比亚特区"，简称"华盛顿"。

1812 年，美国完全摆脱英国的殖民统治。至 19 世纪中叶，它通过渗透、战争与购买等多种手段，将其领土从大西洋沿岸一直扩张到太平洋沿岸。1862 年 9 月，共和党总统亚伯拉罕·林肯宣布《解放黑奴宣言》，随即南北战争爆发。1865 年，这场内战以北方的获胜而结束，从而为资本主义的迅速发展扫清了障碍。19 世纪末，美国开始对外大肆扩张，1898 年发动对西班牙战争，占领了波多黎各岛、菲律宾、关岛和夏威夷岛等海外土地，次年提出对中国的"门户开放"政策，1903 年获得巴拿马运河区控制权，之后再利用两次世界大战，取得了世界霸主地位。

拉什莫尔山四总统塑像 位于南达科他州，从左至右，依次是开国元勋华盛顿、《独立宣言》的起草者杰斐逊、奠定 20 世纪美国基础的西奥多·罗斯福和解放黑奴的领导者林肯。

20世纪末东欧剧变和苏联解体后，美国进一步利用其政治、经济、军事与科技方面的优势，迅速战胜所有对手，登上了唯一超级大国的宝座。

美国国名是由英国自由主义独立思想启蒙者托马斯·潘恩提出来的。1776年，他在一篇文章中第一次为北美殖民地创造了国名："美利坚合众国将在世界上和历史上同大不列颠王国一样壮丽。"英语America一词有两个含义，一指美洲，二指美国。而美国的绰号叫"山姆大叔"（Uncle Sam），它同自由女神、秃鹰一样，同为美国的象征。这个名称的由来也非常有趣。纽约州特洛伊城有位肉类加工商，名叫山姆·威尔逊，他在当地很有威信，人们亲切地称其为"山姆大叔"。1812年1月美英交战时期，纽约州长看到威尔逊在供应军队牛肉的桶上都印有E.A.–U.S.标记。工人们解释说E.A.是牛肉承包商的名字，U.S.是美国的缩写，凑巧的是，"山姆大叔"（Uncle Sam）的缩写也是U.S.，所以他们开玩笑地说U.S.就是"山姆大叔"。这件趣事传开后，"山姆大叔"名声大振。美国人把那些军需食品都称为"山姆大叔"送来的食物，还把"山姆大叔"诚实可靠、吃苦耐劳以及爱国主义精神视为民族的骄傲和他们共有的品质。19世纪30年代，美国的漫画家又将"山姆大叔"画成一个头戴星条高帽、蓄着山羊胡须、身穿燕尾服和条纹裤子的白发瘦高老人。1961年，国会正式确认"山姆大叔"为美国的象征。

山姆大叔　本来山姆大叔的形象是笑容可掬的，但是这张变成了命令式的征兵形象。

美国是一个没有国教的多宗教国家，但是在客观上，基督教居于突出地位。除了圣诞节，感恩节是美国最隆重的国民节日。在游行队伍中，经常可以看到圣诞老人与秃鹰合二为一的奇特形象。圣诞老人身着红外套，戴着红帽子，衣帽边沿均饰以洁白的绒毛，与冬天的皑皑白雪相映成趣，而髯髯的白须更使圣诞老人显出慈祥和蔼、笑容可掬的样子，可是他长着一对硕大无比的秃鹰翅膀！这是为什么呢？

在西方人眼中，圣诞老人是欢乐、温暖与吉祥的象征。翱翔于蓝天苍穹上的白头海雕（秃鹰）傲视一切生灵，俨然自然界的严厉判官。正因为如此，这合二为一的圣诞老人—秃鹰形象，充分体现了美利坚合众国的双重性格：美国人自诩为人类的救世主和维护世界秩序的警察。美国国徽的主体秃鹰是力量、勇气、自由和不朽的象征：鹰的两爪分别抓着橄榄枝和箭，代表着和平和武力；鹰嘴叼着的黄色绶带上用拉丁文写着"合众为一"，意味着美利坚合众国是一个统一的国家。

阿兹特克族战神：墨西哥

墨西哥是墨西哥合众国（The United Mexican States）的简称，位于北美洲南部，拉丁美洲西北端，北邻美国，南与危地马拉和伯利兹接壤，东临墨西哥湾和加勒比海，西南濒太平洋和加利福尼亚湾，面积1964375平方公里，首都墨西哥城（Mexico City）。在全国1.23亿（2017年）人中，印欧混血种人和印第安人占90%，还有少数欧洲人后裔。有88%的居民信奉天主教，5.2%信奉基督教新教。西班牙语为官方语言，有8%的人讲印第安语。

墨西哥是拉美第三大国，南、北美洲陆路交通的必经之地，素有"陆上桥梁"的美称。大约在距今5万年以前，一些生活在亚洲北部的游猎民族，在冰河时代从海水冻结的白令海峡进入美洲。作为拉丁美洲的文明古国，墨西哥的历史源远流长，可以分为印第安时期、殖民地时期和独立以后三个阶段。墨西哥是印第安人古文化中心之一，驰名世界的玛雅文化、奥尔梅克文化、阿兹特克文化等多种印第安文化均为墨西哥印

玛雅古迹 玛雅（Maya）文化是世界上重要的古文化之一。玛雅人的历史可以追溯到 5000 年前，其文明孕育、兴起、发展于今墨西哥的尤卡坦半岛、恰帕斯和塔帕斯科两州以及中美洲的一些地方。

第安人所创造。

阿兹特克人是美洲大陆印第安人的一支，最早居住在墨西哥北部。11 世纪中期，传说在向南迁徙的过程中，天上的"战神"出现在最高祭司特诺奇面前，指示他带领部落一直朝南走，直到发现一只雄鹰叼着蛇立于仙人掌之上，就可停下来定居。1325 年，勤劳勇敢的阿兹特克人在特斯科科湖的湖心岛上定居下来。他们利用填湖的方法，排除部分湖水，用水道和桥梁把小岛和湖岸连接起来，建成了首府墨西哥—特诺奇蒂特兰城（Tenochtitlán，意为仙人掌的石头，或出水之石）。这就是墨西哥城，也是墨西哥国名的由来。[①] 今天，为了缅怀祖先的辉煌业绩，墨西哥人民把雄鹰和仙人掌作为国旗和国徽的图案。仙人掌具有顽强的生命力，而雄鹰是勇敢的象征，它们代表着墨西哥人民世世代代的奋斗

---

① 还有一种看法认为墨西哥得名于特诺奇蒂特兰城位置上原有的一个湖，阿兹特克人称该湖为 Metzlianan，系由 metztli（月亮）和 atl（湖）两词合成，意为"献给月亮的湖"。

精神。

另一种说法认为，墨西哥国名源自印第安语"墨西特里"，或译为"墨西特耳"，就是当地印第安人最大的一个部落——阿兹特克族战神的别名，或是传说中太阳神惠齐洛波奇特利的别名。阿兹特克人非常热爱按照神意所定居的那片土地，将其称为"墨西卡"，意思是"墨西特里臣民居住的地方"或"太阳和月亮之子"。他们以此为中心，

墨西哥人头石像　这些石像都在十几吨以上，是玛雅文化的遗存。

创造了灿烂的阿兹特克文明。经过两百多年的建设，阿兹特克帝国发展成为同南美的印加帝国并列的西半球最强盛国家。

墨西哥是玉米的故乡，印第安人栽培和食用玉米已经有七千多年的历史。他们还在墨西哥城北兴建了堪与埃及金字塔相媲美的太阳金字塔和月亮金字塔，今天，太阳金字塔和月亮金字塔的所在地——特奥蒂瓦坎古城已被联合国教科文组织宣布为人类的共同遗产。

由于墨西哥是美洲大陆印第安人古老文明中心之一，这里保存着较多的远古遗风，其中既有印第安人辉煌过去留下的印痕，又有控诉殖民者屠杀的罪证。哥伦布发现新大陆以后，西班牙人为了寻找梦寐以求的黄金，蜂拥而至。1519年，冒险家埃尔南多·科尔特斯从古巴出发远征墨西哥。阿兹特克首领蒙特苏马二世贪生怕死，不仅没有率领部队英勇抗敌，反而派人送给侵略者大量的金银珠宝。然而，面对贪得无厌的西班牙人，善良的阿兹特克人并没有迎来和平。他们虽然展开了英勇的反抗，最后还是粮尽水绝，大部分居民壮烈牺牲。1521年，西班牙侵略者攻占特诺奇蒂特兰城，阿兹特克帝国灭亡。此后300余年间，西班牙对墨西哥进行了野蛮的殖民统治。1535年，西班牙人在墨西哥城建

立新西班牙总督区。

在墨西哥历史上，神父米格尔·伊达尔戈（Miguel Hidalgo）是第一位明确提出独立并以武力争取独立的先驱者。1810 年 9 月墨西哥人民在他的率领下，爆发了争取拉丁美洲独立的战争，史称"多洛雷斯呼声"。虽然伊达尔戈后来被杀害了，但墨西哥终于在 1821 年 8 月 24 日获得了民族独立，墨西哥人民尊其为"墨西哥独立之父"。

美国人在赢得独立战争后，于 19 世纪开始蚕食拉丁美洲。1836—1845 年，美国策动墨西哥的得克萨斯美籍种植园主叛乱，建立傀儡政权"孤星国"，并将得克萨斯并入美国。在 1846—1848 年美墨战争中，墨西哥战败，美国侵占墨西哥北部领土，逐步建立美洲霸权。1848 年 2 月，墨西哥被迫将北部 230 万平方公里的土地割让给美国，从东至西包括得克萨斯、新墨西哥和加利福尼亚。1867 年墨西哥人将法、英、西等侵略者赶了出去。在"土地和自由"的召唤下，1910 年墨西哥人民推翻迪亚斯的独裁统治，1917 年颁布资产阶级民主宪法，宣布国名为墨西哥合众国。

森林茂密的土地：危地马拉

危地马拉是危地马拉共和国（The Republic of Guatemala）的简称，位于中美洲地峡西北端，东部地区在洪都拉斯和伯利兹之间，与加勒比海相邻；西部地区在墨西哥和萨尔瓦多之间，与太平洋为伴。面积 10.89 万平方公里，首都危地马拉城（Ciudad de Guatemala）。全国共有 1658 万人（2016 年），其中印第安人占 41%，印欧混血种人占 45%，白人占 2%，为中美洲人口最多和土著居民比例最高的国家。西班牙语为官方语言，另外有玛雅语等 23 种土语。70% 的居民信奉天主教，20% 信奉基督教新教。

危地马拉素有"森林之国"的美称。在印第安语中，危地马拉国名由土著名称 Cuahtemallan, cuauh 转化而来，意思是"森林茂密的土地"。1524 年，"危地马拉"这一称呼在西班牙殖民者阿尔瓦拉多绘制的地图上首次出现，它当时是卡克奇克尔族印第安人都城，来自墨西哥的向导把它叫作"特克潘——危地马拉"，就是"林木茂密的土地"之意。危地马拉名称起源还有不同说法：其一，得名于首都。1524 年 7 月 28 日，危地马拉城由西班牙殖民者建成，当时取名"圣地亚哥"（Santiago），

蒂卡尔玛雅古城遗址　图中为 1 号金字塔，建成于公元 810 年，塔身分为 9 个梯级，由于它状似一头雄踞的美洲豹，故也称美洲豹金字塔，塔高 60 多米。

后改称危地马拉城（Guatemala City, Ciudad de Guatemala）。其二，源于印第安人阿兹特克语 quauhtemellan，意为"鹰族人的土地"，鹰是当地部落崇拜的图腾。其三，为印第安语的西班牙语译名，意思是"喷水的山"，指阿瓜火山，因为阿瓜火山喷吐的岩浆曾经毁灭了危地马拉城。[①]

危地马拉有"玛雅的摇篮"之称，因为它原来是印第安人的居住地和玛雅文化的重要发源地。从公元前 6 世纪到公元 9 世纪，玛雅人就在今天的危地马拉北部、墨西哥南部、伯利兹和洪都拉斯的西部广大地区建立古代国家，创造了灿烂的玛雅文化。10 世纪左右，玛雅文化开始衰落，1524 年危地马拉沦为西班牙殖民地。1527 年，西班牙在危地马拉设置都督府，管辖除了巴拿马的中美洲地区。

1821 年 9 月 15 日，危地马拉人民经过长期的斗争，终于脱离了西

---

① 张翔鹰、张翔麟编著《世界各国名称的由来》，内蒙古人民出版社1998年版，第203页。

班牙，获得了民族独立。1822—1823 年，危地马拉成为墨西哥帝国的一部分，后与萨尔瓦多、洪都拉斯、尼加拉瓜、哥斯达黎加合并组成中美洲联邦，首府设在危地马拉城。由于英国、德国和美国等外国资本的侵入，危地马拉逐渐变成了一个半殖民半封建社会。1839 年，危地马拉再次获得独立。1847 年 3 月，危地马拉宣布建立共和国。此后，军人独裁统治长期控制着政权，只存在过一些短暂的文人政府。

20 世纪初，美国垄断资本渗入危地马拉，并扶植了亲美的独裁政权。50 年代，哈科沃·阿本斯总统在国内实行了大规模的土地改革，但是最后政权被推翻。之后，危地马拉无论是农业部门还是工业部门一直处在美国的控制下。1982 年 3 月 23 日发生政变，以里奥斯·蒙特为首的三人军人执政委员会执掌国家政权。1983 年 8 月 8 日，奥斯卡·梅希亚·维克托雷斯通过军事政变上台，宣布还政于民。1985 年 12 月，基督教民主党领导人比尼西奥·塞雷索在大选中当选为危地马拉总统。

危地马拉的土地上不仅产生了灿烂的古代印第安文明，而且对现代世界文化产生了一定的影响。1967 年，危地马拉作家米格尔·安赫尔·阿斯图利亚斯成为诺贝尔文学奖得主。他的获奖作品《玉米人》是一部魔幻现实主义小说，探讨了文化差别、文化争论和弱势文化扭曲的问题。人权运动领袖印第安女政治家门楚（Rigoberta Menchu）致力于危地马拉和平和维护原住民权益，于 1992 年赢得了诺贝尔和平奖，这是对她冲破不同种族、文化和社会藩篱的表彰。

鱼米之乡：巴拿马

巴拿马是巴拿马共和国（The Republic of Panama）的简称，位于中美洲地峡地区东南部，中美洲和南美洲的联结地带，东连哥伦比亚，南濒太平洋，西接哥斯达黎加，北临加勒比海。国土狭长，呈横 S 形，东西长达 720 公里，面积 7.55 万平方公里，首都巴拿马城（Panama City，Ciudad de Panamá）。全国共有 407 万人（2017 年），印欧混血种人占 65%，非裔占 12%，欧裔占 10%，华裔占 7%，印第安人占 6%。西班牙语为官方语言。85% 的居民信奉天主教，4.7% 信奉基督教新教，4.5% 信奉伊斯兰教。

巴拿马是拉丁美洲一处美丽富饶的地方。巴拿马运河作为世界三大运河之一，位于中美洲的"细腰"位置。它沟通太平洋和大西洋，是连接大西洋的利蒙湾和太平洋的巴拿马湾的枢纽，使巴拿马获得了"世界桥梁"的美称。

巴拿马国名源于当地的印第安语，有两种不同的含义：一是"鱼乡"。当初哥伦布看到这里鱼虾丰富，稻谷飘香，认为"巴拿马"就是鱼米之乡的意思。还有一种说法，认为巴拿马源于当地的一个古代渔村。1513 年西班牙航海者巴尔博亚率领探险队通过巴拿马地峡，看到了一望无际

巴拿马运河　位于巴拿马地峡最狭窄地段，是沟通大西洋和太平洋的著名国际水道，有"世界桥梁"之誉。1914 年正式通航。

的南海（太平洋）。他意识到了该地区的战略意义，便在沿岸选择一个渔村作为立足点，并沿用印第安人的称呼，把这块地方叫作"巴拿马"，意为鱼乡，鱼郡。后来，这个名称扩展到地峡和整个地区。二是"蝴蝶之国"。哥伦布率领船队在巴拿马登陆后，发现境内有一个名叫加通的湖泊，这里到处是成群飞舞、五彩缤纷的蝴蝶，就用当地印第安语称呼这个地方为"巴拿马"。还有一种说法认为，"巴拿马"源于一种名为巴拿巴的大树。

1501—1503 年，西班牙探险者和征服者巴斯提德斯、柯萨和巴尔博亚首先发现了巴拿马海岸，巴拿马便沦为西班牙殖民地，后与哥伦比亚同属于新格拉纳达（后称哥伦比亚）总督区。1508 年，西班牙王室决定开拓新世界殖民地，任命尼库埃萨为巴拿马地峡首任总督。1519 年，达维拉开始营建巴拿马城。在漫长的殖民统治时期，巴拿马成为西方人在拉丁美洲地区从事殖民活动的交通枢纽。西班牙人从南美洲太平洋地区将掠夺来的金银财宝首先集中到巴拿马城，然后通过地峡运往西班牙。现在巴拿马的许多古城堡，就是当年西班牙殖民者大肆掠夺拉丁美洲的历史见证。1821 年巴拿马脱离西班牙而独立，自愿加盟哥伦比亚，成为由西蒙·玻利瓦尔建立的大哥伦比亚共和国的一个省。1830 年大哥伦比亚共和国解体，巴拿马又成为新格拉纳达共和国的一部分。

从 19 世纪 40 年代起，法、英、美等国开始激烈争夺巴拿马运河开凿权。1882 年巴拿马运河开始由法国人动工兴建，后来工程搁置了下来。美国为了夺取运河开凿权和运河区永久租让权，鼓动巴拿马脱离哥伦比亚。1903 年 11 月 3 日，巴拿马共和国成立。但是根据不平等的"美马条约"，美国取得修建和经营运河的永久垄断权和宽 10 英里的运河区的永久使用、占领和控制权。当 1914 年 8 月 15 日启用通航后，巴拿马运河成为沟通太平洋和大西洋之间最方便的海上通道。运河流淌在巴拿马共和国的中部地区，从大西洋的利蒙湾通向太平洋的巴拿马湾，全长81.3 公里，最宽处 304 米，最窄处只有 91 米。这是一条重要的国际航运水道，它使两大洋之间的航程缩短了一万多公里，大大方便了拉丁美洲东岸与西岸以及与亚洲、大洋洲的联系，具有重要的经济和战略意义。

运河的开凿不仅加强了美国在拉丁美洲的战略地位，而且给美国带来了巨大的经济利益。由于美国的垄断权，运河区由美国总统任命总督，升美国国旗，实行美国法律，驻扎美国军队，建有美国军事基地，设有美军司令部。为了收回运河主权，不屈的巴拿马人民先后两次迫使美国修改 1903 年的运河条例，提高租金。第二次世界大战中，美国在巴拿马强租 134 处军事基地，1947 年后陆续归还一部分。1964 年，巴美两国围绕运河问题发生暴力冲突，并断绝外交关系。1977 年 9 月，美国被迫同巴拿马签署新的《巴拿马运河条约》（又称《托里霍斯—卡特条约》）和《关于巴拿马运河永久中立和运河营运条约》，规定到 2000 年巴拿马完全收回运河航路控制权。1999 年 12 月 31 日，美军全部撤出巴拿马运河区，巴拿马终于收回了运河的全部主权，巴拿马共和国国旗终于在巴拿马运河上空迎风飘扬。

岛屿和浅滩：巴哈马

巴哈马是巴哈马国（The Commonwealth of The Bahamas）的简称，位于加勒比海西印度群岛的最北部，西部距美国佛罗里达州 80 公里，西南部距古巴 100 多公里，由大巴哈马岛、安德罗斯岛、柳塞拉岛和新普罗维登斯岛等 700 多个大小岛屿和 2400 多个珊瑚礁组成，其中仅有 30 个较大的岛屿有人居住，国土面积 13878 平方公里，首都拿骚（Nassau）。根据 2017 年统计材料，巴哈马只有 37.2 万人，其中黑人占 90.6%，其余多为白人。英语为官方语言。多数居民信奉基督教新教，少数信奉天主教。

加勒比海是大西洋的属海，为大西洋通往巴拿马运河进入太平洋的

亚特兰蒂斯酒店 位于巴哈马天堂岛，以瑰丽著称，拥有的娱乐设施包括豪华赌场、深海水族宫、人工海湾、水上乐园、游览船和真人历险游戏等。

必经之路。巴哈马是一个不规则散开的珊瑚群岛，从西北佛罗里达州沿海一直向东南延伸至古巴和海地的北部沿海。由于它地处加勒比海与大西洋交接处，故有"加勒比海门户"之称。这里没有寒冷的冬天，也没有炎热的酷暑。岛上阳光明媚，温暖如春，林木葱茏。近海有引人入胜的海上公园，水中有千姿百态的珊瑚、海龟和海鱼。沿岸沙洲上波平沙阔，浮光掠影，构成一幅赏心悦目的画面。所以，巴哈马素有"拉丁美洲的伊甸园"之誉。

公元 300 到 400 年，巴哈马群岛上生活着一支阿拉瓦族印第安人，随后卢卡伊族印第安人来到这里。虽然他们没有留下文字记录，但是人们可以从一些绘画、陶器工具和骨头等遗存上了解他们的文化。1492年 10 月 12 日，哥伦布在第一次向西航行探险中，最先发现了巴哈马群岛中的华特林岛，并把它命名为"圣萨尔瓦多"（San Salvador），西班牙语意为"救世主"。之后，他又发现了腊姆岛、长岛、克鲁克德岛。这些岛屿风景秀丽，阿拉瓦族印第安人又热情好客，巴哈马群岛就被描绘成了人间的伊甸园。这个消息很快传到欧洲，立刻引起了当时贪婪的殖民者的兴趣。15 世纪末 16 世纪初，西班牙人在这里没有实现他们的黄金梦。但是，残暴的殖民者从来都不会做亏本的生意，他们竟把 4 万名善良的阿拉瓦族人掳掠到附近的古巴和海地充当奴隶，只留下了一个荒无人烟、苍凉贫瘠的巴哈马。

巴哈马名称来源不清，原是古巴北部的一条小河名。后来，古巴和佛罗里达之间的海峡在西班牙语中被称为"新巴哈马海峡"（现称"佛罗里达海峡"），是"浅滩"的意思。关于巴哈马国名的由来，还有一种说法认为，1492 年，当哥伦布来到巴哈马东部的圣萨尔瓦多岛，第一次登上这块新大陆时，他环顾岛屿四周，看到浅浅的海水拍打着海岸，便将这里叫作"巴哈马"，意为浅水或海。另据传说，16 世纪初，西班牙驻波多黎各总督庞塞·德莱昂听说北方有个岛，岛上有不老泉，人只要喝了这泉水就可以返老还童。所以，庞塞·德莱昂十分向往这个地方。1513 年在一次寻找仙泉的旅途中，他发现了一些岛屿和浅滩，于是就把它们叫作"巴哈马"了。

1647 年，一群与当局持不同政见的英国清教徒，为寻求宗教信仰

拿骚港　巴哈马首都拿骚建于 1660 年，最初名为查尔斯敦，1690 年改为拿骚，以纪念英国王位继承人、奥兰治的拿骚亲王。图为拿骚港口的一角。

自由来到这里，定居在伊鲁瑟拉岛，他们被称为"伊鲁瑟拉冒险家"。这是英国人在巴哈马建立的第一个殖民点。在其后四个多世纪中，大批移民来到这里，主要有百慕大的奴隶和自由黑人、北美独立战争后逃离美国的保王派殖民者及其奴隶、从贩奴船上解放了的非洲人、佛罗里达的黑种米诺尔人、加勒比其他岛屿居民，以及中国人、叙利亚人和希腊人等，他们共同见证了巴哈马历史演变过程，从而也促进了多元主义的巴哈马文化发展。

1649 年英属百慕大总督带领一批英国人占据巴哈马群岛，1717 年英国政府宣布该群岛为其殖民地。17 世纪末到 18 世纪初，中南美洲海盗盛行。巴哈马由于多浅滩、暗礁及小港，地形十分复杂，非常适合海盗藏身，而且它们靠近繁忙的货运通道，为偷窃商船的海盗提供了大量可乘之机。1715 年以前，这里大约有 1000 名海盗活动，其中最有名的是"胡子编成细长辫子"、以凶狠残暴而闻名的"黑胡子"。1717 年英国实行直接殖民统治后，巴哈马地区猖獗的海盗活动逐渐减弱。1783 年，英国与西班牙签订《凡尔赛和约》，巴哈马群岛正式成为英国的属地。

在北美独立战争中，大量的英国保王党人带着他们的家眷和黑奴逃亡到巴哈马，从事棉花种植园生产。1838 年，巴哈马农奴制的废除沉重打击了种植园经济。美国南北战争期间，巴哈马成为南方联盟的军用物资供应地，因而从中大获其利。美国内战结束后，一度繁荣的巴哈马群岛又萧条了。19 世纪末至 20 世纪初，巴哈马的剑麻种植业和海绵采集业一度兴旺。1920—1933 年是美国的禁酒年代，巴哈马又成为美国私酒贩子的交易场所。第二次世界大战期间，美国势力大举侵入巴哈马并建立了海军和空军基地。20 世纪五六十年代，美国在巴哈马建立了导弹追逐站、海岸警卫站以及庞大的大西洋海下实验和考察中心等军事设备。1964 年 1 月巴哈马实行内部自治，1973 年 7 月 10 日正式宣布独立，定国名为"巴哈马国"，为英联邦成员国，从此摆脱了英国长达三个半世纪的殖民统治。

加勒比海的绿色鳄鱼：古巴

古巴是古巴共和国（The Republic of Cuba）的简称，位于加勒比海的北部边缘，是大安的列斯群岛中最大的一个岛国。东与海地相望，南距牙买加 140 公里，北离美国佛罗里达半岛南端 217 公里，由古巴岛、青年岛等 1600 多个岛屿组成，有"千岛之国""世界甘蔗国""安的列斯的珍珠"等称呼。这些大小岛屿形成了一条狭长的彩带，把碧波浩渺的加勒比海和世界第二大海湾——墨西哥湾连接了起来。国土面积约 11 万平方公里，全国人口 1122.1 万（2017 年），其中白人占 66%，混血种人占 22%，黑人占 11%，华人占 1%。大部分居民信奉天主教。西班牙语为官方语言。

古巴岛外表形状奇特，被生动地比喻为"加勒比海的绿色鳄鱼"或"匍匐在加勒比海中的蜥蜴"。由于古巴岛把墨西哥湾入口分隔为佛罗

哈瓦那大教堂　始建于 1704 年，是一座西班牙和美洲风格浑然一体的教堂建筑。

297

里达海峡和尤卡坦海峡，成为墨西哥湾连接大西洋和加勒比海的水道，所以又被称为"墨西哥湾的钥匙"。首都哈瓦那（La Habana）素有"加勒比海的明珠"之赞誉，由于老城拥有各个时期不同风格的建筑，1982年被联合国教科文组织列为"人类文化遗产"。

自古以来，古巴就是一处物产丰富、气候适宜的地方。1492年10月，哥伦布在巴哈马群岛登陆时，听土著人说南面有一个土地广阔、资源丰富的海岛，因印第安人领袖古巴而得名，"古巴岛"名称也由此而来。10月27日，哥伦布在印第安人引领下航行到古巴岛北部海岸，因为这里并没有黄金，结果是失望而归。从1511年起，古巴沦为西班牙殖民地，时间长达近四个世纪。

拉丁美洲独立战争期间，古巴人民掀起了连续不断的反抗斗争，主要有1792—1793年在哈瓦那和太子港等地爆发的种植园黑奴暴动、1795年在巴亚莫发生的黑人和贫苦白人联合起义、1812年在奥连特省和卡马圭省等地爆发的大起义。由于古巴是西班牙殖民者在拉丁美洲的主要军事基地，西班牙对其控制很紧，这些起义在当局的残酷镇压下都失败了。但是，古巴争取民族解放的斗争并没有停止。1868年9月，西班牙国内发生革命，伊萨贝拉二世的统治被推翻，共和制度得以建立。宗主国政局的剧烈变化，给古巴革命提供了有利时机。1868—1878年，古巴爆发了反西班牙统治的第一次民族独立战争，爱国将领卡洛斯·塞斯佩德斯发表了著名的"雅腊宣言"，宣布古巴独立。1895—1898年，何塞·马蒂等人从多米尼加率领远征军到马埃斯特腊山区，领导了第二次独立战争。直到今天，古巴的何塞·马蒂广场上还矗立着这位民族英雄的纪念碑。

何塞·马蒂（1853—1895）铜像
古巴民族英雄，独立运动的先驱。

正当古巴独立战争即将取得全面胜利的关键时刻，美国武装干涉了拉丁美洲的民族解放运动。1898 年 4 月美国发动对西班牙的战争，战后在古巴扶植亲美势力，强迫古巴接受"普拉特修正案"，规定美国有权干涉古巴内政和在古巴建立海军基地。1902 年 5 月美军撤出古巴，5 月 20 日古巴共和国成立。但是，表面上获得"独立"的古巴，实际上是美国的"保护国"，至 20 世纪 50 年代历届政府均受美国控制。1903 年 2 月根据美、古"互惠条约"，美国强行租占古巴海军基地两处，其中就包括至今仍然由美国占领的关塔那摩基地两处。1906 年，美国直接出兵镇压古巴人民起义，并对古巴实行 3 年的军事占领。

1933 年军人巴蒂斯塔通过政变上台，后又两次执政（1940—1944 年、1952—1959 年），并得到美国的支持。巴蒂斯塔的军事独裁引起人民的强烈反抗，1953 年 7 月 26 日，菲德尔·卡斯特罗率领一批青年攻打圣地亚哥的蒙卡达兵营，失败后建立了"七·二六"运动组织。1959 年 1 月 1 日，流亡国外的卡斯特罗率起义军进入哈瓦那，推翻亲美的巴蒂斯塔政权，第二天即宣布建立以"七·二六"运动组织为核心力量的临时政府，由马鲁蒂亚任总统，卡斯特罗担任总理兼武装部队总司令，奉行独立自主的外交政策，也发展同社会主义国家的关系。1960 年 5 月，美国宣布停止对古巴的一切援助，长期敌视和封锁古巴。但是，古巴人民不畏强权政治和霸权主义，独立自主发展经济，振兴民族国家。1961 年 4 月，古巴在吉隆滩击败了美中央情报局策划的雇佣军入侵（猪湾事件），随后，卡斯特罗宣布开始社会主义革命。在苏联的帮助下，古巴取得了令人瞩目

菲德尔·卡斯特罗（1926—2016）
曾为古巴共产党中央第一书记，古巴最高领导人。

的成就。1976年古巴举行公民投票，通过宪法，确定古巴为主权独立的社会主义国家，古巴共产党是古巴唯一的合法政党。同年12月召开第一次全国人民政权代表大会，取消总统制，设立国务委员会，国务委员会主席是国家元首、政府首脑、武装部队总司令。

20世纪80年代末，随着苏联与东欧对古巴援助的停止，古巴经济形势开始恶化。1990年8月，古巴政府宣布进入"和平时期的特殊阶段"。正是在这一历史背景下，从1993年起，古巴最高领导层做出了实行改革开放的重大决策。今天，古巴是世界上为数不多的社会主义国家之一。2002年6月26日，古巴全国人民政权代表大会通过一项对1976年共和国宪法进行修改补充的法律，进一步确定社会主义制度的不可更改性。

小威尼斯：委内瑞拉

委内瑞拉是委内瑞拉玻利瓦尔共和国（Bolivarian Republic of Venezuela）的简称，位于南美洲西北部，北临加勒比海，东与圭亚那交界，南与巴西接壤，西与哥伦比亚为邻，面积91.6万平方公里，首都加拉加斯（Caracas）。在全国3111万人（2018年）中，印欧混血种人占58%，白人占29%，黑人占11%，印第安人占2%。西班牙语为官方语言。居民中有98%的人信奉天主教，1.5%信奉基督教新教。

委内瑞拉境内拥有世界上落差最大的安赫尔瀑布，这是著名的游览胜境。由于风光秀丽，景色独特，委内瑞拉还是世界上生态环境最为多样复杂的国家之一。出人意料的是，Venezuela一词源自西班牙语，意思是"小威尼斯"。1499年，西班牙探险者阿隆索·德·奥赫达航行到南美，他看到委内瑞拉海岸奇特优美，沿岸沃野千里，气候宜人。而在马拉开波湖①区见到印第安人为防御野兽和敌人的侵袭，把房屋建筑在露出水面的木桩上，水面上有许多用蒲草制成的小筏随波荡漾，不由得想起了亚得里亚海滨水城——威尼斯风光，便把这里称为"小威尼斯"。

委内瑞拉国名由来还有一种说法，有人认为源于当地的土语，意即"一大片水"，因为有上千条大小河流淌在山峦起伏的委内瑞拉大地。这些河流穿山越岭，一路形成许多大大小小的瀑布，所以委内瑞拉素有"瀑布之乡"的称号。其中，最著名的安赫尔瀑布位于圭亚那高

安赫尔瀑布　当地的印第安人称其为"出龙"，1935年为西班牙人卡多纳所发现，1937年美国探险者安赫尔对其进行了考察。

原卡罗尼河支流丘伦河上。瀑布落差979米，底宽150米。瀑布从平顶高原垂直落下，形成从天而降的巨大水柱，气势十分壮观。

在西班牙殖民者入侵以前，委内瑞拉地区住着阿拉瓦及加勒比等族的印第安人，他们过着半定居的原始部落生活，或从事采集，或从事渔猎。1498年8月，哥伦布在第三次"新大陆""探险"中发现了委内瑞拉海岸。1499年，另一西班牙探险者阿隆索·德·奥赫达与其同伴彼德罗·阿伦索尼奥、克利斯托巴尔·孟拉等航行到马拉开波湖，他们依照印第安人的习惯，把这个地方叫作"马拉开波"，就是"陆岸"的意思。

1522年，西班牙在委内瑞拉境内建立新卡地兹（Nueva Cádiz）殖民地，这也是西班牙在南美洲的第一块殖民地。1528年，西班牙国王卡洛斯

---

①　马拉开波湖是拉丁美洲最大的湖泊，面积达到1.34万平方公里。湖底石油的蕴藏量非常丰富，是一个巨大的地下油库。古代印第安人早就在该地发现了石油，他们称之为"大地的汗水"，用以点灯或治疗风湿等疾病。

西蒙·玻利瓦尔(1783—
1830) 南美洲北部地区民族独
立战争中最为重要的领导人,也
是整个拉丁美洲反抗殖民统治的
革命运动中最为杰出的领袖。

一世给予德国银行家维耳塞尔以征服和开
拓委内瑞拉的特许权,维耳塞尔派阿尔芬
格带领几百名雇佣兵去"征讨"委内瑞拉,
并企图夺取印第安人的黄金,但没有获得
结果。1555年,西班牙人用武力血腥地征
服了当地的印第安人。1567年,整个委内
瑞拉沦为西班牙殖民地。

委内瑞拉一向有"美洲革命摇篮"之称,
这里出现了许多著名的革命领袖。1806年
弗朗西斯科·米兰达(1750—1816)在纽
约组织了一支远征队,在委内瑞拉的科罗
登陆,号召人民起来推翻西班牙的统治,
打响了西班牙美洲殖民地独立战争的第一
枪。1810年初,当拿破仑法国军队占领西班牙全境后,委内瑞拉殖民
当局被迫同意将加拉加斯市政厅改组为临时政府,称"洪他"(Junta
为西班牙语,意思是"委员会")。1811年3月,第一次国民议会在
加拉加斯城召开,7月5日发表了脱离西班牙统治的独立宣言,年底成
立了以米兰达为首的委内瑞拉共和国(第一共和国)政府。后在南美
解放者西蒙·玻利瓦尔的领导下,1821年6月委内瑞拉彻底摆脱了西
班牙殖民统治。为了纪念这位被视为开国英雄的西蒙·玻利瓦尔,1999
年委内瑞拉重修宪法时,在正式国名中加入了"玻利瓦尔"。

独立以后,委内瑞拉政局处于变动中,1821年同现哥伦比亚(原
新格拉纳达)、厄瓜多尔和巴拿马组成"大哥伦比亚共和国"。1829
年从中退出,第二年成立了"委内瑞拉联邦共和国",1864年改名为"委
内瑞拉合众国"。自19世纪末叶起,委内瑞拉长期处于军人独裁统治下,
1953年才重新定国名为"委内瑞拉共和国",但独裁的本质没有改变。
1958年1月,希门尼斯独裁政权被推翻,文人政权得以建立。1961年

宪法规定委内瑞拉为联邦制国家，实行代议制民主。根据1999年12月生效的宪法，再改国名为"委内瑞拉玻利瓦尔共和国"。1999年，查韦斯（Hugo Chávez Frías，1954—2013）就任总统，在内政方面实行国家控制与市场调节相结合的"人道化"经济模式，将农业列为经济调整和多元化的重点，大力发展"21世纪社会主义"；在外交方面，他与卡斯特罗领导下的古巴携手，反对美国的霸权主义，实践玻利瓦尔倡导的"拉美国家联盟"，即一方面号召美洲国家联合起来反对美国的自由贸易区，另一方面推行"美洲国家替代发展计划"，力图改变拉美国家的贫穷面貌。现任总统尼古拉斯·马杜罗·莫罗斯于2019年1月宣誓就职。

哥伦布之地：哥伦比亚

哥伦比亚是哥伦比亚共和国（Republic of Colombia）的简称，位于

蒙塞拉特山　位于哥伦比亚首都波哥大城北，站在山顶可以眺望全城。盛产绿宝石，为驰名世界的游览胜地。

南美洲大陆西北端，东部与委内瑞拉为邻，南部与厄瓜多尔、秘鲁和巴西接壤，扼守着南北美洲大陆往来的要道，可以方便地出入大西洋和太平洋，也是南美洲唯一面向两大洋的国家，因而被称为"南美洲的门户"。国土面积 114.2 万平方公里，首都波哥大（Bogotá）。全国共有 4640 万人（2014 年），其中印欧混血种人占 58%，白种人占 20%，黑白混血种人占 14%，黑人占 4%，其余为印第安人。居民多信奉天主教。西班牙语为官方语言。

早在远古的时候，印第安人就在现属哥伦比亚区域居住，境内分布着奇布查族等印第安人。传说有一位印第安酋长名叫西帕，他举行国王加冕典礼时，浑身上下糊满稀泥，撒上金粉，然后驾着小木船到瓜塔比塔湖里洗身，而聚集在湖畔的臣民们则将无数的金器和宝石作为贡品投入湖中，所以哥伦比亚有"黄金之国"的美称。"哥伦比亚"一词由哥伦布的名字加上拉丁语后缀 –ia 而来，意思是"哥伦布之国"，以纪念伟大的航海者克里斯托弗·哥伦布发现"新大陆"。然而，哥伦布始终未能踏上哥伦比亚的土地，因为当 1498 年哥伦布第三次航行美洲时，他只是到达了哥伦比亚海岸，没有能登上这片新发现的南美土地。

1499 年，阿隆索·德·奥赫达曾率领西班牙远征队，第一次侵入哥伦比亚沿海地区。1525 年，西班牙人开始在哥伦比亚西北部海岸建立圣马尔塔港，作为居留地。此后，西南部考卡（Cauca）地区发现了许多金矿，更刺激了殖民者与冒险家的贪欲。1536 年，贡沙格·希门尼斯·奎沙达率队伍到达波哥大，征服当地的奇布查族印第安人，并将该地区称为"新格拉纳达"（Nueva Granada），西班牙语"格拉纳达"一词意为"石榴"。从此，哥伦比亚沦为西班牙殖民地，西班牙人每年从这里掠走大量的黄金和宝石。

1718 年，西班牙王室在波哥大设置新格拉纳达总督，统辖现今哥伦比亚、委内瑞拉、厄瓜多尔和巴拿马等国领土的整个区域。此后，波哥大便成为南美洲北部政治经济文化中心。为了更多更快地掠夺哥伦比亚的金矿，西班牙殖民者除了大规模奴役印第安人，又从非洲运来了大量的黑人做奴隶。19世纪初拿破仑侵入西班牙的消息传来后，哥伦比亚与拉丁美洲大多数地区一样，开始了反对西班牙统治的民族独立运动。1810年5月卡塔黑纳的市民首先发难，他们强迫市长交出一部分权力，由市长与市政议会共理政事。6月又把市长驱逐出去，整个城市的管理权完全落到市政议会手中。潘普洛纳和索科罗两城市民也夺取了市政管理权，不过其他城市的起义却失败了。同年7月20日，首都波哥大发生暴动。市议会逮捕了新格拉纳达总督，并把他的妻子禁锢于修道院中。1811年11月11日哥伦比亚发表独立宣言，建立了"新格拉纳达联合省"。后来，哥伦比亚独立运动一度被卷土重来的西班牙殖民军队镇压下去。

1819年8月7日，南美解放者西蒙·玻利瓦尔领导的起义军在波亚卡战役获胜后，于12月成立了一个包括委内瑞拉在内的以哥伦比亚为中心的"哥伦比亚共和国"，从此哥伦比亚获得独立。1821年，哥伦比亚、巴拿马、委内瑞拉和厄瓜多尔共同组成"大哥伦比亚共和国"。1829—1830年，委内瑞拉和厄瓜多尔先后退出，大哥伦比亚共和国解体。1831年哥伦比亚改为"新格拉纳达共和国"。1861年又改为"哥伦比

玻利瓦尔广场　原名中心广场，位于波哥大市中心。1819年哥伦比亚共和国成立后，为了纪念共和国缔造者，将其更名为玻利瓦尔广场，并竖立了玻利瓦尔塑像。

亚合众国"（United States of Colombia），1886 年将国名定为"哥伦比亚共和国"。

独立初期，英国和美国的势力相继渗入哥伦比亚。1846 年，美国政府同当时的新格拉纳达政府订立了"友好、和平、通航和贸易协定"，强迫哥伦比亚开放马格达雷那河，并修筑了一条道路，方便美国商品运输。美国侵略者又获取自由通过当时还属于哥伦比亚领土一部分的巴拿马地峡的权利。1850—1855 年，美国在巴拿马修成横贯地峡的铁路后，其经济势力进一步侵入哥伦比亚。1903 年 11 月，在美国的策动下，哥伦比亚丧失了面积超过 7 万平方公里的最富裕省份，巴拿马也从此获得了独立。19 世纪末 20 世纪初，哥伦比亚发展起来的重要出口产品如香蕉和石油等，大部分也被美国垄断资本所掌握。

1902 年内战结束以后，哥伦比亚政局进入了一个相对稳定阶段。第一次世界大战期间，哥伦比亚经济上一度出现了繁荣局面。二战时期，它仍然追随美国，参与对日及对德作战。1951 年与美国签订"友好、通商、航海条约"，1952 年又签订"双边军事协定"。1950 年 6 月，当美国发动侵朝战争时，戈麦斯独裁政府竟派遣一营士兵去朝鲜充当帮凶，成为这次战争中拉丁美洲唯一没有拒绝派兵的国家。

玉米起源地：秘鲁

秘鲁是秘鲁共和国（Republic of Peru）的简称，位于赤道附近、南美洲西部，北与厄瓜多尔和哥伦比亚接壤，东同巴西毗连，南与智利交界，东南接玻利维亚，西濒太平洋，世界上最长的山脉——安第斯山纵贯秘鲁南北，世界上水量最大的河流——亚马孙河发源于境内。国土面积 128.5 万平方公里，首都利马（Lima）。全国共有 3205 万人（2017 年），其中印第安人占 45%，印欧混血种人占 37%，白人占 15%，其他人种

马丘比丘古城遗址　南美洲印加文明晚期古城，位于现今秘鲁境内库斯科西北130公里，1532年西班牙殖民者攻占此地，1983年被联合国教科文组织定为世界文化与自然遗产。

占3%。西班牙语为官方语言。96%的居民信奉罗马天主教。

秘鲁是印第安人印加文明的发祥地。从洞穴壁画和出土文物分析，秘鲁先民印第安人克丘亚族与阿伊马拉族等创造了相当发达的印第安文化。公元前7000年，他们已经驯养了南美山羊，公元前4000年前后，种植棉花、辣椒、豆类和南瓜等，后来又培植了马铃薯、玉米、马纽卡、花生等农作物。这不仅大大地丰富了印第安人生活，而且对整个人类的物质文明做出了巨大贡献。

关于"秘鲁"名称来源，一直有几种不同的解释：第一，在印第安盖丘语中为"皮鲁阿"，意为"玉米之仓"或"大玉米穗"，因为玉米当时是这里的主要农作物。第二，得名于在秘鲁北部注入太平洋的小河Biru或Piru，这是西班牙移民当初从巴拿马地峡航行到此登陆的地方。第三，来自一位印第安酋长名，他曾领导当地群众同西班牙侵略者作战。

　　13 世纪，一支自称是"太阳的子孙"的印加人，即属于克丘亚的印加部落逐渐强盛起来。印加部族世世代代生息在这里，发展了印第安三大文化之一的印加文化。他们于 1438 年占领整个秘鲁及附近一些地区，建立了以库斯科城为中心的"印加帝国"（Inca Empire）。16 世纪初，帝国鼎盛时期疆域达到 200 万平方公里，除了秘鲁本土，还包括现在厄瓜多尔、玻利维亚以及哥伦比亚、阿根廷、智利的一部分，人口多达 600 万。这个地区被当时的人们叫作"塔埃亭苏约"，即古印第安人克丘亚族语言"辽阔的国土"的意思。

　　由于没有留下可靠的文字资料，印加帝国成为人类历史上最神秘莫测的古文明之一。根据流传下来的神话故事，印加人的祖先来自现今秘鲁和玻利维亚两国之间的的的喀喀湖区（Lake Titicaca）。该湖位于科亚奥高原，纵贯中部的安第斯山脉，是南美洲最大的淡水湖，也是世界上海拔最高的可通行大船的淡水湖。居住在那里的太阳神和他的妻子月神把他们的一双儿女曼科·卡帕克和玛玛·欧克罗送到人间，要他们找到一块像肚脐那样既柔软又充满养育生机的土地，在那里教育人们并建立他们的王国。这就是印加国都城库斯科（Cuzco）的由来，而这位太阳之子就成了第一位印加。"库斯科"在当地语言里的意思就是"肚脐"，而印加是国王的尊号，并不是国家名称。

　　1532 年 11 月，西班牙殖民者弗朗西斯科·皮萨罗率军在秘鲁北部登陆。在攻占卡哈马卡城后，他俘获了阿塔瓦尔帕国王，让民众交出 40 万公斤黄金，最后背信弃义地将国王杀害了。于是，这个神秘的黄金国度的历史就此结束了。由于侵占印加帝国有功，皮萨罗被西班牙国王封为侯爵，并被任命为秘鲁总督。就这样，西班牙对秘鲁开始了长达近 300 年的殖民统治。也就是从此时起，才有了"秘鲁"这个名字。1535 年 1 月，皮萨罗决定把印加帝国的行政中心迁移到靠近海洋的地方，并在那里建立起一座"国王城"，后来易名为"利马"。1544 年秘鲁总督区成立，秘鲁成为西班牙在南美殖民统治的中心。

萨克萨瓦曼要塞　位于库斯科城的最高点，该城是古印加帝国的首都。

　　18 世纪以前，西班牙殖民者由利马发出的命令，可以指挥除了巴西的整个南美洲。1718 年与 1776 年，新格拉纳达和拉普拉塔等地区先后分离出去，秘鲁总督的管辖范围大大缩小。19 世纪初，拉丁美洲民族解放运动蓬勃发展。1821 年 7 月 28 日，圣马丁将军宣布秘鲁独立，秘鲁共和国成立。1824 年 12 月，玻利瓦尔将军率军在阿亚库乔附近打败殖民军，宣告西班牙殖民者对南美统治的终结。1826 年秘鲁全境解放。

　　1835—1839 年，秘鲁与玻利维亚合并，组成秘鲁—玻利维亚邦联。1879—1883 年，秘鲁又联合玻利维亚，同智利进行了争夺硝石产地的南美"太平洋战争"，结果智利夺取了世界最大的硝石产地塔拉帕卡省，并控制了秘鲁的塔克纳、阿利卡两省。第二次世界大战后，民主联合阵营候选人布斯塔内特当选为总统。但在美国的支持下，奥德利亚于 1948 年 10 月发动军事政变上台。1963 年 6 月，人民行动党贝朗德·特里当选总统。1968 年 10 月，胡安·贝拉斯科发动政变后出任总统。

1975 年 8 月，莫拉莱斯将军接管政权，并于 1977 年将政权交还给文官政府。1990 年 5 月日本人后裔阿尔韦托·藤森当选总统，2000 年因国内政治丑闻逃往日本寻求政治庇护。

红木：巴西

巴西是巴西联邦共和国（The Federative Republic of Brazil）的简称，位于南美洲东南部，地跨赤道南北，北临法属圭亚那、苏里南、圭亚那、委内瑞拉和哥伦比亚，西邻秘鲁、玻利维亚，南接巴拉圭、阿根廷和乌拉圭，东濒大西洋，首都巴西利亚（Brasilia）[①]。巴西是拉丁美洲最大、人口最多的国家，面积 851.49 万平方公里，人口 2.086 亿（2017 年）。白种人占 53.74%，黑白混血种人占 38.45%，黑种人占 6.21%，黄种人和印第安人等占 1.6%。葡萄牙语为官方语言。64.6% 的居民信奉天主教，22.2% 信奉基督教福音教。

在欧洲人抵达前，印第安人已在美洲生活了几千年。古代巴西为印第安人居住地，旧大陆对巴西的认识是从距今 500 年前才开始的。一般认为，葡萄牙航海者佩德罗·阿尔瓦雷斯·卡布拉尔发现巴西完全是个意外。1500 年 3 月，他从里斯本出发，沿着非洲海岸向南航行，原计划是前往印度，但由于赤道海流和狂风的影响，船队偏离非洲海岸，没有绕过好望角，而是向西越过了大西洋。4 月 22 日，船员们在南纬 17 度附近发现了陆地。葡萄牙人没有料到会在这里发现大陆，他们把巴西的东海岸这片新发现的土地当成了海岛。葡萄牙人在今天的 Porto

---

① 1956—1960 年，巴西人在一片荒野上建造起来的一座年轻的现代化城市。这座新都充满着现代理念的城市格局、构思新颖别致的建筑，以及寓意丰富的艺术雕塑。1987 年 12 月 7 日，联合国教科文组织把它确定为"人类文化遗产"，使之成为最年轻的世界人类文化遗产。在巴西历史上，两座古老的海滨城市萨尔瓦多和里约热内卢都曾是它的首都。

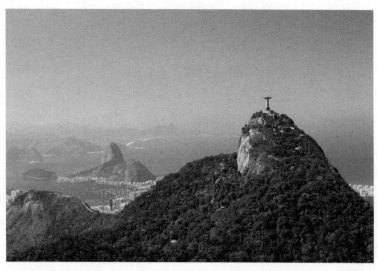

里约热内卢的耶稣巨像　位于科尔科瓦多山顶，为庆祝巴西独立一百周年而建。塑像通体为钢筋水泥结构，高 38 米，重 1145 吨。它也是该市的象征之一。

Seguro 上岸后，卡布拉尔竖立起一块刻有王室徽章的十字架，宣布该地归葡萄牙所有，并取名为"圣十字架岛"（Terra da Vera Cruz）。这块大陆就是现在的巴西。后来人们才发现，这里根本不是一个岛，而是美洲大陆的一部分。

16 世纪 30 年代，葡萄牙派远征队在巴西建立殖民地，1549 年托迈·德·索萨为第一任总督。巴西沦为殖民地后，葡萄牙人相继来到这里，但是他们有些失望。当时，印第安人除了原始的工艺技巧，没有更多有价值的东西。后来葡萄牙人发现在巴西海岸附近盛产一种特有的名贵木材 brazil（红木）。这种珍稀名木纹路细密，色彩鲜艳，坚固耐用，可做精巧的家具。而且，木质中可提炼十分宝贵的红色染料，因为当时的欧洲正好风行红色服装，所以这种树成为 16 世纪最具经济价值的植物之一。葡萄牙从当地运走了大量上等红木原料，Brazil 也逐渐成了巴西的代称。在葡萄牙语里，Brazil 就是"红木"的意思，中文译称"巴西"。

1807 年法国拿破仑军队进军里斯本，葡萄牙国王若奥六世逃往巴西，宣布里约热内卢（Rio de Janeiro，意为"一月的河"）成为葡萄牙殖民

帝国的统治中心,并大举建设巴西,给予它和葡萄牙一样的地位。1821年,葡萄牙王室迁回里斯本,王子佩德罗留在巴西任摄政王。1822年9月7日,葡萄牙国会决议撤销巴西的中央管理机构,将巴西再度降为殖民地。佩德罗为保留在巴西的权力,发出"不独立,毋宁死"的口号,正式与葡萄牙决裂,建立巴西帝国。同一天,他被拥戴为巴西帝国的立宪皇帝,称佩德罗一世(Don Pedro I)。这就是巴西历史上著名的"伊皮兰加呼声",这一天也成为巴西的独立日和国庆日。1825年8月29日,葡萄牙被迫承认巴西的独立地位。这样,巴西就成为美洲唯一的葡萄牙语国家。1888年5月,巴西废除奴隶制度,1889年11月建立共和体制。1891年2月,第一部联邦共和国宪法获得通过,将国名更改为"巴西合众国"。

巴西是世界上最大的咖啡生产国和出口国,所生产的咖啡以质优、味浓而驰名全球,因而享有"咖啡王国"的美誉。帝制推翻后,大种植园主和大资产阶级掌握着对共和政府的控制权,政权的实质变化不大,经济仍然受外国资本家的控制。两次大战期间,巴西受世界形势及危机

巴西议会大厦　位于巴西首都巴西利亚市的核心三权广场上,建于1958—1960年。

的影响很大，1952 年与美国签订了不平等的《美巴军事互助条约》，巴西在经济上和军事上进一步依附于美国。1964 年 3 月，军人政变上台，实行独裁统治。1967 年再将国名改为"巴西联邦共和国"。

巴西是一个充满激情的国家，来自亚洲、非洲、欧洲的文化与土著印第安人的生活融合在一起，形成了风格独特的巴西文化。巴西人酷爱足球、桑巴舞，加上狂欢节，极度文明与极度原始在这里似乎找到了平衡点。作为世人公认的足球大国，巴西的足球运动不仅成为民众的共同爱好，也是整个民族的骄傲。除了球王贝利，巴西还拥有济科、苏格拉底、卡雷卡、罗纳尔多、里瓦尔多、罗马里奥等一大批世界级的足球巨星。桑巴舞起源于非洲西海岸，16 世纪时随黑人传到巴西，现在已成为巴西的"国舞"。在巴西，紧张、欢快、热烈、活泼的桑巴舞非常普及，不分男女老幼，每当高亢昂扬的音乐声起，人们总是激情难抑，不禁摆腿扭腰，手舞足蹈起来，如醉如痴，欲罢不能，欲休难止。巴西人说，"没有桑巴舞，就不存在狂欢节"。巴西狂欢节极富亚马孙地区印第安人特色，起源于 17 世纪一只公牛获救的传说，后来当地人将牛作为狂欢节的象征。狂欢节是欧洲移民带到巴西的宗教节日，现在已成为巴西最盛大的民族传统节日。

世界的边缘：智利

智利是智利共和国（Republic of Chile）的简称，位于南美洲西南部海岸，安第斯山脉西麓，东与阿根廷为邻，北同秘鲁、玻利维亚接壤，西临太平洋，南与南极洲隔海相望，面积 75.7 万平方公里，首都圣地亚哥（Santiago）。全国共有 1740 万人（2013 年），其中印欧混血人占 75%，白人占 20%，印第安人占 4.6%。西班牙语为官方语言。15 岁以上人口中 67% 的居民信奉罗马天主教，16% 信奉福音教。

复活节岛石像 在智利复活节岛上共有 1000 多个这样的半身人面石像，最大的石像有 20.9 米高，重 100 多吨。这些石像是波利尼西亚文化独特的石质艺术品的见证。1722 年，荷兰航海者洛基文于复活节这天发现了它们。

　　智利是世界上最狭长的国家，东西宽 96.8—362.3 公里，南北长 4352 公里。由于地处美洲大陆最南端，与南极洲相距最近，智利人常称自己的国家为"天涯之国"。智利在太平洋上有众多岛屿，其中包括距本土 3700 多公里的复活节岛。该岛像一叶孤舟漂泊在万顷碧波上，1722 年 4 月 5 日荷兰航海者雅各布·洛基文首先发现了它。当天正值基督教复活节，所以取名为"复活节岛"。岛上居民则称之为"拉帕努伊岛"（意为"石像故乡"），或称"特皮托库拉岛"（意即"世界的肚脐"）。

　　关于"智利"国名，当地人称 Chili mapu，印加语 chili 意为雪、寒冷，mapu 即土地。当初印加帝国征服智利时，感到这里要比本国寒冷得多，于是就有了这样的称呼。也有人解释说，"智利"一词由印第安人克丘亚语"奇里"（寒冷）衍化而来。16 世纪初西班牙人到达智利南部时，正值隆冬季节，他们误以为这里的地名叫奇里，因为到处都能听到克丘亚人说："奇里！奇里！"按照居住在的的喀喀湖区印第安人艾马拉部落和居住在秘鲁首都利马北部及西部的印第安人阿依马拉族与盖丘亚部族的解释，"智利"一词意为"世界的边缘""遥远的人民"。因为古时候交通不发达，高山和大洋阻挡了人们的交往联系，他们认为只有传奇式的勇士才能克服重重困难到达这一"边缘"。还有一种说法认为，"智利"一词来自当地阿拉乌干人一部落首领称号，意思是"由其统治的国家"。

自古以来，阿塔卡米诺、查哥以及迪阿圭塔等印第安部族就散居于智利北部和中部部分地区。15世纪，这些地区被印加人征服，成为"印加帝国"的一部分。而中部和南部一带的居民主要是阿拉乌干族，他们尚处于原始社会阶段。1520年冬，葡萄牙探险者麦哲伦第一次环球航行时曾绕过智利海岸，到达火地岛，这是白种人发现智利的起点。

16世纪30年代，西班牙殖民者皮萨罗征服秘鲁后，便开始向南深入。1535年，他命令迭戈·德·阿尔马格罗由玻利维亚向智利出发，但是在智利谷地遭到了印第安人的顽强抵抗。由于没有找到所预想的黄金，加之不断受到印第安人袭击，阿尔马格罗不得不于1538年逃回秘鲁。1540年，巴尔迪维亚受皮萨罗派遣前往智利，并于第二年建立了圣地亚哥城。1546年，巴尔迪维亚终于征服智利的北部和中部，从此这一带成为西班牙殖民地。然而，对于比奥比奥河以南阿拉乌干族印第安人的抵抗，巴尔迪维亚一点办法也没有。1602年，西班牙人不得不与阿拉乌干人签订条约，议定以比奥比奥河为界，河以北为西班牙秘鲁

圣母像　位于圣克里斯托瓦尔山上，高14米，是当地一大圣景。该山又叫圣母山，从山上可以俯瞰圣地亚哥城。

总督管辖，河以南属阿拉乌干人所有。1773年，阿拉乌干人的独立地位获得承认，直到1887年才最终被征服。

当西班牙人在智利确立统治后，英国人也想染指智利。著名海盗英国人弗朗西斯·德雷克在加勒比海劫掠了由美洲运往西班牙满载金银的船只以后，往往从南美洲最南端的合恩角逃跑。当时，英国人经常沿着智利海岸航行，袭击智利港口，然后再躲到海岛中去。18世纪初，英国海盗威廉·丹皮尔救了一名船员，名叫亚历山大·塞尔基克，他被遗弃在无人居住的胡安·费尔南德斯群岛上。他在岛上独自住了四五年，成天和山羊为伴，用树枝搭成茅屋，以海豹皮做衣服。后来丹皮尔的船在岸边抛锚，发现了他，他也因此获救回国。英国文学家笛福根据塞尔基克的亲身经历，写成了名著《鲁滨孙漂流记》。

由于拉丁美洲殖民地革命风暴的影响，19世纪初，智利人民要求独立的情绪大大高涨，1810年9月18日成立执政委员会，宣布实行自治。此后在民族英雄贝尔纳多·奥希金斯率领下，智利人民继续开展反殖民统治斗争。1811年7月4日第一次国民大会召开，通过宪法。1817年2月，南美解放者之一圣马丁将军大败西班牙军。2月14日，圣马丁和奥希金斯率领的革命军进入圣地亚哥。1818年2月12日，智利正式脱离西班牙而独立，宣告成立共和国。

独立初期，智利政局动荡，这种局面直到19世纪40年代后期才结束。保守党执政时期（1831—1861），智利占领麦哲伦海峡，击败秘鲁人的商业竞争，并镇压了阿拉乌干族印第安人。自由党上台后，智利与秘鲁、玻利维亚、厄瓜多尔结成联盟，共同进行了反西班牙战争。第一次世界大战期间，智利保持中立，战后受到美国垄断资本的入侵。1973年9月10日，奥古斯托·皮诺切特发动政变，推翻萨尔瓦多·阿连德政府，开始了长达16年的军人独裁统治。1989年3月11日，智利恢复代议制民主制。1998年皮诺切特卸任陆军首长职务，同年在英国被捕。2006年1月15日，米歇尔·巴切莱特当选为智利历史上第一位女总统。

2018 年 3 月，皮涅拉就职总统，实行多元、务实的外交政策。目前，智利经济社会形势总体保持稳定。

白银之国：阿根廷

阿根廷是阿根廷共和国（The Republic of Argentina）的简称，位于南美洲东南部，东濒大西洋，南与南极洲隔海相望，西同智利接壤，北与玻利维亚、巴拉圭交界，东北部与巴西和乌拉圭为邻。它占据了南美大陆南部安第斯山脉和大西洋之间的大部分地区，面积 278.04 万平方公里，仅次于巴西，为拉美第二大国。首都布宜诺斯艾利斯（Buenos Aires）素有"南美洲的巴黎"之誉，在西班牙语中意为"好空气"。在全国 4385 万人（2016年）中，大多为早期的意大利和西班牙移民后裔，是南美各国中白种人比率最高的国家。官方语言是西班牙语，亦通行英语、意大利语、德语以及其他印第安语言。居民以信仰罗马天主教为主，约占 76.5%。

公元前 8000 年以前，在阿根廷这块土地上已经有人类的足迹，印第安人就是那些史前人类的后裔，他们也是美洲大陆真正的主人。居住在阿根廷的印第安族人主要有瓜兰人、克维德人、阿拉乌干人和克丘亚人等，他们比中美洲的印第安人如玛雅人、阿兹特克人及印加人要落后许多。为了寻找大西洋和太平洋之间的通道，西班牙人分两路侵入阿根廷地区。一路由印加帝国沿太平洋南行，越过安第斯山，到达阿根廷的北部和西部，在这里先后建立了圣地亚哥、图库曼、科尔多瓦等城市。另一路沿南美洲东岸南下，探险者发现了拉普拉塔河口。西班牙人从未见过这么宽的河口，他们误以为那就是通向太平洋的海峡。

1527 年 6 月，西班牙航海者塞巴斯蒂安·卡伯特率领远航队到达巴拉那河口，发现这里的水是淡水，因而判定"海湾"原来就是河口。于是，他在巴拉那河岸建立了桑克蒂—斯皮利图斯堡。这是阿根廷地区第一个

总统府博物馆　位于五月广场西侧，在殖民时代，西班牙总督在此办理政务。

西班牙居民点。不久，这个堡垒被印第安人焚毁了，印第安人把这项行动视为对不友好的入侵者的惩罚。西班牙人又从一个宽阔的河口溯流而上，沿途发现土著人身上佩戴着许多银质饰物，便以为找到了梦寐以求的白银产地。他们将那条大河命名为"拉普拉塔河"，意为"白银之河"，将这条河所流经的地区命名为"阿根廷"，意思是"银"，后来又改为拉普拉塔省。

然而，西班牙人在当地并没有发现什么有价值的银矿，当地人使用的银制品来自北边的玻利维亚和秘鲁。阿根廷国名来源于拉丁语 argentum，和"拉普拉塔"一样，都是"白银"的意思。但是，它并不是指具体意义上的白银，而是寓意为"货币""财富"。1602 年著名诗人马丁·德尔·巴尔科·森特内拉主教（1535—1605）在葡萄牙里斯本出版了长诗《阿根廷》（简称），这是"阿根廷"作为国名使用的开端。此后，"阿根廷"总是代替"拉普拉塔"一词，指整个拉普拉塔河流域地区，甚至包括当时的上秘鲁，即今日的玻利维亚。西班牙统治末期，这个词在官方文件和历史、文学作品中已被广泛使用。

1535 年，另一位探险者佩德罗·德门多萨率领一支拥有 14 艘船和 1200 人的大型"探险队"到达拉普拉塔河。他们看到这里阳光普照，绿野千里，空气清新，其中一名船员不禁惊呼起来："多新鲜的空气啊！"这一感叹日后竟成为布宜诺斯艾利斯城市的名称。1535 年，阿根廷正式成为西班牙的殖民地，德门多萨成为西班牙在阿根廷的第一任阿德兰

玫瑰宫　阿根廷总统府，因整座建筑呈玫瑰色而得名。位于首都五月广场东侧，建成于18世纪末，曾是邮政总局，后来扩建成总统府。

塔多①。

　　由于阿根廷并不盛产金银，又不像墨西哥那样拥有为数众多的印第安人可供奴役，这一地区一直未被西班牙人所重视。从16世纪中叶起，由于葡萄牙在巴西拓展迅速，西班牙王室唯恐拉普拉塔地区被葡萄牙夺取，便开始设法巩固其在该地区的统治势力。到16世纪末叶，布宜诺斯艾利斯已逐渐发展成为拉普拉塔地区的中心。1776年，西班牙在布宜诺斯艾利斯设立了直接受王室管辖的拉普拉塔总督区，并以塞瓦略斯（Pedro de Zeballos）为第一任总督，其管辖区包括今天的阿根廷、玻利维亚、巴拉圭和乌拉圭四国。

　　在印第安人被大量屠杀、人数不断减少后，西班牙不断地从世界各地尤其是非洲输入人口，一个新的移民社会逐渐形成，只是他们的身份

---

　　①　阿德兰塔多（Adelantado）称呼起源于中世纪西班牙反击摩尔人的收复失地运动，这是国王用来授予边境省份省督的头衔。在征服美洲期间，通常由征服者个人同王室签订协议，王室允许他自费组织远征队从事探险和征服活动，并授其省督之职，允许其在征服地区行使政治、军事、司法大权。最早获得这个头衔的是哥伦布之弟巴托罗缪·哥伦布。

不是主人而是奴隶。19 世纪初，由于不满西班牙殖民者的歧视、限制与压迫，在法国资产阶级革命思想的鼓舞下，拉丁美洲地区人民对西班牙的反抗愈来愈激烈。1806 年英军入侵阿根廷，赶走了西班牙人，拉普拉塔地区人民又将反抗的矛头对准了新的入侵者。圣地亚哥（Santiago Linier）领导义勇军赶走英国人，占领布宜诺斯艾利斯，成立了临时执政府。1810 年拿破仑进攻西班牙，这个消息大大加快了阿根廷独立进程。1816 年 7 月 9 日，"拉普拉塔联合省"（或称南美联合省）正式宣布独立。1826 年 12 月 24 日通过的共和国宪法，也使用了"阿根廷"作为国家名称，但该宪法尚未生效即被各省否决。1826 年，"拉普拉塔联合省"改组为"阿根廷联邦共和国"（Republic of Argentina），但直到 1859 年才被西班牙承认。1866 年，阿根廷正式改称"阿根廷共和国"。

附录：美洲其他国家国名来历

伯利兹：源于法文，意为航标。

萨尔瓦多共和国：源于西班牙语，意为"救世主"。

洪都拉斯共和国：哥伦布航行到此，发现这里水流湍急，海域宽深，即命名这里为"洪都拉斯"，西班牙语"无底深渊"的意思。

尼加拉瓜共和国：源于当地印第安部落中一位英勇强悍的酋长——尼加鲁的姓氏。

哥斯达黎加共和国：西班牙语"富庶海岸"的意思。

牙买加：源于印第安语，意思为"泉水之岛"。

海地共和国：源于印第安语，意思为"多山的地方"。

多米尼加共和国：哥伦布发现该岛时正值星期日，故命名为"多米尼加"，西班牙语"星期日"的意思。

安提瓜和巴布达：哥伦布在安提瓜岛登陆后，以西班牙的安提瓜圣玛丽亚教堂命名该岛。

圣卢西亚：哥伦布发现该岛之日是守护神圣卢西亚日，遂得名。

巴巴多斯：因该岛盛产无花果树，树枝垂下像胡须般的细丝，西班牙人遂命名该岛为巴巴多斯，意为"长胡须的岛"。

格林纳达：哥伦布以西班牙城市格林纳达命名该岛。

圭亚那合作共和国："圭亚那"在印第安语中是"多水之乡"的意思。

苏里南共和国：说法有二，一说源于苏里南河；一说源于加勒比海沿岸的一部落名。

多民族玻利维亚国：国名来自拉美独立运动领袖玻利瓦尔。

巴拉圭共和国：在当地印第安人语言中，巴拉圭意思为"有一条大

河的地方"，即指境内最大的河流巴拉圭河。

乌拉圭东岸共和国：源于乌拉圭河。在印第安语中，"乌拉"是一种美丽的五彩小鸟，乌拉圭即"彩鸟栖息之河"的意思。